Inhaltsverzeichnis

Vorwort		7
1.	Die erkenntnistheoretische Fragestellung	9
1.1.	Vorbemerkungen zum Begriff „Erkenntnistheorie"	9
1.2.	Die Entfaltung der erkenntnistheoretischen Fragen durch Descartes	11
1.3.	Der methodische Zweifel	17
1.4.	Zusammenstellung der erkenntnistheoretischen Fragen	20
2.	Die Frage nach dem Ursprung der Erkenntnis	29
2.1.	Der Rationalismus Descartes'	29
2.2.	Die „angeborenen Ideen" als Platonisches Erbe	39
2.3.	Lockes Kritik der Lehre von den angeborenen Ideen	42
2.4.	Die Unterscheidung von Genese und Geltung bei Leibniz	46
2.5.	Der Begriff des Apriorischen	48
2.6.	Humes empiristisches Sinnkriterium	53
2.7.	Vernunftwahrheiten und Tatsachenwahrheiten (Hume und Leibniz)	59
2.8.	Hume und die Grundlagen der Erfahrung	63
2.9.	Kants Kritizismus als Synthese von Rationalismus und Empirismus	70
2.10.	Kausalität, Willensfreiheit und Moral	73
2.11.	Kants Freiheitsantinomie	78
2.12.	Versuch einer *reductio ad absurdum* des Determinismus	82
3.	Die Frage nach der Realität der Außenwelt	88
3.1.	Vorbemerkungen	88
3.2.	Primäre und sekundäre Qualitäten	90
3.3.	Lockes Substanzbegriff	94
3.4.	Lockes Abbildtheorie der Erkenntnis und deren Schwierigkeiten	96
3.5.	Berkeleys Kritik an Lockes Erkenntnisbegriff	101

3.6.	„Esse est percipi"	106
3.7.	„Sein", „Schein", „Erscheinung"	112
4.	Transformationen der Erkenntnistheorie	117
4.1.	„Die Welt als Wille und Vorstellung" (Schopenhauer)	117
4.2.	Transformation der Erkenntnistheorie in Sprachphilosophie	129
4.3.	Transformation der Erkenntnistheorie in Wissenschaftstheorie	136
4.4.	Scheinprobleme in der Erkenntnistheorie? (Carnap)	145
5.	„Die richtige Sicht der Welt" (Wittgenstein)	149
5.1.	Wittgenstein und Carnap	149
5.2.	Die allgemeine Form des sinnvollen Satzes	151
5.3.	Philosophische Sätze als kategoriale Erläuterungen	159
5.4.	Kontemplativer Solipsismus	164
5.5.	Philosophie als Therapie	170
5.6.	Glauben und Wissen (Wittgenstein und Moore)	174
5.7.	Kategoriale Erläuterungen und transzendentale Argumente	178
5.8.	Zur Komplementarität von Solipsismus und Realismus	184

Schlußbemerkungen 191

Literaturverzeichnis 192

Personenregister 195

Vorwort

Dieses Buch ist aus Vorlesungen hervorgegangen, die ich vor allem an der Universität Konstanz gehalten habe. Sein Zweck ist, der Vermittlung klassischer erkenntnistheoretischer Argumente und Einsichten zu dienen. Dem Schwierigkeitsgrad nach eine Einführung, ist es als Hinführung gedacht. Die Darstellung folgt historischen Entwicklungen und versucht dabei gleichzeitig, Späteres auf Früherem aufbauend, allmählich und nicht ohne Rückblicke an Höhe zu gewinnen. Im Vergleich zu einer Geschichte der Erkenntnistheorie wird weniger und hoffentlich auch mehr geboten. Lücken sind nicht zu übersehen. Dieser Verlust an Lehrmeinungen sollte sich dadurch aufwiegen lassen, daß er eine geschlossenere Darstellung ermöglicht. Statt einen umfassenden Überblick über Grundprobleme der Erkenntnistheorie von Descartes *bis* Wittgenstein vorzulegen, habe ich versucht, die Denkbewegung zu entfalten, die mit Descartes' *Meditationen* beginnt und *zu* Wittgensteins *Über Gewißheit* führt. Unterstellt ist dabei nicht, daß diese Bewegung historisch immer geradlinig oder gar notwendig verlaufen wäre. Aus darstellungslogischen Gründen habe ich mich aber bemüht, der historischen Abfolge eine argumentative zu unterlegen. So ist denn auch die Auswahl der Autoren und ihrer Texte durch eine bestimmte systematische Perspektive bestimmt. Sie besteht darin, den Begriff der Erkenntnis aus der Vereinnahmung durch die Wissenschaftstheorie und damit aus einer zu einseitigen Verklammerung mit dem Wahrheitsbegriff zu lösen. Argumente für eine solche Erweiterung des Erkenntnisbegriffs habe ich vorgelegt in *Zwischen Logik und Literatur. Erkenntnisformen von Dichtung, Philosophie und Wissenschaft*, Stuttgart 1991.

Obwohl der Wunsch häufig geäußert worden ist, nachlesen zu können, was man zuvor gehört hatte, habe ich den Text mit gemischten Gefühlen in Druck gegeben. Dies gilt insbesondere für die Teile, die sich mit dem Realitätsproblem befassen. Die Natur erkenntnistheoretischer Fragen, jedenfalls wie sie hier aufgefaßt werden, verlangt nicht selten eine situationsgebundene Vergegenwärtigung von Einstellungen und Grunderlebnissen, um wirklich, nämlich nachvollziehend verstanden zu werden. Da schon die Fragen, um die es geht, nicht leicht zu vermitteln sind, wenn sie sich nicht von selbst einstellen, tut sich hier ein geschriebener Text noch schwerer als die mündliche Rede.

Dem Zweck dieser Darstellung entsprechend erfolgen Zitate und Stellenangaben nach gängigen Studienausgaben und Übersetzungen, wie sie in Klassikerkursen verwendet werden. Bisweilen wird auch auf eine zweite Ausgabe parallel verwiesen, wobei jeweils nach der zuerst genannten zitiert wird. Allgemein wurden, soweit vorhanden, Abschnitt- oder Paragraphenzählungen verwendet oder zusätzlich mitgeführt, um die Benutzung weiterer Ausgaben und den Vergleich mit den Originaltexten zu erleichtern. Die benutzten Texte sind im Literaturverzeichnis zusammengestellt.

Konstanz im Juli 1992   G. G.

1. Die erkenntnistheoretische Fragestellung

1.1. Vorbemerkungen zum Begriff „Erkenntnistheorie"

Erkenntnistheorie (oder Erkenntnislehre) ist der Sache nach ein sehr altes Gebiet der Philosophie, das bereits in der Antike mit der Frage nach der Möglichkeit von Erkenntnis in den Blick kommt. Die Wortbildung „Erkenntnistheorie" und die damit einhergehende Disziplinenbildung ist dagegen vergleichsweise neu. Als eigenständiges Teilgebiet der Philosophie finden wir die Erkenntnistheorie erst im 19. Jahrhundert ausgewiesen, seit etwa 1830. Maßgeblich an der weiteren Ausbildung beteiligt waren die sogenannten Neukantianer, die in Reaktion auf die philosophischen Spekulationen der nachkantischen Philosophie, insbesondere Hegels und Schellings, mit dem Ruf „Zurück zu Kant!" die Ergebnisse von Kants *Kritik der reinen Vernunft* (mit den dort aufgewiesenen Grenzen menschlichen Erkennens) zur Anerkennung zu bringen suchten.

Die Situation, in der sich die Philosophie in dieser Zeit befand, läßt sich so beschreiben, daß die Spekulation abgewirtschaftet hatte und die aufstrebenden Einzelwissenschaften, insbesondere die Naturwissenschaften, auf Konfrontationskurs zur Philosophie gingen, jedenfalls soweit diese noch im Gefolge Hegels stand. Die neuen naturwissenschaftlichen Ergebnisse verlangten nach einer neuen Deutung, und diese schien in einer materialistischen Weltanschauung gefunden zu sein. Es fällt auf, daß die in diesem Sinne auftretenden neuen Philosophen selbst meist in der Naturwissenschaft beheimatet waren. Wie es nun so oft ist, daß der Mensch im Schwunge einer in gewissen Grenzen richtigen Einsicht nicht mehr rechtzeitig Halt macht, geschah es denn auch, daß diese Naturwissenschaftler in ihren philosophischen Folgerungen über das Ziel hinausschossen. Als charakteristisches Beispiel mag hier Jacob Moleschott genannt werden. Moleschott, einer der Begründer der physiologischen Chemie, der sich insbesondere mit Fragen des Stoffwechsels und der Lebensmittelkunde beschäftigte, zog aus seinen einzelwissenschaftlichen Ergebnissen philosophische Folgerungen, indem er alle Bereiche des Lebendigen und Geistigen auf eine stoffliche Basis zurückzuführen suchte. Insofern ist er (neben Carl Vogt und Ludwig Büchner) ein typischer Vertreter des naturwissenschaftlichen Materialismus des 19. Jahrhunderts. Seine Zeitgenossen schockte Moleschott mit Kernsätzen wie „Ohne Phosphor kein Gedanke"[1] und verstieg sich zu der Behauptung, daß die „Angel, um welche die heutige Weltweisheit sich dreht", die „Lehre vom Stoffwechsel" sei.[2]

Nach der Bevormundung der Einzelwissenschaften durch spekulative Philosophie hatte man es nun in der anderen Richtung mit unzulässigen philosophischen Verallgemeinerungen einzelwissenschaftlicher Ergebnisse zu tun. Angesichts dieses Konfliktes erinnerten sich die Philosophen daran, daß bereits Kant die Wissenschaft als zentralen Ort der Erkenntnis anerkannt hatte, daß er aber auch deren Grenzen bestimmt hatte, indem er z. B. die Naturwissenschaften auf den Bereich *möglicher Erfahrung* einschränkte. Danach kann es insbesondere keine rein naturwissenschaftliche Weltanschauung geben.

Philosophische Spekulationen und wissenschaftliche Kurzschlüsse hatten aufs neue deutlich gemacht, daß es im Kantischen Geist notwendig war, nach *beiden* Seiten hin die Augen kritisch offen zu halten. Diese Tätigkeit wurde deshalb einer eigenständigen Disziplin zugewiesen, nämlich der *Erkenntnistheorie*. Deren Aufgaben lassen sich nach dem bisher Gesagten bestimmen als die Untersuchung der Bedingungen, Möglichkeiten und Grenzen menschlicher Erkenntnis.

Eine so verstandene Erkennntnistheorie kann keine empirische Wissenschaft sein. Sie soll ja gerade auch die Bedingungen, Möglichkeiten und Grenzen empirischer Wissenschaften selbst kritisch untersuchen, und sie würde sich am eigenen Schopfe aus dem Sumpf zu ziehen versuchen, wollte sie diese kritische Untersuchung gerade mit den in Frage stehenden Methoden anstellen. Aus diesem Grunde ist z. B. die sogenannte evolutionäre Erkenntnistheorie der Gegenwart keine Erkenntnistheorie im hier gemeinten Sinne.[3]

Verfolgt man die weitere Entwicklung der *philosophischen* Er-

---

[1] Dem würde man auch heute gar nicht widersprechen wollen; die Frage ist aber, ob die *Wahrheit* eines Gedankens von dem Phosphorgehalt des Gehirns abhängig ist.
[2] J. Moleschott, *Der Kreislauf des Lebens,* 2. Aufl. Mainz 1855, S. 378.
[3] Freilich ist auch umstritten, ob die evolutionäre Erkenntnistheorie statt dessen eine empirische Theorie ist.

kenntnistheorie bis in unsere Tage, so ist festzustellen, daß sie sich (insbesondere in Deutschland) weitgehend in *Wissenschaftstheorie* verwandelt hat, d. h. in die Untersuchung der Bedingungen und Möglichkeiten *wissenschaftlicher* Erkenntnis. Einer solchen Engführung, die Erkenntnistheorie lediglich als eine historische Vorstufe der Wissenschaftstheorie auffaßt, ist von vornherein zu widersprechen. Sie würde bedeuten, Erkenntnis auf wissenschaftliche Erkenntnis zu beschränken. Dagegen spricht nicht nur die Möglichkeit einer Erkenntnisvermittlung durch Dichtung und Kunst, sondern bereits die Tatsache, daß Erkenntnisse nicht nur von Wissenschaftlern, sondern auch von „ganz normalen" Menschen gewonnen werden. Und solche Wissenschaftler, die an ihr alltägliches Erkennen Maßstäbe des wissenschaftlichen Erkennens anlegen wollten, würden sich in der Welt des Alltags wohl bald nicht mehr zurechtfinden. Dies ist natürlich im Irrealis gesagt!

Erkenntnistheorie, so läßt sich demnach festhalten, ist umfassender als Wissenschaftstheorie, weil sie alle möglichen Formen von Erkenntnis in ihre Betrachtung einschließt. Durch diese Offenheit bewahrt sie sich einen Blick für das Ganze des erkennenden Zugangs des Menschen zur Welt (und zu sich selbst). Entsprechend geht ihr Anspruch auch weiter. Sie sucht Antworten auf die Frage nach dem angemessenen Verhältnis des Menschen zur Welt, sofern dieses auf dem Wege der Erkenntnis erreicht werden kann. Erkenntnistheorie bemüht sich gewissermaßen um eine richtige Sicht der Welt und in diesem Sinne letztlich um eine Welt-Anschauung. Es bleibt daher nicht aus, daß sie an manchen Stellen zur Ethik überleitet. Besonders deutlich wird dies z. B. bei einem Problem wie dem der Willensfreiheit, einem klassischen Anschlußproblem der Erkenntnistheorie.

1.2. Die Entfaltung der erkenntnistheoretischen Fragen durch Descartes

Um eine Einführung in die Eigentümlichkeit erkenntnistheoretischen Fragens zu geben, empfiehlt es sich, eine beispielhafte erkenntnistheoretische Argumentation vorzustellen. R. Descartes' *Meditationen* eignen sich dazu in zweifacher Weise: erstens, weil sie auch einem ersten Verständnis nicht zu große Schwierigkeiten entgegensetzen, und zweitens, weil in ihnen die erkenntnistheoretischen Fragen so formuliert worden sind, wie sie von Philosophen bis auf den heutigen Tag gestellt werden oder – und dies ist ausdrücklich hinzuzufügen – wie sie von anderen Philosophen zu überwinden versucht werden. An Descartes (1596-1650) scheiden sich also die Geister. Er hat das (abendländische) neuzeitliche Denken maßgeblich mitbestimmt, ob zum Guten oder zum Schlechten steht noch dahin. Eine wesentliche Rolle bei der Beurteilung spielt der Umstand, daß Descartes zu den Begründern des mechanistischen Weltbildes gehört, dem gemäß alles Geschehen als ewige Korpuskularbewegung von Materie gedeutet wird.

Descartes war ein jüngerer Zeitgenosse Galileis, und dessen Schwierigkeiten mit der katholischen Kirche bestimmten sein eigenes Verhalten wesentlich. Von Natur ohnehin vorsichtig und darauf bedacht, in Frieden forschen zu können, ließ er sein physikalisches Hauptwerk unveröffentlicht, nachdem er von Galileis Verurteilung durch die Inquisition (1633) gehört hatte. Nur zögernd rückte er seine Ergebnisse heraus, bemüht, sich jeweils theologisch abzusichern, wofür auch das Widmungsschreiben der *Meditationen*[4] ein deutliches Zeugnis ablegt, gerichtet „an die sehr weisen und erlauchten Herren, den Herrn Dekan und die Herren Dozenten der Heiligen Theologischen Fakultät zu Paris".

In seinen *Meditationen* unternimmt Descartes den Versuch, sicheres Wissen zu begründen. Es gibt unterschiedliche Motive, zur Philosophie zu kommen. Descartes' Motiv ist, festen Boden unter die Füße zu bekommen, ein Bedürfnis nach Gewißheit. Die Suche nach gewisser Erkenntnis, nach dem, woran man nicht mehr zweifeln kann, beginnt mit Analysen dazu, „woran man zweifeln kann". Dies ist die Überschrift der ersten Meditation, in der Descartes methodisch so vorgeht, daß er vorgebliches Wissen schrittweise abbaut. Was heißt dies im einzelnen?

Erstens untersucht Descartes nicht das gesamte vorgebliche Wissen, also nicht sämtliche einzelnen Urteile (Behauptungen), die mit Wahrheitsanspruch geäußert werden können; denn dann käme er niemals an ein Ende, sondern er beschränkt sich auf die Untersu-

---

[4] Zitiert wird nach der (lat.-dt.) Ausgabe *Meditationes de prima philosophia* (*Meditationen über die Grundlagen der Philosophie*) von L. Gäbe, Hamburg 1959 (Philosophische Bibliothek, Bd. 250a). Stellenangaben beziehen sich auf die Abschnitte der einzelnen Meditationen. Mitgeführt sind außerdem (in eckigen Klammern) Verweise auf die Seiten der Ausgabe *Meditationen über die Erste Philosophie* von G. Schmidt, Stuttgart 1980 (Reclams Universal-Bibliothek, Bd. 2887).

chung der *Arten* von Gewißheit. Descartes unterscheidet Urteile danach, wie sie begründet werden, auf welchen Prinzipien ihre (vorgebliche) Wahrheit und deren Gewißheit beruht. Dann stellt er die Gewißheit dieser Prinzipien in Frage.

Zweitens versucht Descartes diese Prinzipien nicht zu widerlegen, indem er geradezu ihre Falschheit beweist, sondern er geht von einer Dreiteilung aus: gewiß wahr, gewiß falsch, ungewiß, ob wahr oder falsch. Es genügt ihm zu zeigen, daß die Prinzipien ungewiß sind, d. h. daß wir Gründe haben, an ihrer Wahrheit zu zweifeln (es bedarf also keiner Gründe, sie als falsch einzustufen). Solange wir solche Gründe haben, haben wir keinen sicheren Boden unter den Füßen. Die richtige Haltung ist dann die Zustimmungsverweigerung, die Urteilsenthaltung.

Drittens bezweifelt Descartes die Prinzipien nicht in beliebiger Reihenfolge, sondern er legt dabei eine methodische Ordnung zugrunde. Deshalb nennt man sein Vorgehen auch „methodischen" Zweifel.

Was sind nun die einzelnen Schritte dieses methodischen Abbaus von Wissen? Wenn Descartes sagt, daß sich sein Zweifel gegen die Prinzipien richtet, so nimmt er dabei eine Typologie von Erkenntnisarten nach den Quellen vor, denen sie entspringen. Man könnte daher auch sagen, daß der Zweifel an den Prinzipien ein Zweifel an den entsprechenden Erkenntnisvermögen ist.

Als erstes Vermögen bezweifelt Descartes das sinnliche Wahrnehmungsvermögen und damit die Erkenntnis durch die fünf Sinne. Hierbei entwickelt er die folgenden Argumente, die er teilweise antiken Vorbildern entnimmt:

I. Wahrnehmung *entfernter* Gegenstände (durch den Gesichtssinn). – Zweifel ist möglich, da deren Wahrnehmung aus der Nähe häufig anders ausfällt.

II. Wahrnehmung *naher* Gegenstände (durch den Tastsinn) und insbesondere des eigenen Körpers, indem ich mich z. B. der Existenz meiner Hände beim Tasten vergewissere. – Zweifel ist möglich, da ich mich *erinnere,* daß ich dergleichen Wahrnehmungssituationen schon einmal *geträumt* habe, ohne wirklich wahrzunehmen.

III. Wahrnehmung naher Gegenstände und des eigenen Körpers *jetzt.* Der Unterschied zu II ist der folgende: Zugestanden, daß ich mich oft getäuscht habe, was die Unterscheidung von Wachen (Wachsein) und Träumen anbelangt, so kann ich, indem ich diese Unterscheidung thematisiere und mir ihrer hier und jetzt bewußt bin, mir klar machen, daß ich jetzt (in diesem Augenblick) nicht träume. – Zweifel ist möglich, da ich mich *erinnere,* daß ich solche Überlegungen auch schon im Schlaf angestellt habe. Descartes' Folgerung ist: es gibt kein sicheres Kennzeichen, Wachen und Träumen zu unterscheiden.[5]

IV. Zerlegung der wahrnehmbaren nahen Gegenstände in einfachere Bestandteile. – Zugestanden wir träumen, d. h. selbst wenn wir träumen, so mag zwar der Inhalt unseres Traumes *im einzelnen* nicht wahr (oder besser: wirklich) sein; aber das Gebilde, das wir uns „zusammenträumen" ist doch aus Bestandteilen zusammengesetzt, denen in der Wirklichkeit etwas entspricht. Selbst der kühnste Traum ist noch aus der Wirklichkeit entlehnten Stücken zusammengesetzt. (Wenn es auch keine Einhörner wirklich gibt, so bilden wir doch die Vorstellung von Einhörnern aus den Vorstellungen von weißen Pferden und spitzen und langen Hörnern.)

Bislang ist der Zweifel so weit gediehen, daß es fraglich ist, ob zwischen Wachen und Träumen und damit zwischen Wirklichkeit und Einbildung *immer* unterschieden werden könne. Wir meinten (mit Descartes) im *Einzelfall* Wachen und Träumen nicht sicher unterscheiden zu können. Wir hielten aber daran fest, daß es zumindest den Unterschied von Wachen und Träumen gibt. Nur so hat es Sinn, Träume gewissermaßen als Kompositionen aus Wirklichkeitselementen zu verstehen. Den nächsten Schritt vollziehen wir nun abweichend von Descartes, weil dessen entsprechende Überlegungen zu vieler Erläuterungen bedürften. Absicht und Folgen entsprechen aber denjenigen Descartes'.

V. Das Leben ein Traum. – Könnte es nicht sein, daß wir nicht nur manchmal Wachen und Träumen verwechseln, sondern daß wir *durchgehend* träumen, daß wir zu einer wirklichen Wirklichkeit überhaupt keinen Zugang haben, daß „das Leben ein Traum" (Calderón) ist[6] und daß die sogenannten Träume in diesem Leben ent-

---

[5] Manchmal gelingt es einem auch, sich *im Traum* selbst davon zu überzeugen, daß man gerade träumt. Solche Überlegungen enden dann tatsächlich häufig mit dem Aufwachen. Vgl. die Beobachtung von Novalis: „Wir sind dem Aufwachen nah, wenn wir träumen, daß wir träumen." (*Vermischte Bemerkungen,* Nr. 16; in: Novalis, *Werke in einem Band,* ed. H.-J. Mähl u. R. Samuel, München/Wien 1981, S. 430). Daß man wirklich geträumt hat, *weiß* man aber erst nach dem Aufwachen.

[6] Vgl. das letzte Kap. von L. Carrolls *Through the Looking-Glass* mit der Schlußzeile: „Life, what is it but a dream" (dt. *Alice hinter den Spiegeln,* Frankfurt a. M. 1963).

sprechend Träume zweiter Stufe sind? Wir finden solche Gedanken heutzutage insbesondere in der Science Fiction Literatur ausgeschmückt. Ein Wesen bildet sich so lange ein, daß seine Welt die wirkliche Welt sei – bis diese sich als simulierte „Welt am Draht"[7] erweist. Jetzt brauchen wir uns nur noch zu fragen, ob wir nicht selbst zumindest bildlich an einem solchen Draht hängen und irgendein programmierender Scherzbold im Hintergrund mit uns sein „Wirklichkeitsspiel" spielt.

Weniger technisch und dafür anmutiger finden wir diesen Gedanken im „Schmetterlingstraum" des Tschuang-Tse (Dschuang Dsi) ausgesprochen, eines chinesischen Philosophen aus dem 4. vorchristlichen Jahrhundert:

> Ich, Tschuang-Tse, träumte einst, ich sei ein Schmetterling, ein hin und her flatternder, in allen Zwecken und Zielen ein Schmetterling. Ich wußte nur, daß ich meinen Launen wie ein Schmetterling folgte, und war meines Menschenwesens unbewußt. Plötzlich erwachte ich; und da lag ich: wieder „ich selbst". Nun weiß ich nicht: war ich da ein Mensch, der träumt, er sei ein Schmetterling, oder bin ich jetzt ein Schmetterling, der träumt, er sei ein Mensch?[8]

Wenn in diesem Sinne das ganze Leben als bloßer Traum denkbar ist, so haben wir auch nicht mehr die Möglichkeit, von wirklichen Stücken der Wirklichkeit zu sprechen, die wir beim Träumen in der beschriebenen Weise zusammenfügen. Diese Stücke sind dann selbst bloß traumgegeben, traumimmanent. Wir kommen bei der Zerlegung unserer Trauminhalte lediglich auf einfachere Elemente zurück, nicht aber aus dem Bereich des Traumes heraus – zu den einen wirklichen Grund legenden Wirklichkeitselementen.

---

[7] So lautet der Titel eines Fernsehfilms von R. W. Fassbinder nach dem gleichnamigen Roman von Daniel F. Galouye (München 1965).

[8] *Reden und Gleichnisse des Tschuang-Tse.* Deutsche Auswahl von M. Buber, 4. Aufl. Leipzig 1921, S. 9. Zur wechselseitigen Relativität des Traumes vgl. auch F. Nietzsche, *Über Wahrheit und Lüge im außermoralischen Sinn* (*Werke* I-III, ed. K. Schlechta, München 1966, 7. Aufl. 1973, Bd. III, S. 319f.). Eine Verschärfung im Sinne einer wechselseitigen *Existenz*abhängigkeit wird bei L. Carroll in dem Gespräch (*Through the Looking-Glass*, Kap. IV) von Alice mit Tweedledum und Tweedledee (Zwiddeldum und Zwiddeldei) über den schlafenden Schwarzen König durchgespielt. Die Pointe besteht hier in dem kategorialen Unsinn, daß die träumende Alice in ihrem Traum demjenigen begegnet, der sie angeblich träumt. Der Geträumte wäre dann der, von dem sie selbst geträumt wird. Wer träumt also wen und verleiht dadurch dem anderen seine Traum-Existenz?

VI. Die Mathematik und der böse Gott (deus malignus). – Nachdem durch solche Überlegungen sämtliche, auch die allgemeinsten Wirklichkeitswissenschaften, wie Physik, dem Zweifel ausgesetzt worden sind, dem Zweifel nämlich, ob sie wirklich Wirklichkeit beschreiben, wendet sich Descartes der Mathematik (Arithmetik und Geometrie) zu. Er betont, daß deren Geltung nicht davon abhängig ist, ob entsprechende Gegenstände in der Wirklichkeit existieren. Auch wenn es in dem eben erläuterten Sinne gar keine Wirklichkeit gibt, die angewandte Mathematik also keine Aussagen über Wirklichkeit, sondern über Träume macht, so betrifft dieser Einwand doch nur die Anwendung, nicht die Geltung der Mathematik selbst. Auch wenn es keinen wirklichen Raum gibt, den wir vermessen können, oder keine wirklichen Dinge, die wir zählen können, das Quadrat hat nie mehr als vier Seiten, und es ist stets 2 + 3 = 5 (Beispiele von Descartes). Das heißt, Mathematik *können* wir nicht nur, ihre Sätze *gelten* auch noch „im Schlaf".

Um die Mathematik, das Musterbeispiel für Gewißheit von altersher, in Zweifel zu ziehen, konstruiert Descartes die Möglichkeit eines durchtriebenen bösen Gottes (deus malignus), der uns ständig, sogar wenn wir Mathematik treiben, täuscht. Selbst Descartes gibt diese Konstruktion als hypothetische Fiktion aus.[9] Sie läßt sich am einfachsten in der Frage zusammenfassen, ob es nicht möglich sei, daß wir immer an derselben Stelle denselben Fehler machen. (Vgl. entsprechende Erfahrungen beim Addieren von Zahlenkolonnen). Diese Möglichkeit führt zu dem zusammenfassenden Zugeständnis:

---

[9] Die einzelnen Schritte dieser Konstruktion sind die folgenden: (1) Glaube an einen allmächtigen Gott. (2) Aufgrund seiner Allmacht ist es *von ihm* abhängig, ob es überhaupt Dinge, Größen und auch den Raum gibt. (3) Dieser Gott ist nicht nur allmächtig, sondern auch allgütig; d. h. er kann nicht wollen, daß ich mich *immer* täusche – selbst dann noch, wenn ich mir, wie in der Mathematik, ganz sicher bin. (4) Wenn er aber allgütig ist, dann kann er eigentlich nicht einmal wollen, daß ich mich *manchmal* täusche. Dies ist aber der Fall. Ich habe also Gründe, an der Allgüte Gottes zu zweifeln und damit auch an der Sicherheit der Mathematik. (5) Zusatz für Atheisten: Wäre es nicht besser, an der Existenz eines so allmächtigen Gottes zu zweifeln, der es vermag, daß ich mich selbst in der Mathematik täusche, als an die Ungewißheit aller anderen Dinge zu glauben? Nun, wenn Gott eine bloße Fiktion ist, so heißt dies, daß wir von einem weniger vollkommenen Urheber letztlich hervorgebracht worden sind, und dies macht es nur um so eher möglich, daß ich so unvollkommen bin, mich immer zu täuschen.

Auf diese Gründe habe ich schlechterdings keine Antwort, und so sehe ich mich endlich gezwungen, zuzugestehen, daß an allem, was ich früher für wahr hielt, zu zweifeln möglich ist [...]. (I. Med., 10 [41])

Deutlich wird hier noch einmal der Charakter des Descarteschen Zweifels als Frage danach, ob ich Gründe habe, die einen Zweifel *möglich* machen. Es geht nicht darum, Gründe für die Falschheit anzugeben; denn dann dürfte ich nicht hypothetisch im Stile von „was wäre, wenn...?" argumentieren. Descartes' Gründe dafür, an allem zu zweifeln, bestehen darin, daß er in keinem Falle Gründe findet, nicht zu zweifeln. Und das Methodische an diesem Skeptizismus ist, daß er die möglichen Gründe, nicht zu zweifeln, schrittweise als nicht hinreichend sichere Gründe aufdeckt. Nochmals: *Ich habe Gründe zu zweifeln, wenn ich nicht hinreichend sichere Gründe habe, nicht zu zweifeln.*

VIII. Als Konsequenz ergibt sich somit Zustimmungsverweigerung nicht nur bei offensichtlich falschen Überzeugungen, sondern bei *allen*. Dann folgt, und das ist hier besonders hervorzuheben, ein Zusatz („wenn ich etwas Gewisses entdecken will"), der das Ziel des Zweifels noch einmal in den Blick bringt.

1.3. Der methodische Zweifel

Betrachten wir noch ein wenig die Eigentümlichkeit des Descarteschen Zweifels, weil daran auch die Eigentümlichkeit erkenntnistheoretischen und meines Erachtens sogar philosophischen Denkens deutlich wird. Ich könnte mir vorstellen, daß viele den Eindruck gewonnen haben, daß Descartes' Zweifel und Skeptizismus, gelinde gesagt, übertrieben ist. Würde uns ein solcher Zweifel im täglichen Leben überkommen, so könnte er leicht handlungsunfähig machen und bedrohliche, paranoische Züge annehmen. Dies ist bei Descartes jedoch nicht der Fall. Er selbst beschreibt einleitend (zu Beginn der ersten Meditation) die Situation, in der er die Prüfung des Wissens vornimmt, als „ungestörte Muße", fernab aller „Sorgen" des Alltags. Auch thematisch sind lebenspraktische Fragen ausgeklammert; der Zweifel erstreckt sich nur auf theoretische Erkenntnisse, für die er als Durchgangsstadium dient auf dem Wege zu erneutem, nunmehr begründetem Wissen, zur Gewißheit. Wir haben es also nicht mit einem krankhaften (pathologischen) Zweifel zu tun, nicht mit der Angst z. B., daß sich jeden Moment ein Abgrund vor uns auftun könnte. Kurz gesagt, es fehlt Descartes' Zweifel das Moment des *Verzweifelns*. Diese Beruhigung kann freilich nicht über den Eindruck hinwegtäuschen, und verstärkt ihn vielleicht sogar noch, daß der methodische Zweifel ein vom Leben selbst abgehobenes Unternehmen darstellt, das den Kritikern recht zu geben scheint, die hier bereits den Keim zu einem „entfremdeten" Weltverhältnis gelegt sehen.

Hinzu kommt, daß Descartes zugesteht, es sei „weit vernünftiger", die gewohnten Meinungen zu glauben als sie zu leugnen (I. Med., 11 [42 oben]), so daß auch er immer wieder „rückfällig" wird in seiner Zustimmung. Da möchte der eine oder die andere fragen: was will der gute Mann denn mehr? Eine solche Frage vergißt, daß philosophisch Fragende in einem gewissen Sinne keine „normalen" Menschen sind. Und das Philosophische an Descartes besteht darin, daß er sich eben nicht mit dem Plausiblen begnügt, sondern daß er Gewißheit haben will. Man sollte in diesem Zusammenhang daran erinnern, daß der Ursprung der Philosophie das Staunen ist. Auch Descartes erinnert uns daran, wenn er das betroffene Staunen hervorhebt, das sich seiner im Verlauf des Zweifels bemächtigt (I. Med., Schluß von Abschn. 5 [39 oben]).

Das Staunen als Ursprung der Philosophie zu benennen, dies ist ein sehr alter und manchmal auch belächelter Gedanke; aber der Philosoph „staunt keine Bauklötze" und er *be*staunt auch keine Sachen. Sein Staunen ist vielmehr ein innehaltendes Besinnen, ein Sich-Verwundern, das sich durchaus in (vorübergehender) Entfremdung von der Welt weiß, indem es bekundet: „Ich kenne mich nicht aus!" (Wittgenstein). Wenn man so zu sich spricht, nimmt man unwillkürlich den Kopf zurück, als müßte man Abstand zu der betrachteten Sache gewinnen. Diese Körperbewegung deutet gewissermaßen die philosophische Einstellung an.

Das philosophische Staunen ist darum auch gerade keine Neugier, wenn man diesen Ausdruck wörtlich als die Gier nach dem Neuen versteht. Diese zeichnet eher die Wissenschaften aus. Das neugierige wissenschaftliche Fragen ist im Unterschied zum philosophischen Fragen nicht durch eine Rückwärtsbewegung, sondern durch eine Vorwärtsbewegung des Kopfes begleitet. Wittgenstein sagt sehr treffend: „Zum Staunen muß der Mensch [...] aufwachen. Die Wissenschaft ist ein Mittel um ihn wieder einzuschläfern."[10]

---

[10] L. Wittgenstein, *Vermischte Bemerkungen*, Frankfurt a. M. 1977, S. 19.

Dies heißt nämlich, daß die Wissenschaft die Tendenz hat, das Staunen wie eine Neugierde zu befriedigen – durch Auskünfte. Der Philosoph sucht aber keine neuen Tatsachen, sondern er versucht die bekannten Tatsachen besser zu verstehen und sich ihrer zu vergewissern. Diesem Motiv folgt auch Descartes, dessen Philosophie ansonsten, wie wenig andere, der Vorbereitung von Wissenschaft gedient hat.

Es ist also Descartes' „nicht ganz normales" Bedürfnis nach Gewißheit die Triebfeder seines methodischen Zweifels.[11] Um schließlich ganz sicher zu sein, bemüht er sich sogar künstlich darum, den Zustand der Unentschiedenheit zu erreichen. Er bedient sich dabei des Bildes einer Waage. Er wolle, so sagt er, eine Weile die Fiktion aufrechterhalten, daß alle die vorher bezweifelten Meinungen nicht nur ungewiß, sondern sogar falsch seien, so daß sich seine Vorurteile die Waage halten und er nicht durch Gewohnheit und natürliche Trägheit wieder aus dem Gleichgewicht zugunsten der ja immerhin wahrscheinlichen Meinungen komme (I. Med., 11 [42]).

Dieser Zustand des Gleichgewichts hat eine Entsprechung in der antiken pyrrhonischen Skepsis, so genannt nach dem griechischen Philosophen Pyrrhon (360-270 v. Chr.). Das Ziel des Pyrrhonismus ist die *endgültige* Urteilsenthaltung mit dem Ziel der Geistesruhe, der Unerschütterlichkeit und Unverwirrtheit. Für den pyrrhonischen Skeptiker ist alles gleichgültig. Er selbst ist *gleich*gültig, weil alle Urteile gleich *gültig* sind; das heißt, es spricht genau so viel für sie wie gegen sie. Dem theoretischen Gleichgültigsein der Urteile entspricht die Gleichgültigkeit (Gelassenheit) als praktische Einstellung. Der pyrrhonische Zweifel ist therapeutisch im Sinne dieser Einstellung gemeint. Zu verwechseln ist diese antike Einstellung der *unerschütterlichen* Gleichgültigkeit nicht mit einer *gelangweilten* Gleichgültigkeit. Descartes nun münzt den von den pyrrhonischen Skeptikern angestrebten Endzustand des Gemüts zu einem methodischen Mittel um. Seine Urteilsenthaltung ist *vorläufig*. Wie der Zweifel selbst, so ist auch der Zustand des Gleichgewichts ein Durchgangsstadium zur angestrebten Gewißheit. Der Zweifel hat

---

[11] Mag es auch sein, daß es eine noch „tiefer" liegende Triebfeder gibt, wie F. Nietzsche meint: „Ich glaube demgemäß nicht, daß ein ‚Trieb zur Erkenntnis' der Vater der Philosophie ist, sondern daß sich ein anderer Trieb, hier wie sonst, der Erkenntnis (und der Verkenntnis!) nur wie eines Werkzeugs bedient hat." (*Jenseits von Gut und Böse*, § 6, in: *Werke*, ed. K. Schlechta, Bd. II, S. 571.)

bei Descartes keine therapeutische, sondern eine begründende Funktion.

Nachdem Descartes in der ersten Meditation unser Wissen in der beschriebenen Weise Schicht für Schicht abgetragen hat, geht er in der zweiten Meditation daran, das Fundament für einen Neuaufbau zu suchen. Methodisch nimmt er sich weiterhin vor, daß er alles als ungesichert abweisen wird, gegen dessen Wahrheit Gründe, und seien sie auch bloß fingiert, vorgebracht werden können. Das Fundament, das er sucht, findet Descartes in dem Bewußtsein seiner selbst (II. Med., 3 [45]). „Ich bin", das ist eine Erkenntnis, die schlechterdings nicht mehr bezweifelt werden kann. Warum nicht? Die Gründe, die ich mir auch immer ausdenken mag, an meiner Existenz zu zweifeln, sind von *mir* erwogene Gründe. Wenn der böse Gott mich auch täuscht, so täuscht er doch *mich*. Alle Gründe, die ich gegen meine Existenz vorzubringen meine, sind indirekt Gründe für meine Existenz; denn Gründe für meinen *Zweifel* sind auch Gründe für *meinen* Zweifel. Indem ich zweifle, vergewissere ich mich meiner Existenz – als eines Zweifelnden. Dieser letzte Zusatz ist wichtig; denn mehr als dieses weiß ich zunächst nicht über mich. Ich weiß z. B. nicht, ob ich einen Körper habe usw. Damit wären wir also bei Descartes' berühmtem Satz „Ich denke, also bin ich" angelangt[12], genau genommen erst bei dem Satz „Ich zweifle, also bin ich"; aber Zweifeln ist eine Denktätigkeit, und Descartes dehnt dann im folgenden seinen Satz auf die übrigen Denktätigkeiten aus. Dies ist der erste Schritt des ebenfalls methodisch vorgetragenen Neuaufbaus des Wissens.

1.4. Zusammenstellung der erkenntnistheoretischen Fragen

Vor dem Hintergrund der bisherigen Erläuterungen zu Descartes können wir nun eine Zusammenstellung der erkenntnistheoretischen Fragen vornehmen. Die Grundsituation, um deren Klärung

---

[12] Dies ist auch das Zwischenergebnis, zu dem der Held und Ich-Erzähler des genannten Romans *Welt am Draht* in seiner Auflehnung gegen den bösen „Steuermann" kommt (S. 172): „Denn das Bewußtsein ist der einzig wahre Maßstab des Existierens. Cogito ergo sum, erinnerte ich mich. Ich denke, also bin ich. So mußte es sein."

es in der Erkenntnistheorie geht, ist das Verhältnis von erkennendem Subjekt und erkanntem Objekt. Dieses Verhältnis wird als Beziehung (Relation) zwischen erkennendem Subjekt und erkanntem Objekt gedacht. Zu klären ist also die Natur des erkennenden Subjekts, die Natur des erkannten (oder zu erkennenden) Objekts und das Besondere der Beziehung, in der Subjekt und Objekt zueinander stehen.

Eine derartige Aufteilung der Probleme scheint sich ganz natürlich zu ergeben, und doch müssen wir hier schon aufpassen. Die Weichen werden in der Philosophie fast immer am Anfang gestellt. Manche Probleme ergeben sich gerade dadurch, daß man nicht merkt, wie schwerwiegend und irreführend eine ganz natürlich erscheinende Weichenstellung (sprich: Unterscheidung) ist.

So haben einige Philosophen die hier angedeutete Unterscheidung von erkennendem Subjekt und erkanntem Objekt als Subjekt/Objekt-Spaltung kritisiert und verworfen. Die populärere Kritik kommt derzeit vor allem aus „fernöstlichen" Weisheitslehren, häufig von „westlichen" Kritikern vorgetragen, die das östliche Denken so *interpretieren,* als habe die Subjekt/Objekt-Spaltung dort nicht stattgefunden. Freilich hat sie aber auch dort stattgefunden! Wenn es nämlich nicht so wäre, könnte es ja nicht ein eigenes Anliegen sein, diese Spaltung zu überwinden. Überwinden kann man nur etwas, was zunächst einmal gegeben ist. Der Unterschied beider Traditionen dürfte also wohl eher darin bestehen, daß die westliche Philosophie eher dazu neigte, die Trennung von Subjekt und Objekt zu bestätigen und festzuschreiben.

Wie dem auch sei, jedenfalls ist hier ein grundsätzliches Problem angesprochen; denn es dürfte klar sein, daß unser Weltverhältnis entscheidend dadurch bestimmt ist, ob wir (als Subjekt) der Welt (als Objekt) gegenübertreten: mit dem Ziel, die Welt zunächst zum Gegenstand unserer Erkenntnis und dann zum Gegenstand unserer Beherrschung zu machen. Die „weltanschauliche" Frage ist hier, ob unser In-der-Welt-sein durch den Willen bestimmt ist, über die Welt zu verfügen, oder ob wir uns in ganz anderer Weise mit der Welt oder dann vielleicht – auf die Welt – einlassen. (An der Thematisierung solcher Fragen zeigt sich der Unterschied von Erkenntnistheorie und Wissenschaftstheorie). Alternativen zum Subjekt/Objekt-Denken hat auch die abendländische Tradition der Philosophie hervorgebracht. Bevor wir uns diesen zuwenden, begeben wir uns zunächst auf den Stand *nach* dem erkenntnistheoretischen Sündenfall; das heißt, beißen wir in den Apfel Subjekt/Objekt-Spaltung, den Descartes uns gereicht hat, versuchsweise hinein. Wie sieht dann das Verhältnis von Subjekt und Objekt aus?

Erinnern wir uns daran, wie Descartes im Rahmen seines methodischen Zweifels schrittweise einen Rückzug ins Innere angetreten hat. Sein Zweifel fing an bei Sinnestäuschungen im Fernbereich, kam zu Gegenständen des Nahbereichs, dann zum eigenen Körper; schließlich versank die Außenwelt als Traumwelt, bis er ganz bei sich selbst als einem zweifelnden Wesen angelangt war. Im Rahmen der Beziehung von Subjekt und Objekt läßt sich dieser Rückzug so beschreiben, daß die möglichen Erkenntnisobjekte des erkennenden Subjekts zunichte gemacht werden. Der Zweifel kommt erst dann zum Stehen, als das Subjekt selbst zum Objekt der Erkenntnis wird. Damit wird der Selbsterkenntnis eine Vorrangstellung eingeräumt, der gegenüber sich die Erkenntnis der Außenwelt erst als begründet ausweisen muß. Nach dem Rückzug ins Innere muß nun das Außen erst einmal wieder zurückgewonnen werden. Das Problem, das sich damit stellt, nennt man das *Problem der Realität der Außenwelt*. Nun gibt es in der Philosophiegeschichte zwar niemanden, der eine Außenwelt nicht anerkannt hätte; strittig ist aber deren Natur. Darüber hinaus möchte der Philosoph wissen, worauf sich die Anerkenntnis gründet, auf Glauben oder auf Wissen. So hat Kant es für einen „Skandal der Philosophie" gehalten, die Realität der Außenwelt „bloß auf Glauben hin annehmen zu müssen"[13], und folgerichtig einen Beweis versucht. Heidegger hat gegen Kant und die Tradition geltend gemacht, daß der Skandal nicht darin bestünde, keinen Beweis zu haben, sondern einen solchen überhaupt zu versuchen.[14]

Wie immer der erkennende Zugang des Subjekts zum Objekt Außenwelt bestimmt wird, als Glaube, Wissen oder anders, es schließt sich als weitere erkenntnistheoretische Frage die *Frage nach der Natur (Beschaffenheit) von Subjekt und Objekt* an. Für Descartes ergibt sich aus seinem Ansatz ein Gegensatz, der Dualismus von Geist und Materie. Nachdem sich Descartes als Zweifelnder und damit als Denkender seiner Existenz vergewissert hat, kommt er in einem zweiten Schritt dazu, das Wesen des Menschen im Denken zu sehen. Das Wesen der Außenwelt, die sich als Außenwelt ja vom Denken getrennt erwiesen hatte, wird dagegen als Ausdehnung bestimmt. So stehen sich dann unausgedehntes Denken

---

[13] I. Kant, *Kritik der reinen Vernunft*, B XXXIX.
[14] M. Heidegger, *Sein und Zeit*, 15. Aufl. Tübingen 1979, S. 205.

(oder Geist) und ausgedehnte Materie als die beiden *Substanzen* gegenüber. Dies ist Descartes' Antwort auf die Frage nach der Beschaffenheit von Subjekt und Objekt. Alternativen zu seinem Dualismus sind „Alles ist Eines" – Antworten, „alles ist Geist" oder „alles ist Materie". Man spricht dann von *Spiritualismus* bzw. *Materialismus* als zwei Formen des *Monismus*.

In diesem Zusammenhang ist auf ein wichtiges Anschlußproblem hinzuweisen. Bei einer Trennung von Geist und Materie stellt sich die Frage nach der Wechselwirkung von Geist und Materie, und zwar stellt sich diese Frage insbesondere beim Menschen. Der Mensch (so wie er vor uns steht), besteht ja nicht nur aus Geist, sondern, wie man so sagt, auch aus Fleisch und Blut. Dieser Teil des Menschen gehört der Außenwelt an und wird nach Descartes als Stück Materie gewissermaßen von einem Geist bewohnt.[15] Das Problem ist nun, wie schafft es der unausgedehnte Geist, den wir beim Menschen auch „Seele" nennen, seine Absichten in Bewegungen (Handlungen) des ausgedehnten materiellen Körpers, den wir beim Menschen auch „Leib" nennen, umzusetzen? Dieses Anschlußproblem der Erkenntnistheorie heißt deshalb das *Leib-Seele-Problem*. Es führt zu einem weiteren Anschlußproblem, nämlich dem *Problem der Willensfreiheit*. Hier berührt sich die Erkenntnistheorie mit der Ethik.

Ein weiteres Problem der Erkenntnistheorie, das sich aus der Vorgabe des Subjekt/Objekt-Denkens ergibt, ist die Frage nach dem Beitrag des Subjekts zur Erkenntnis des Objekts, die Frage nämlich, ob das Objekt wirklich so beschaffen ist, wie es uns erscheint, oder ob zumindest manche Beschaffenheiten nur insofern vorhanden sind, als ein Subjekt sie erkennt. Descartes vertritt diese Auffassung z. B. für bestimmte Beschaffenheiten, die uns die Sinneswahrnehmung vermittelt. Danach ist dieses Blatt Papier nicht wirklich weiß, sondern es erscheint uns nur deshalb so, weil unser Wahrnehmungsapparat durch das Licht in bestimmter Weise erregt (affiziert) wird. Für Descartes ergibt sich daraus eine Abwertung der sinnlichen Erkenntnis gegenüber der Vernunft, die die Objekte erkennt, wie sie wirklich sind. Man könnte natürlich auch, positiv gewendet, sagen: Erst das wahrnehmende Subjekt bringt Farbe in diese Welt. Und wer möchte sich schon mit einer farblosen Welt begnügen? Die

---

[15] G. Ryle hat deshalb diese Auffassung Descartes' auch als die Auffassung vom „Gespenst in der Maschine" karikiert: *Der Begriff des Geistes,* Stuttgart 1969, S. 13.

Frage, die hier anklingt, ist die *Frage nach dem Ursprung (eigentlicher) Erkenntnis*. Die Alternativen, die die Tradition anbietet, sind insbesondere *Vernunft* und *Erfahrung*. Entsprechend unterscheidet man dann die Positionen des *Rationalismus* und des *Empirismus*. Descartes selbst gehört nach dem eben Gesagten zu den Rationalisten. Die Kontroverse zwischen Empirismus und Rationalismus hat heute die Form einer Auseinandersetzung um die Möglichkeit und Reichweite apriorischer, d. h. erfahrungsunabhängiger Erkenntnis angenommen. Für die Beurteilung dieser Auseinandersetzung ist eine Unterscheidung wesentlich, die überhaupt erst eine eigenständige philosophische Erkenntnistheorie begründet, die Unterscheidung nämlich von Genese und Geltung. Ganz allgemein können wir daher als eine der Hauptaufgaben philosophischer Erkenntnistheorie bestimmen, daß sie zu untersuchen habe, welche Erkenntnisse erfahrungsunabhängig (a priori) und welche erfahrungsabhängig (a posteriori) *gelten*. Die Präzisierung der Unterscheidung von Genese und Geltung verdanken wir späteren Autoren: Leibniz, Kant und den Neukantianern.

Was hier von der Frage nach dem Ursprung der Erkenntnis gesagt wurde, gilt auch für die anderen genannten Fragen. Es ist durchaus nicht so, daß es gegenüber Descartes' Fragestellungen keinerlei Fortschreiten gegeben hätte. Die Fragen selbst sind zwar im Kern die alten geblieben, deren Behandlung unterscheidet sich von derjenigen Descartes' heute jedoch wesentlich. Dies ist ein Ergebnis der Entwicklung der neueren Philosophie überhaupt, einer Entwicklung, die in der Gegenwart maßgeblich durch die sogenannte sprachphilosophische oder sprachkritische Wende („linguistic turn") bestimmt ist. Diese Wende besagt, daß die Philosophen gelernt haben, auf das Werkzeug ihres Philosophierens, nämlich die von ihnen verwendete Sprache, zu achten.

Autoren wie G. Frege (1848-1925) und L. Wittgenstein (1889-1951) verdanken wir die Einsicht, daß es Irreführungen in der Philosophie durch Nichtbeachtung der logischen Grammatik der Sprache geben kann, und dies nicht erst bei der Beantwortung philosophischer Fragen, sondern auch bereits bei deren Formulierung. In der Erkenntnistheorie wirkte sich diese Einsicht dahingehend aus, daß manche ihrer traditionellen Fragen durch eine entsprechende Kritik der Fragestellung zu überwinden gesucht wurden. Zu den im vorigen entwickelten Fragen gibt es also nicht nur einander ausschließende Antworten, sondern auch solche, die bereits die Frage als „Scheinfrage" zurückweisen. Moderne Lösungen erkenntnistheoretischer Probleme sehen deshalb häufig so aus, daß klarzumachen versucht wird, daß es sich bei diesen Problemen um Scheinprobleme handelt. Eine solche Lösung geht davon aus, daß man die Welt falsch sieht, wenn man sie im Lichte solcher Probleme betrachtet. Gerade auf dieser neuen Stufe der Problembehandlung wird noch einmal unterstrichen, daß die erkenntnistheoretischen Fragen unser Weltverhältnis berühren.

Überlegungen in dieser Richtung sind vor allem von Wittgenstein und R. Carnap (1891-1970) angestellt worden. Dabei ist deren Einstellung gegenüber Scheinproblemen jedoch sehr unterschiedlich. Während Carnap nach vollzogener Einsicht zur wissenschaftlichen Tagesordnung überging, d. h. zur Wissenschaftslogik als Teil der Wissenschaftstheorie, nahm sich (der späte) Wittgenstein gleichsam therapeutisch dieser Probleme an. Beide Einstellungen sind bis heute bestimmend geblieben, erkenntnistheoretische Abhandlungen des Carnapschen Typs gibt es dagegen naturgemäß immer weniger; denn hat man ein Problem im Carnapschen Sinne erst einmal als Scheinproblem „abgehakt", so ist es im wahrsten Sinne des Wortes ein für allemal „erledigt", und die Anzahl der noch ausstehenden Scheinprobleme geht langsam aber sicher gegen Null. Insgesamt sind die Methoden derjenigen Erkenntnistheoretiker, die die sprachkritische Wende mitvollzogen haben (und dies sind bei weitem die meisten) als *sprachanalytisch* zu charakterisieren. Demgegenüber lassen sich die Methoden der traditionellen Erkenntnistheoretiker als eher *bewußtseinsanalytisch* bestimmen, wobei diese einen sprachfreien Zugang zu den Gegebenheiten des Bewußtseins unterstellen.

Die Philosophen, mit denen wir uns hier zunächst beschäftigen werden, gehören der bewußtseinsanalytischen Tradition an. Zwar haben von ihnen sich ausgiebig mit Fragen der Sprachphilosophie und auch der Rolle der Sprache für das Erkennen beschäftigt (insbesondere z. B. der Empirist J. Locke und der Rationalist G. W. Leibniz); aber doch nicht so, daß sie grundsätzlich von der Sprache ausgegangen wären. Dieser sprachanalytische Zugang wird erst im 20. Jahrhundert in aller Entschiedenheit vollzogen. Seine genauere Behandlung stellen wir deshalb zunächst zurück. Auch wenn wir uns dieses Wechsels in der Zugangsweise im folgenden bewußt zu sein haben, sollte aus diesem Umstand nicht vorschnell geschlossen werden, daß Erkenntnistheorie eine veraltete, nur noch historisch zu würdigende Sache sei. Die erkenntnistheoretischen Probleme sind zwar sprachphilosophisch transformiert, keineswegs aber eliminiert worden. Die Rede vom erkennenden Subjekt etwa kehrt, wenn auch auf neuer Stufe der Reflexion, in der Analyse der Verwendung des Ausdrucks „Ich" wieder. Das Wissen um die angedeutete Transformation der Fragestellungen wird uns zwar vorgreifend begleiten, wir dürfen uns aber den Zugang nicht von vornherein durch die moderne Fassung der Problemstellungen festlegen lassen, weil wir dann unseren Autoren nicht gerecht werden.[16]

Ausgehend von der allgemeinen erkenntnistheoretischen Fragestellung als Frage nach dem *Verhältnis von erkennendem Subjekt und erkanntem Objekt* erhalten wir die folgende Übersicht zu den Einzelfragen und ihren unterschiedlichen Antworten:

I. Die Frage nach dem Ursprung der Erkenntnis. Ist die Vernunft oder die Erfahrung die Quelle menschlicher Erkenntnis? Welchen Beitrag liefert welche Quelle zur Erkenntnis? Positionen: Rationalismus – Empirismus (Sensualismus) – Kritizismus.
II. Die Frage nach der Realität. Gibt es (auf der Seite des Objekts der Erkenntnis) eine vom erkennenden Subjekt unabhängig existierende Außenwelt? Positionen: Realismus – Idealismus (Solipsismus) – Positivismus.
III. Die Frage nach der Beschaffenheit („Seinsweise") von erkennendem Subjekt und Welt als erkanntem Objekt.[17]
Positionen: Monismus (Spiritualismus – Materialismus – neutraler Monismus) – Dualismus.

Die Fragen I und II sind die erkenntnistheoretischen Fragen im engeren Sinne. Sie werden daher im Mittelpunkt der Darstellung stehen und deren Gliederung bestimmen. Frage III nennen wir die „ontologische" Frage. Frage II betrifft nur das *Dasein* der Außenwelt (*daß* sie unabhängig existiert), nicht deren *Sosein* (*wie* sie be-

---

[16] Als Besonderheit erkenntnistheoretischer Untersuchungen der Gegenwart ist hervorzuheben, daß diese zu einem großen Teil mit logischen Hilfsmitteln geführt werden. Eines der jüngsten Teilgebiete der Erkenntnistheorie ist geradezu die Logik solcher Begriffe wie „Glauben" und „Wissen". Dieses Teilgebiet, das ebensogut zur Logik gehört, heißt „epistemische Logik", wobei in der Bezeichnung noch die Verbindung von Erkenntnistheorie und Logik zum Ausdruck kommt.
[17] Diese Frage darf nicht verwechselt werden mit der Frage nach der „Seinsweise" der Universalien (Begriffe, Ideen). Positionen: Nominalismus – Realismus (Platonismus) – Konzeptualismus.

schaffen ist). Aus der subjektunabhängigen Existenz folgt also nicht ohne weiteres, daß dem so Existierenden auch (alle) seine Eigenschaften unabhängig vom erkennenden Subjekt zukommen. Auch für einen Realisten kann die Außenwelt in ihrem Sosein vom Subjekt (mit)konstituiert sein. Frage II und Frage III werden nicht immer hinreichend unterschieden. Vor allem die marxistisch-leninistische Erkenntnistheorie hat versucht, erkenntnistheoretischen Realismus und ontologischen Materialismus „gleichzuschalten". Dagegen ist zu sagen, daß auch der Dualismus einen Realismus einschließt und selbst der Spiritualismus einen Realismus zuläßt, wenn die Außenwelt nicht vorab als materiell festgelegt wird. Frage III wird im folgenden nur in dem Maße Berücksichtigung finden wie sie mit Frage II gekoppelt erscheint.

Zum Schluß dieser Zusammenstellung sei noch einmal der bereits angedeutete weltanschauliche Aspekt angesprochen, um den Erwartungen der Leser auch hier eine vorläufige Richtung zu geben. Descartes' Fundamentalsatz der Erkenntnis, „Ich denke, also bin ich", ist ein selbst-bewußter Satz im doppelten Sinne des Wortes: erstens meint Descartes den Grund der Erkenntnis (des Wissens) im Bewußtsein seiner selbst gefunden zu haben; und zweitens führt ihn diese Einsicht zu einem neuen Selbstbewußtsein, dem Bewußtsein nämlich, daß er allein aus sich selbst heraus (solus ipse), ohne Berufung auf fremde Instanzen und Autoritäten eine sichere Grundlage gewinnen kann.

Nun ist das Ich der Descartesschen Meditationen ein stellvertretendes Ich, so daß sich jedes einzelne Ich – für sich – im Nachvollzug des selbst-bewußten „Ich denke, also bin ich" vergewissern kann. Und gerade hierin, in dem sich als *wissend* – und nicht glaubend – begreifenden Selbstbewußtsein der Subjekte, kommt ein wesentlicher Zug des neuzeitlichen (abendländischen) Denkens überhaupt zum Ausdruck, nicht nur des philosophischen. Als Folge dieses Selbstbewußtseins sehen die Kritiker Vereinzelung (Solipsismus) und Selbstüberhebung (Hybris) an. Besonnenere möchten wohl bezweifeln, daß bei Descartes wirklich die Wurzeln *aller* modernen Übel zu finden sind. Wie dem auch sei, jedenfalls hat uns Descartes mit seinen Überlegungen sehr viele grundlegende Fragen in ihrer heutigen Gestalt vorgegeben, eingehandelt oder eingebrockt. Damit werden auch diejenigen, die in Descartes und seinem „Ich denke, also bin ich" den Ursprung eines verhängnisvollen Dualismus (als Trennung von Subjekt und Objekt, Seele und Leib,

Geist und Materie usw.) sehen, kurz: den Ursprung eines gespaltenen, entfremdeten Weltverhältnisses, um eine Auseinandersetzung mit ihm nicht herumkommen.

Nicht getan ist es also damit, aus der abendländischen Tradition „auszusteigen". Was diese selbst an Alternativen hervorgebracht hat, sind freilich keine, die es einem erlauben, die Mühe des Denkens meditativ zu überspringen. Doch erweisen sich einige von ihnen durchaus als einer recht verstandenen Mystik verbunden und stehen insofern in einer gewissen Nähe zu östlichen Traditionen. Dies gilt insbesondere von Ludwig Wittgenstein, der deshalb auch als echte Alternative zu Descartes – und zu Indien – den Abschluß unserer Darstellung bilden wird. Dies bedeutet, daß wir es im folgenden nicht nur mit der Analyse begrifflicher Erkenntnis zu tun haben, sondern auch die kontemplative Erkenntnis in die Betrachtung mit einbeziehen werden.

Dabei kann es nicht das Ziel sein, den Gegensatz von Subjekt und Objekt schlicht, nämlich spurlos „verschwinden" zu lassen, um sozusagen die vorphilosophische Unschuld wiederzuerlangen. Spuren müssen schon deshalb bleiben, um den Nachfolgenden das Finden des Weges zu erleichtern; denn die philosophischen Probleme sind keine Privatprobleme, sondern Probleme, die ihren Grund, mit Kant zu sprechen, in der „Naturanlage" des Menschen haben. Auch ein „richtiges" Weltverhältnis ist, ob neu- oder wiedergewonnen, als ein bewußtes Verhältnis im Stande der Besonnenheit qualitativ von einem naiven verschieden.

2. Die Frage nach dem Ursprung der Erkenntnis

Wenden wir uns von den skizzierten erkenntnistheoretischen Fragen zunächst derjenigen nach dem Ursprung der Erkenntnis zu. Diese Frage führt zu dem Thema des Verhältnisses von Vernunft und Erfahrung und damit zu dem traditionellen Gegensatz von Rationalismus und Empirismus.

2.1. Der Rationalismus Descartes'

Wenn man unsere erste erkenntnistheoretische Frage schlicht und einfach dahingehend beantworten wollte, daß der Rationalismus als Erkenntnisquelle die Vernunft und der Empirismus als Erkenntnisquelle die Erfahrung angibt, so hätte man sich bereits einer irreführenden Vereinfachung schuldig gemacht. Eine solche Zuordnung legt nämlich das Mißverständnis nahe, daß der Rationalismus *nur* die Vernunft und der Empirismus *nur* die Erfahrung als Erkenntnisquelle anerkannt hätten. Doch dies ist nicht der Fall. Was Rationalismus und Empirismus vielmehr unterscheidet, ist die unterschiedliche Betonung beider Erkenntnisquellen in ihrem Verhältnis zueinander. So besteht (wie bereits angedeutet) der Rationalismus Descartes' darin, daß er der Vernunft gegenüber der Erfahrung (genauer: gegenüber der Sinneserkenntnis) Vorrang einräumt. Diese Vorrangstellung der Vernunfterkenntnis zeigt sich bei Descartes auf verschiedenen Ebenen. Die Weichen werden bereits durch den methodischen Zweifel gestellt, indem der schrittweise Abbau von Erkenntnissen von der Sinneswahrnehmung bis zur mathematischen Erkenntnis eine Hierarchisierung entsprechender Erkenntnisquellen von *weniger gewiß* bis *gewisser* unterstellt. Nachdem er dann im cogito-ergo-sum ein Muster für gewisse Erkenntnis gefunden zu haben meint, ist es nur naheliegend, diejenige Erkenntnisquelle besonders auszuzeichnen, der er diese Einsicht verdankt. Damit stehen wir mit Descartes vor der Frage, um was für eine Erkenntnis es sich bei dem cogito-ergo-sum handelt.

Naheliegend ist die Vermutung, daß Descartes seine Grundeinsicht einem logischen Schluß verdanke (darauf führt uns das „ergo" und seine Übersetzung als „also"). Entsprechend könnte man daher annehmen, daß Descartes der Logik einen besonders hohen Rang zugewiesen habe. Die Bezeichnung „Rationalismus" im Sinne unserer heutigen Verwendung des entsprechenden Adjektivs „rational" befände sich damit in Übereinstimmung. Erscheint manchen Leuten doch „rational" oder „vernünftig" fast synonym mit „logisch". Um so überraschender ist es, zumindest auf den ersten Blick, festzustellen, daß Descartes von der Logik nicht viel gehalten hat.[18]

Freilich ist hier zu beachten, daß die Descartes bekannte Form der Logik die aristotelische Syllogistik in scholastischer Darstellung war. Den neuzeitlichen Philosophen galt diese Syllogistik allenthalben als unfruchtbar, d. h. als nicht geeignet, neue Entdeckungen zu machen. In diesem Punkt waren sich Empiristen wie Locke und Rationalisten wie Descartes durchaus einig. Die spätere Rehabilitierung der Logik verdanken wir vor allem rationalistischen Denkern, beginnend insbesondere mit Leibniz. Jedoch hat die Logik dabei auch eine andere Gestalt angenommen. In dieser Gestalt, die schließlich maßgeblich durch Frege mit seiner *Begriffsschrift* (1879) bestimmt worden ist, wurde sie auch von den modernen Empiristen anerkannt, die sich deshalb als *logische* Empiristen verstanden und die Logik zu einem grundlegenden Instrument ihrer Analysen gemacht haben. Hauptvertreter des Logischen Empirismus ist R. Carnap. Auf der anderen Seite haben sich auch die modernen Rationalisten durch ein Beiwort von der früheren „dogmatischen" Richtung als *kritische* Rationalisten zu unterscheiden gesucht. Hauptvertreter des Kritischen Rationalismus ist K. Popper. Es ist daher zu beachten, daß die Rede von „Rationalismus" und „Empirismus" im folgenden nicht ganz im heutigen Sinne verstanden werden darf.

Mag Descartes' Bewertung der syllogistischen Logik auch ungerecht sein, so haben wir jedenfalls davon auszugehen, daß er sein cogito-ergo-sum nicht als syllogistischen Schluß verstanden wissen wollte[19], so daß die Erkenntnisquelle, der er diese Grundeinsicht zu verdanken meint, zumindest nach eigener Auffassung nicht die

---

[18] Vgl. *Discours de la Méthode* (franz.-dt.), ed. L. Gäbe, Hamburg 1969, II. Teil, 6. Abschn.
[19] Vgl. *Meditationen [...] mit den sämtlichen Einwänden und Erwiderungen*, ed. A. Buchenau, Hamburg 1972, S. 127f. (Descartes' Antwort auf die zweiten Einwände).

logische sein kann, daß es also nicht die *logische* Vernunft ist, die den Descartesschen Rationalismus ausmacht.

Damit ist freilich nicht gesagt, daß diese Vernunft unlogisch sei. Es geht vielmehr darum, wo die entscheidenden Anteile der Erkenntnis zu suchen sind. Es könnte also von der Logik ein selbstverständlicher Gebrauch gemacht worden sein, ohne daß der logischen Vernunft das eigentliche Verdienst der Erkenntnis zuzusprechen ist. Und dies ist bei Descartes in der Tat der Fall; denn zweifelnd findet Descartes seine Grundeinsicht, daß ihm sein Zweifel seine Existenz verbürgt. Und dieser Zweifel wird in argumentativer Form vorgetragen. Er ist ja gerade kein wirrer pathologischer, sondern ein methodischer Zweifel, ein Zweifel, wie Descartes selber sagt, „aus triftigen und wohl erwogenen Gründen (*rationes*)" (I. Med., 10 [41]).

Wenn wir die Sache so betrachten, dann ist Descartes' cogito-ergo-sum freilich auch nicht ganz so voraussetzungslos wie es zunächst erscheint; denn als Voraussetzung jeder Einsicht muß zumindest das gelten, was zum Verständnis und Nachvollzug dieser Einsicht notwendig ist. Dazu gehört im Falle des cogito-ergo-sum so etwas wie eine Argumentationslogik. Diese Logik ist aber nicht syllogistisch, und sie muß auch nicht als normative Disziplin ausgearbeitet vorliegen. Sie muß nicht einmal ausdrücklich anerkannt werden, sondern sie ist ganz einfach Teil unserer sprachlichen Verständigungspraxis, nämlich desjenigen Teils, in dem wir uns an Gründen und Begründungen orientieren. Dies bedeutet ferner, daß zu den Voraussetzungen des cogito-ergo-sum auch das Verstehen der Sprache gehört. Dieser leicht zu übersehende Umstand wird von Descartes, wenn auch an anderer Stelle, ansatzweise anerkannt, wenn er betont, daß er das Verständnis solcher Wörter wie „Denken" und „Gewißheit" unterstelle.[20] Descartes beschränkt sich in seinem Zugeständnis aber auf die zentralen Termini, und er war sich insofern der grundlegenden Rolle gelingenden Sprachverstehens nicht voll bewußt, wie sie später von Wittgenstein hervorgehoben worden ist.

Wenn wir uns nun unter Berücksichtigung dieser Einschränkung der Voraussetzungslosigkeit des cogito-ergo-sum fragen, was Descartes mit seiner Zurückweisung des logischen Charakters (im engeren Sinne, d. h. syllogistischen Charakters) des cogito-ergo-sum po-

---

[20] *Die Prinzipien der Philosophie,* ed. A. Buchenau, Hamburg 1965, I. Teil, 10. Abschn.

sitiv hervorheben will, so können wir auf dessen Vollzugscharakter verweisen. Im Vollzug (oder für den Leser im Nachvollzug) des Zweifelns entzieht sich die Existenz des Zweifelnden dem Zweifel. Wichtig dabei ist, daß der jeweils Zweifelnde die Einsicht bei und für sich selbst vollzieht, der Vollzug also in diesem besonderen Sinne des Wortes auch „existentiell" (d. h. individuell) und nicht generell zu geschehen hat. (Was im übrigen auch in der literarischen Form der „Meditation" zum Ausdruck kommt.) Entsprechend faßt Descartes den Gedankengang seiner Grundeinsicht zusammen (II. Med., 3 [45]):

> Und so komme ich, nachdem ich nun alles mehr als genug hin und her erwogen habe, schließlich zu der Feststellung, daß dieser Satz: ‚Ich bin, ich existiere', sooft ich ihn ausspreche oder in Gedanken fasse, notwendig wahr ist.

Hier kommt erstens die einen Schluß andeutende Form cogito-*ergo*-sum gar nicht vor, und es wird zweitens der Vollzugscharakter in dem ‚sooft' hervorgehoben. Ich kann mich der Wahrheit des ‚ich bin' immer wieder im Vollzug meines Denkens vergewissern. Es ist an dieser Stelle festzuhalten, daß die bekannte „Ergo"-Formulierung der Descartesschen Grundeinsicht nicht auf die *Meditationen* zurückgeht.[21]

Die angedeuteten Fragen zur angeblichen Voraussetzungslosigkeit des cogito-ergo-sum, zu seinem logischen oder nicht-logischen Charakter und vor allem zu seiner Geltung und seiner Rolle als Fundament für den methodischen Neuaufbau des Wissens bedürften einer eingehenden Untersuchung, die hier nicht unser Thema ist. Wichtig für die gegenwärtige Frage nach dem Verhältnis von Rationalismus und Empirismus ist aber, daß Descartes seine Grundeinsicht nicht der Erfahrung, sondern dem reinen Denken als Tätigkeit der Vernunft zu verdanken meint. Die hiermit gleich zu Beginn vorgenommene Auszeichnung der Vernunft setzt sich nun im weiteren Verlauf der *Meditationen* fort.

Im Anschluß an die oben zitierte Stelle zum Verständnis des cogito-ergo-sum heißt es:

---

[21] Die Schlußform wird aber an anderer Stelle nahegelegt (III. Med., 9 [59]: „daß daraus, daß ich zweifle, folgt (sequatur), daß ich bin"). Das cogito-*ergo*-sum findet sich später insbesondere in den *Prinzipien der Philosophie*, I, 7. Vgl. ferner bereits vor den *Meditationen* auch den *Discours de la Méthode*, IV, 1.

Noch verstehe ich aber nicht zur Genüge, wer ich denn bin, der ich jetzt notwendig bin [...]. (II. Med., 4 [45])

Diese Frage markiert den Übergang von dem *Daß* der Existenz zum *Was* der Essenz. Descartes weiß, *daß* er existiert; aber er weiß noch nicht als *was* er existiert. Um nun sein Selbst (Ich) in diesem theoretischen Sinne zu erkennen, geht Descartes wieder so vor, daß er von allen Bestimmungen, von denen er bislang gemeint hat, daß ihr Inhalt das Selbst charakterisiere, diejenigen abzieht, die im Rahmen seines Abbaus von Gewißheit auch nur im geringsten in Zweifel gezogen werden können, „so daß schließlich genau nur das übrigbleibt, was gewiß und unerschütterlich ist" (II. Med., 4, Schluß [45, unten]). Das Ergebnis ist, daß das Denken, das zuvor die Existenz des Selbst gesichert hat, nun auch dessen Essenz oder Natur ausmacht. Insbesondere gehört der Körper als Teil der Außenwelt mit seinen Aktivitäten wie Bewegungen und Empfindungen nicht zu diesem Selbst; denn die Außenwelt könnte ja bloßer Schein („erträumt") sein. Unbezweifelbar ist, daß ich denke, unbezweifelbar ist (beim gegenwärtigen Stand der Überlegung) aber auch überhaupt *nur,* daß ich denke:

> Ich bin also genau nur ein denkendes Wesen, d. h. Geist, Seele, Verstand, Vernunft (sum igitur praecise tantum res cogitans, id est mens, sive animus, sive intellectus) [...]. (II. Med., 6 [47])

Damit behauptet Descartes noch nicht *endgültig,* daß das Ich Denken ist, sondern er behauptet nur, daß er *vorläufig* nichts anderes mit Sicherheit vom Ich behaupten könne. Dies belegt der Satz, der dem eben zitierten vorausgeht: „Für jetzt lasse ich aber nichts zu, als was notwendig wahr ist!"

Mit seiner Feststellung, daß das Ich wesentlich Denken ist, baut Descartes seine rationalistische Position um einen wesentlichen Schritt fast unmerklich aus; denn dadurch wird die sinnliche Erfahrung, die Wahrnehmung, die ja an körperliche Organe gebunden ist, als *grundlegende* Erkenntnisquelle bereits verabschiedet. Dies wird im folgenden deutlich, wenn Descartes überhaupt erst daran geht, zu bestimmen, was Denken ist. Es sollte nämlich aufgefallen sein, daß Descartes ausgehend vom *Zweifeln,* das ihm seine eigene Existenz verbürgt hat, eine Begriffserweiterung vorgenommen hat, indem er nun umfassender vom *Denken* spricht. Zweifeln ist ja nur *eine* unter vielen Denktätigkeiten. Das Verfahren der Descartesschen Begriffserweiterung ist eine extensionale Bestimmung (Definition) des Begriffs „Denken", d. h. eine Bestimmung seines Umfanges. Es werden verschiedene Tätigkeiten aufgezählt, die *zusammen* genommen das Denken ausmachen.[22]

Die Aufzählung der Tätigkeiten, die das Ich als denkendes Wesen (*res cogitans*) ausmachen, lautet: Zweifeln, Einsehen, Bejahen, Verneinen, Wollen, Nichtwollen, (bildliches) Vorstellen, Empfinden (II. Med., 8 [49]). Das ist nun keineswegs eine beliebige Aufzählung, sondern jede dieser Tätigkeiten wird im einzelnen ausgewiesen, ja, nicht einmal die Reihenfolge ist beliebig, sondern folgt einer methodischen Ordnung.

Ausgehend vom Zweifeln als Paradigma des Denkens entwickelt Descartes in schrittweiser Abfolge die Unterarten des Denkens (II. Med., 9 [49])[23]: Aus der Tatsache seines *Zweifelns* gewinnt er die Tatsache seiner Existenz. Damit hat er eines, nämlich seine Existenz, *eingesehen* und er *bejaht* (behauptet), daß dies eine wahr ist, *verneint* vorläufig aber noch alles andere, *will* jedoch noch mehr wissen, *will nicht* dabei getäuscht werden; und wird er auch getäuscht in dem, was er sich (bildlich) *vorstellt* (daß nichts von dem, was er sich bildlich vorstellt, wahr ist, d. h. den Tatsachen entspricht), so kann er doch nicht darin getäuscht werden, *daß* er sich etwas bildlich vorstellt; und wird er auch so getäuscht, daß er etwas (sinnlich) zu *empfinden* meint, was gar nicht existiert, so kann er doch nicht darin getäuscht werden, *daß* er etwas Bestimmtes zu empfinden *scheint,* also darin, daß ihm bestimmte „Sinnesdaten" gegeben sind.

Die letzten beiden Tätigkeiten, das (bildliche) Vorstellen und das Empfinden sind wie folgt gemeint: Vorstellen ist die Tätigkeit der Vorstellungskraft (lat. imaginatio, im dt. Text als ‚Einbildungskraft' übersetzt). Sie wird bestimmt als die Fähigkeit, „die Gestalt oder das Bild eines körperlichen Dinges zu betrachten", und zwar unabhängig davon, ob dieses Ding existiert, ob es ein wirkliches Ding ist (II. Med., 7 [48]). So kann ich mir z. B. Zentauren vorstellen als

---

[22] Eine extensionale Bestimmung ist im Unterschied zu einer intensionalen Bestimmung keine Merkmalzerlegung des Begriffs, sondern eine Aufzählung der Unterarten. In der traditionellen Definitionslehre hieß dieses Verfahren Einteilung (lat. divisio, gr. dihairesis), das sich bereits in den Platonischen Dialogen findet. Heute faßt man es als Angabe der Teilklassen einer Klasse.

[23] Diese Unterarten des Denkens sind hier durch Hervorhebung gekennzeichnet. In den deutschen Übersetzungen ist die Parallelität im Ausdruck leider nicht durchgehalten.

zusammengesetzt aus einem menschlichen Oberteil und einem pferdlichen Unterteil, indem ich einfach die Vorstellung ‚Mensch' und die Vorstellung ‚Pferd' in bestimmter Weise zusammensetze. Dabei wissen wir natürlich, daß es Zentauren gar nicht gibt. Wenn man *imaginatio* mit „Einbildungskraft" übersetzt, so muß man dabei beachten, daß diese Tätigkeit zwar die Grundlage der dichterischen Einbildungskraft ist, daß sie aber nicht mit Phantasie im emphatischen Sinne gleichzusetzen ist. Diese Einbildungskraft wird bereits bemüht, wenn ich mir nur *vorstelle,* daß dieses Blatt Papier grün ist. Da es hier aber um ein *bildliches* Vorstellen geht, ist die Übersetzung „Ein*bild*ungskraft" angemessen.

Wenn ich mir etwas (bildlich) vorstelle, so ist es, wie gesagt, immer noch offen und fraglich, ob das, was ich mir vorstelle, den Tatsachen entspricht. Ich kann es mir auch bloß „*ein*bilden". Um so fragen zu können, muß ich aber zunächst einen Inhalt vorgestellt haben (z. B. den Sachverhalt, daß dieses Blatt Papier grün ist). Auch wenn ich in der Erkenntnis solcher Zusammenhänge getäuscht werde, daß *ich* es bin, der dieser Täuschung unterliegt, bleibt gewiß.[24] Daher macht die Einbildungskraft einen Teil meines Denkens aus.

Das Empfinden (lat. sentire) ist die sinnliche Wahrnehmungstätigkeit, die Wahrnehmung der Dinge durch die Sinne. Daher beansprucht das Empfinden, die wirkliche Existenz der Dinge zu verbürgen. Doch auch wenn ich nur einer Täuschung unterliege, wirkliche Dinge zu sehen, Geräusche zu hören und Wärme zu fühlen, so *scheint* es mir doch, daß ich all dieses wahrnehme. Die Wahrnehmung selbst, wie wenig Auskunft sie mir auch über die Wirklichkeit zu geben mag, steht doch außer Frage und ist damit nichts anderes als eine Art des Denkens.

Wenn Descartes das Vorstellen und das Wahrnehmen zum Denken zählt, so bedeutet dies noch nicht, daß er ihre Tauglichkeit für das Erkennen damit schon anerkennt. Er erkennt nur das Faktum ihrer Tätigkeit an, nicht ihre Zuverlässigkeit. Und eben hierin erweist er sich als Rationalist. Gemessen an seinem Gewißheitspostulat scheiden beide als solide Erkenntnisquellen aus. Gewiß ist nur, *daß* ich bestimmte Vorstellungen habe und *daß* ich wahrzunehmen scheine; nicht aber, daß meine Vorstellungsverbindungen *wahr* und

---

[24] Diesem Übergang liegt das Bewußtsein der Ich*identität* zugrunde. Descartes scheint hier kein Problem zu sehen.

meine Wahrnehmungsinhalte *wirklich* sind. Descartes hat hier Einbildungskraft und Wahrnehmung nur als mögliche Erkenntnisquellen äußerer Sachverhalte und Gegenstände im Blick. Als mögliche Erkenntnisquelle für die Erkenntnis des Selbst wird die Einbildungskraft schon vorher ausgeschieden:

> Ich erkenne also, daß nichts von dem, was ich mit Hilfe der Einbildungskraft erfassen kann, zu der Kenntnis gehört, die ich von mir habe, daß ich vielmehr meinen Geist sehr sorgfältig davon abwenden muß, wenn ich seine Natur recht deutlich begreifen will. (II. Med., 7 [48, unten])

Wenn an dieser Stelle nur die Einbildungskraft angeführt wird und nicht auch die Wahrnehmung, so liegt dies daran, daß die Wahrnehmung (als Wirklichkeitserkenntnis) eine die Existenz sichernde Erkenntnisart ist, die Einbildungskraft dagegen eine die Beschaffenheiten erfassende Erkenntnisart. War die Wahrnehmung bereits als Erkenntnismöglichkeit bei der Erkenntnis der Wirklichkeit (Existenz) des Ichs ausgeschieden, so geht es hier um die Erkenntnis der Natur (Essenz) dieses Ichs. Deshalb tritt an dieser Stelle nur die Einbildungskraft als mögliche, aber dann zurückgewiesene Kandidatin auf den Plan.

Descartes geht mit seinem Rationalismus aber noch weiter. Scheidet die Einbildungskraft für die Erkenntnis des Selbst (d. h. der Innenwelt) auch aus, so könnte sie doch geeignet sein, die Gegenstände der Außenwelt zu erkennen; stattet sie uns doch mit bildlichen, der Wahrnehmung entnommenen Vorstellungen solcher Gegenstände aus. Ausgangspunkt dieser Überlegung ist ein inszenierter „Rückfall" in die Arme der Sinnlichkeit (II. Med., 10, Schluß [50]), der Einleitung zu Descartes' „Wachs-Beispiel".

Hier stellt Descartes fest, daß selbst die körperlichen Dinge von der Einbildungskraft nicht wirklich erkannt werden können, weil diese die unzähligen Veränderungen der äußeren Erscheinung der Dinge nicht alle durchlaufen kann. Und eine andere als eine bildliche Vergegenwärtigung steht der Einbildungskraft ja nicht zur Verfügung. Das rationalistische Ergebnis ist dann, daß auch die Gegenstände der Außenwelt einzig durch Vernunft (im Sinne des „messenden" Verstandes, lat. mens) erkannt werden können – wenn überhaupt, muß man vorläufig hinzufügen; denn daß wir sie erkennen, ist beim gegenwärtigen Stande der Überlegung Descartes' noch nicht gesichert. Es läuft aber schließlich (in der VI. Meditation) darauf hinaus.

Nach seinem Ausflug in die Außenwelt kann Descartes sich (am Ende der II. Meditation) befriedigt wieder in die Innenwelt zurückziehen.

> Und sieh da! so bin ich schließlich ganz von selbst dahin zurückgekehrt, wohin ich wollte. Denn da ich jetzt weiß, daß ja selbst die Körper nicht eigentlich durch die Sinne oder durch die Einbildungskraft, sondern einzig und allein durch den Verstand erkannt werden, nicht dadurch, daß man sie betastet oder sieht, sondern daß man sie denkt: so erkenne ich ganz offenbar, daß ich nichts leichter und augenscheinlicher erkennen kann – als meinen Geist.

Von dem Geist, so können wir hinzufügen, stand schon vorher fest, daß er nicht durch Einbildungskraft oder Wahrnehmung erkannt werden kann. Als gewisseste Erkenntnis ergibt sich somit die Selbst-Erkenntnis durch den Verstand (mens) als den rationalen Teil des Denkens. Damit hat Descartes seinen Rationalismus um einen weiteren Schritt verschärft. Entsprechend seiner rationalistischen Abwertung der Sinneserkenntnis beginnt Descartes die III. Meditation mit den Worten:

> Ich werde jetzt meine Augen schließen, meine Ohren verstopfen und alle meine Sinne ablenken, auch die Bilder körperlicher Dinge sämtlich aus meinem Bewußtsein tilgen oder, da dies wohl kaum möglich ist, sie doch als eitel und falsch für nichts achten; mit mir allein will ich reden, tiefer in mich hineinblicken und so versuchen, mir mein Selbst nach und nach bekannter und vertrauter zu machen.[25]

Die III. Meditation enthält den für den weiteren Neuaufbau des Wissens grundlegenden Gottesbeweis. Auf ihn ist hier nicht im einzelnen einzugehen. Doch soviel: Von diesem Gottesbeweis hängt alles Weitere ab. Nur die Existenz Gottes ermöglicht es, von der Anlage des Descartesschen Gedankenganges her, den Ich-Kreis zu verlassen. Ohne diesen Gottesbeweis steht – man muß es so sagen – Descartes erkenntnistheoretisch ohne Welt da. Damit deutet sich auch bereits ein grundlegendes Problem der Folgezeit an. Wenn man mit Descartes vom Subjekt ausgeht, seinen Gottesbe-

---

[25] Vgl. auch den Beginn der IV. Meditation, wo Descartes feststellt, daß er sich an diese (hier zitierte) rationalistische Einstellung nunmehr „gewöhnt" habe. Sie ist ihm gewissermaßen zur zweiten Natur geworden. Wir sehen hier, daß auch dem Rationalismus (jedenfalls in seiner historischen Gestalt) ein meditativer Zug im Sinne der Selbstversenkung eigen ist.

weis aber nicht akzeptiert (und dieser Beweis gelingt in der Tat nicht), so bleibt man auf dem Ich sitzen und der „Rest der Welt" bleibt problematisch. Die Forderung nach einem Beweis der Außenwelt verdankt sich, wie man hier sieht, dem subjektzentrierten Vorgehen der neuzeitlichen Erkenntnistheorie.

An dieser Stelle empfiehlt es sich, einen kurzen Blick auf Descartes' weiteren Aufbau zu werfen. Die Existenz Gottes als eines *vollkommenen Wesens* garantiert, daß Gott nicht wollen kann, daß wir unverschuldet in die Irre gehen. Würde Gott uns nämlich absichtlich täuschen, wäre er (in moralischer Hinsicht) nicht vollkommen. Die Irrtümer der Menschen sind vielmehr selbstverschuldet und kommen dadurch zustande, daß das Urteilen (als Akt des Willens) weiter geht als die Einsicht reicht. Vor Irrtum können wir uns dadurch schützen, daß wir unseren Willen beim Urteilen im Zaum halten, bis wir etwas so klar und deutlich erkannt haben wie unsere eigene Existenz im cogito-ergo-sum. Daß wir dann wirklich eine Erkenntnis gewonnen haben, das garantiert eben der vollkommene Gott, der nicht wollen kann, daß wir uns selbst in solchen Fällen noch irren (IV. Meditation). Im Anschluß hieran gewinnt Descartes dann die Gewißheit der Erkenntnis schrittweise zurück, und zwar in umgekehrter Reihenfolge seines Abbaus in der I. Meditation, angefangen bei der Mathematik bis zur Existenz des eigenen Körpers und einer materiellen Außenwelt, dem Schlußpunkt von Descartes Dualismus.

Der gesamte Neuaufbau macht Gebrauch von rationalistischen Unterscheidungen. Zu den bislang betrachteten kommt als besonders wichtig hinzu die Unterscheidung von *angeborenen, erworbenen* und *selbstgemachten* Ideen (ideae *innatae, adventitiae,* und *a me ipso factae*). Diese Unterscheidung wird in der III. Meditation (Abschn. 7 [58]) eingeführt; es bleibt aber noch offen, ob es diese verschiedenen Arten von Ideen wirklich alle gibt:

> Doch ich kann vielleicht auch annehmen, alle Ideen wären erworben, oder alle wären angeboren oder alle von mir gemacht; denn noch habe ich ja ihren wahren Ursprung nicht klar durchschaut.

Besonders die letzte Bemerkung verweist mit dem Ausdruck „wahrer Ursprung" (lat. veram originem) auf unsere gegenwärtige Frage nach dem Ursprung der Erkenntnis.

2.2. Die „angeborenen Ideen" als Platonisches Erbe

Bestimmend für den Gegensatz von Rationalismus und Empirismus ist die Anerkennung bzw. Leugnung von angeborenen Ideen. Hinsichtlich der beiden anderen Arten von Ideen besteht keine Differenz. Als erworbene Ideen werden insbesondere solche der Sinneswahrnehmung verstanden, z. B. die Ideen des Gelben, Sauren, usw. Als gemachte Ideen werden solche aufgefaßt, die wir selbst aufgrund bereits vorhandener Ideen (durch Zusammensetzung) bilden, z. B. die Ideen von goldenen Bergen, Zentauren usw. Hier sind die Ideen „Gold" und „Berg" bzw. „Oberteil eines Menschen" und „Unterteil eines Pferdes" die entsprechenden zugrundeliegenden Teilideen. Die Grundlage für gemachte Ideen können sowohl erworbene als auch angeborene abgeben.

Wie steht es nun mit den angeborenen Ideen? Der Streit um sie ist keineswegs erst in der Neuzeit angezettelt worden. Wir können bereits Platon und seinen Schüler Aristoteles als Repräsentanten der beiden gegensätzlichen Positionen einordnen. Was den Rationalismus mit Platon verbindet, ist die Abwertung der Sinneswahrnehmung. Der neuzeitlichen rationalistischen Rede von „angeborenen Ideen" entspricht bei Platon die Auffassung, daß die eigentliche Erkenntnis in einer Schau der Ideen bestehe. Um in diesen beiden Auffassungen die richtige Gemeinsamkeit entdecken zu können, muß man sich aber bewußt sein, daß die Rede von Ideen in beiden Fällen grundverschieden ist.

Die Platonischen Ideen sind Urbilder der Dinge. So sind z. B. die konkreten sinnlich wahrnehmbaren Dreiecke dieser Welt Dreiecke, weil sie an der Idee des Dreiecks „teilhaben", indem sie diese realisieren. Die Erkenntnis dessen, was ein Dreieck ist, ist dabei ein Wiederkennen. Wir erinnern uns gleichsam an die vor unserer Geburt (d. h. vor der Verbindung der Seele mit dem Körper) geschaute Idee des Dreiecks. Dieser Wiedererinnerungs-Gedanke versucht den eigentümlichen Umstand zu erklären, daß wir gewissermaßen „aus uns heraus" Erkenntnisse entwickeln können, von denen nicht so ohne weiteres klar ist, wie sie „in uns hinein" gekommen sind. Solche Überraschungen erleben wir insbesondere in der Mathematik. Es ist deshalb kein Wunder, daß seit Platons Zeiten die Eigen-

...hkeit der mathematischen Erkenntnis als Stütze des Rationa-...gegolten hat.[26]

...Unterschied zu Platon hat man in der gesamten Neuzeit mit wenigen Ausnahmen Ideen sozusagen „im Kopf". Ideen sind danach bewußte oder unbewußte Bewußtseinsgebilde. In der deutschsprachigen Terminologie hat man sich die Nebenbedeutung von „Erhabenheit" teilweise noch bewahrt, wenn man z. B. von den Ideen des Guten, Wahren und Schönen, den Ideen Gott, Freiheit und Unsterblichkeit (Kant) oder auch von der Idee der Demokratie spricht. Gleichzeitig gibt man mit dieser Ausdrucksweise zu verstehen, daß Ideen nicht schlicht „von dieser Welt" der Tatsachen sind, sondern daß ihnen der Status eines regulativen oder normativen „Ideals" zukommt, dem man sich nähern soll oder das es zu realisieren gilt. Will man auf diese Besonderheiten nicht abheben, so spricht man meist einfach von Vorstellungen (lat. repraesentatio) und versteht darunter das, was oben als die neuzeitliche Bedeutung von „Idee" (insbesondere im Lateinischen und Englischen) angegeben worden ist. Ideen sind danach, grob gesprochen, Bewußtseinsgebilde als psychische Repräsentanten oder Abbilder psychischer oder nichtpsychischer Gegenstände (oder Dinge), kurzum, was wir, naiv genug, alles so als „Bildchen im Kopf" fassen. Selbst dieses ungenaue Verständnis macht noch deutlich, daß diese Ideen oder Vorstellungen als *Abbilder* (der Dinge) den platonischen Ideen als *Urbildern* (der Dinge) geradezu entgegengesetzt sind.

Übereinstimmung zwischen Platon und dem Rationalismus besteht nun darin, daß die Rationalisten den Platonischen Gedanken der eigentlichen Erkenntnis als Wiedererinnerung (Anamnesis) an ursprünglich geschaute Ideen in eine eher psychologische Rede von angeborenen Ideen übersetzt haben. Angeborene Ideen haben nämlich mit Platons Ideen dieses gemeinsam, daß sie aufgefaßt werden als *vor* oder zumindest *mit* der Geburt gegeben (eingepflanzt). Wie bei Platon bringt die Seele diese Ideen bereits mit, und wie bei Platon gilt es, sich dieser Ideen zu erinnern, und zwar gegen die Tendenz der sinnlichen Wahrnehmung (als einer Körperfunktion!), diese eigentliche Erkenntnis zu verunreinigen. Die Platonische Wiedererinnerung wird im Rationalismus zu einer Bewußtwerdung von ursprünglich bereits implizit mitgegebenen Ideen abgewandelt

---

[26] Vgl. Platons Dialog *Menon,* in dem Sokrates mit seiner „Hebammenkunst" (Mäeutik) aus einem unwissenden Sklaven geometrische Einsichten „herausholt".

und dadurch letztlich psychologistisch umgemünzt. So heißt es bei Descartes:

> [...] ich erkenne, wenn ich nur aufmerke, außerdem auch Unzähliges Einzelne über die Gestalten, die Zahl, die Bewegung und dergleichen, dessen Wahrheit so offenkundig ist und so sehr meiner Natur entspricht, daß es mir, während ich es zuerst entdecke, so vorkommt, als ob ich nicht sowohl irgend etwas Neues lernte, als vielmehr mich dessen, was ich schon vorher wußte, erinnerte, oder zum erstenmal auf das achtete, was längst in mir war, aber ohne daß ich schon früher mein Augenmerk darauf gerichtet hätte. (V. Med., 4 [84])

Zum Schluß dieser ersten Darstellung wesentlicher Positionen des Rationalismus ist noch einmal die Unterscheidung von Einbildungskraft (imaginatio) und Verstand (intellectio) hervorzuheben. Während der Empirismus zumindest die Tendenz hat, Denken im Prinzip als ein bildliches Vorstellen oder als Trennen und Verknüpfen von bildlichen Vorstellungen aufzufassen, kann der Rationalismus dem wegen seiner Abwertung dieser Erkenntnisquelle nicht zustimmen. Er muß das eigentliche Denken geradezu von der Eigentümlichkeit des bildlichen Vorstellens frei erklären. Entsprechend ist für Descartes das eigentliche Denken, das er „reines Denken" (pura intellectio) nennt, nicht bildlich. Es ist, wie wir heute sagen würden, nicht anschaulich, sondern begrifflich. Descartes macht diesen Unterschied durch den Hinweis deutlich, daß wir z. B. ein Tausendeck mit seinen Eigenschaften denken können, ohne daß wir es uns mit seinen tausend Ecken im einzelnen bildlich vorstellen können.[27] Für eine vergleichende Beurteilung von Rationalismus und Empirismus wird diese Unterscheidung im folgenden eine wesentliche Rolle spielen. Doch kommen wir zunächst zur Darstellung des Empirismus und seiner Antwort auf die Frage nach dem Ursprung der Erkenntnis. Wir beginnen mit einer Charakterisierung der Ansichten J. Lockes, die einen unmittelbaren Vergleich besonders deshalb ermöglichen, weil Locke direkt gegen die Lehre von den angeborenen Ideen Front macht.

---

[27] Vgl. zur Erläuterung VI. Meditation, den ganzen Abschn. 2 [92f.].

2.3. Lockes Kritik der Lehre von den angeborenen Ideen

Ein wesentlicher Grundzug erkenntnistheoretischer Untersuchungen besteht darin, nach den Möglichkeiten und Grenzen menschlicher Erkenntnis zu fragen. Insbesondere mit der empiristischen Erkenntnistheorie beginnt eine ausdrückliche Hinwendung zur Untersuchung des Instruments der Erkenntnis selbst, des menschlichen Verstandes. In diesem Sinne erklärt Locke (1632-1704) gleich im ersten Satz der Einleitung zu seinem *Essay Concerning Human Understanding*[28] aus dem Jahre 1690:

> Da es der *Verstand* ist, der den Menschen über alle übrigen empfindenden Wesen erhebt und ihm die ganze Überlegenheit und Herrschaft verleiht, die er über sie besitzt, so ist er sicherlich ein Gegenstand, der eben durch seine hohe Würde die Mühe einer Untersuchung lohnt. Wie das Auge läßt uns der Verstand alle anderen Dinge sehen und wahrnehmen, ohne doch dabei seiner selbst gewahr zu werden, und es erfordert Kunst und Mühe, um einen gewissen Abstand von ihm zu gewinnen und ihn zu seinem eigenen Objekt zu machen. (S. 22)[29]

Die in diesem Zitat ausgesprochene Richtung bringt bereits der Titel des Lockeschen Werkes zum Ausdruck. Diese Tradition wird fortgesetzt in den Titelgebungen von Leibnizens *Neuen Abhandlungen über den menschlichen Verstand* über Berkeleys *Prinzipien der menschlichen Erkenntnis* und Humes *Untersuchung über den menschlichen Verstand* bis zu Kants *Kritik der reinen Vernunft*. In der gesamten neuzeitlichen Erkenntnistheorie wird damit das Subjekt der Erkenntnis verstärkt selbst zum Objekt (Thema) der Erkenntnis.

Was sind nun Lockes Argumente gegen die Annahme angeborener Ideen? Zunächst gilt es genauer zwischen angeborenen Ideen und angeborenen Prinzipien zu unterscheiden, eine Unterschei-

---

[28] Zitiert wird nach der zweibändigen Übersetzung *Versuch über den menschlichen Verstand*, Hamburg 1968 (Philosophische Bibliothek, Bd. 75 u. 76). Angaben erfolgen doppelt, nach den durchgehenden Einteilungen in Buch, Kapitel und Abschnitt sowie nach der Seitenzählung des jeweiligen Bandes. Das I. und das II. Buch machen in der Übersetzung den ersten Band, das III. und das IV. Buch den zweiten Band aus.

[29] Mit Blick auf später vgl. Wittgensteins Bemerkung im *Tractatus* 5.633 („Aber das Auge siehst du wirklich *nicht*."), die eine solche Selbstobjektivierung, unter Verwendung derselben Metapher, gezielt in Frage stellt.

dung, die Locke nachliefert (im III. Kapitel des I. Buches), nachdem er zunächst fast ausschließlich angeborene Prinzipien diskutiert hat. Der Unterschied ist der, daß Prinzipien wahrheitsfähige Grundgedanken, Ideen dagegen Bestandteile von solchen Gedanken sind (und deshalb nicht wahrheitsfähig sind). Den Zusammenhang zwischen angeborenen Ideen und Prinzipien sieht Locke entsprechend so, daß Prinzipien nur dann angeboren sein könnten, wenn die Ideen, die in ihnen verknüpft sind, ebenfalls angeboren sind.[30]

Bei den Prinzipien unterscheidet Locke zwischen theoretischen (spekulativen) und praktischen. Zu den ersteren gehören insbesondere die Axiome der Mathematik und der Logik, zu den letzteren Gebote der Ethik und der Religion. Von Locke diskutierte Beispiele sind: „Das Ganze ist größer als eines seiner Teile" (S. 83), „Ein Ding kann unmöglich zugleich sein und nicht sein" (eine ontologische Version des zur Logik gehörenden Satzes vom ausgeschlossenen Widerspruch, S. 30 und 81), „Gott muß verehrt werden" (S. 83).

Locke führt den Angriff gegen die Lehre von den angeborenen Prinzipien und Ideen in zwei Schritten, einem negativen und einem positiven. Der erste besteht darin, diese Lehre zu widerlegen, der zweite darin, für die relevanten Ideen, besonders diejenigen, die den Rationalisten als Beispiele für angeborene Ideen dienen, die Herkunft aus der Erfahrung nachzuweisen und damit die empiristische Position zu untermauern. Dem ersten Schritt ist das I. Buch, dem zweiten Schritt das II. Buch gewidmet. Um die Einteilung vollständig zu machen: Das III. Buch enthält Lockes Sprachphilosophie und das abschließende IV. Buch die weiterführenden Überlegungen zur Erkenntnistheorie mit einer Analyse der verschiedenen Arten der Erkenntnis. Wir haben es zunächst also vornehmlich mit den ersten beiden Büchern zu tun.

Wesentlich an Lockes Kritik ist, daß er die Rede von angeborenen Ideen und Prinzipien wörtlich in dem Sinne nimmt, daß sie dann und nur dann „angeboren" zu heißen verdienen, wenn sie tatsächlich bei der Geburt bereits irgendwie vorhanden sind, und zwar so, daß sie (einem Außenstehenden) als vorhanden *erkennbar* sind und demjenigen, bei dem sie vorhanden sind, als solche auch

---

[30] Ersetzt man hier „angeboren" durch „apriori", so gilt die entsprechende Abhängigkeit nicht. Empirische Begriffe erlauben analytische Urteile; vgl. I. Kant, *Prolegomena,* § 2b, wonach „Gold ist ein gelbes Metall" ein analytisches Urteil zum empirischen Begriff „Gold" ist.

gegenwärtig und *in ihrem Inhalt bekannt,* d. h. *bewußt* sind. Aus diesem Grunde stellt Locke in seinen Einwänden auch die Frage danach, ob die angeborenen Ideen und Prinzipien, wie er sich ausdrückt, Kindern, Idioten und Wilden bekannt sind, also denjenigen, die aus onto- oder phylogenetischen Gründen noch nicht auf dem Stande der Wissenschaft sind.

Wenn man die Frage so stellt, kann man sie natürlich nur verneinen; denn lege man einem Kind einmal die oben genannten Prinzipien zur Beurteilung vor: es wird vermutlich verständnislos dreinschauen und gerade nicht freudig erregt oder lässig hin sagen, daß es das schon immer wußte. So fiel und fällt die Einsicht in die Geltung des Satzes vom ausgeschlossenen Widerspruch selbst ausgewachsenen Philosophen schwer. Locke besteht aber darauf, daß die Frage gar nicht anders gestellt werden könne. Vgl. die folgende längere Passage (I. Buch, I. Kap., 5. Abschn., S. 31f.):

> Wer behauptet, daß ein Begriff dem Geist eingeprägt sei, und doch gleichzeitig versichert, der Geist kenne denselben nicht und habe ihn noch nie bemerkt, der hebt diese Einprägung wieder auf. Von keinem Satz läßt sich behaupten, daß er im Geist vorhanden sei, wenn er diesem nie bekannt war, wenn er diesem nie bewußt geworden ist. Denn ist das bei einem Satz möglich, so läßt sich aus demselben Grund von allen Sätzen, die wahr sind und denen der Geist jemals zuzustimmen vermag, behaupten, daß sie im Geist vorhanden und ihm eingeprägt seien. Wenn nämlich von einem Satz gesagt werden kann, daß er im Geist vorhanden sei, ohne daß dieser ihn je gekannt hätte, so kann das nur deshalb der Fall sein, weil der Geist imstande ist, ihn kennen zu lernen; das aber ist ihm bei allen Wahrheiten möglich, die er je erkennen wird. Ja, auf diese Weise könnten dem Geist Wahrheiten eingeprägt sein, die er nie gekannt hat und auch nie kennen wird; denn ein Mensch kann lange leben und schließlich sterben, ohne über viele Wahrheiten Bescheid zu wissen, die sein Geist – und zwar mit Gewißheit – hätte erkennen können. Wenn die Fähigkeit des Erkennens als die von Natur gegebene Einprägung betrachtet wird, so sind dieser Anschauung zufolge sämtliche Wahrheiten, die jemand irgendeinmal erkennen kann, ausnahmslos angeboren. Damit aber liefe diese so wichtige Frage auf nichts weiter hinaus als auf eine sehr ungeeignete Ausdrucksweise, die, während sie angeblich das Gegenteil besagt, in Wirklichkeit nichts anderes behauptet als diejenigen, die angeborene Prinzipien leugnen. Denn niemand hat, denke ich, jemals bestritten, daß der Geist fähig ist, verschiedene Wahrheiten zu erkennen. Die Fähigkeit, so sagt man, sei angeboren, die Kenntnis sei erworben. Aber wozu dann ein solcher Streit um bestimmte angeborene Axiome? Wenn dem Verstand Wahrheiten eingeprägt sein können, ohne daß er sie wahrnimmt, so kann ich

bei irgendwelchen Wahrheiten, die der Geist zu erkennen *fähig* ist, hinsichtlich ihres Ursprungs keinen Unterschied sehen; sie müssen alle angeboren oder alle erworben sein; vergeblich würde man versuchen, sie zu unterscheiden. Wer also von angeborenen, im Verstande vorhandenen Begriffen redet, kann (sofern er damit eine bestimmte Art von Wahrheiten bezeichnen will) damit nicht meinen, daß solche Wahrheiten im Verstand vorhanden seien, die er nie wahrgenommen hat und die ihm noch völlig unbekannt sind.

Wichtig ist, daß Locke in dieser Passage implizit einen Unterschied zwischen zwei Arten des Angeborenseins anerkennt, das Angeborensein einer Fähigkeit (hier des Erkennens) und das Angeborensein eines Inhalts (hier von Ideen und Prinzipien). Locke bestreitet die zweite Art des Angeborenseins, und er bestreitet, daß aus der Anerkennung der ersten Art auch diejenige der zweiten folge, daß man nämlich von dem Angeborensein der Erkenntnis*fähigkeit* auf das Angeborensein bestimmter Erkenntnis*inhalte* schließen könne. Wollte man diesen Schluß ziehen, so hieße dies, daß man *alle* erkannten und noch zu erkennenden Wahrheiten für angeboren erklären müßte, so daß die Unterscheidung von „angeboren" und „nicht angeboren" ihren Witz verlöre.

Wenn Locke die Rede von „angeboren" wörtlich nimmt, so hat er dazu natürlich ein gutes Recht. Dies bedeutet aber, daß er sie, wie wir heute sagen würden, in einem psychologisch-genetischen Sinne versteht. Und dies wiederum heißt, daß die Philosophie diese Frage an die Psychologie, insbesondere Entwicklungspsychologie, abzugeben hätte. In dieser Frage, der Frage nach dem Verhältnis von Psychologie und Philosophie (im besonderen Erkenntnistheorie) herrscht bis auf den heutigen Tag größte Verwirrung, so daß an dieser Stelle eine kurze Klarstellung angebracht sein dürfte.

Historisch ist anzumerken, daß die Psychologie sich erst um die Jahrhundertwende zum 20. Jahrhundert von der Philosophie abgelöst und als eigenständige empirische Wissenschaft etabliert hat. Zu Lockes Zeiten war man also noch weit entfernt davon. Erkenntnistheoretische Fragen waren von solchen der Psychologie noch nicht klar unterschieden. So können wir feststellen, daß Lockes erkenntnistheoretische Argumente, wie wir gerade gesehen haben, empirisch-psychologischer Art sind. Seine Einwände gegen die Lehre von den angeborenen Ideen laufen auf entwicklungspsychologische empirische Tatsachenfragen hinaus. Es ist daher auch nicht zu verwundern, daß Locke nicht nur zu den Klassikern der Philosophie, sondern auch zu den Vätern der empirischen Psychologie gezählt wird. Für die Erkenntnistheorie stellt sich nun aber die Frage, ob ihr in einem Felde, das von einer empirischen Wissenschaft aufs beste bestellt wird, überhaupt noch eine Aufgabe bleibt. Jedenfalls kann dies nicht der Fall sein, wenn sie die Fragestellung in der von Locke gegebenen Weise übernimmt.

2.4. Die Unterscheidung von Genese und Geltung bei Leibniz

Denken ist für Locke *bewußtes* Denken. Hier setzt G.W. Leibniz (1646-1716) mit seiner Kritik an, indem er dem Unbewußten und den Träumen zur Anerkennung verhilft. So wird ausgerechnet ein Rationalist zum Entdecker des „Irrationalen". Allerdings hat dieses hier noch den Status eines Vorrationalen. Es fehlen gerade die späteren Züge des Antirationalen. Das Ganz-Andere-der-Vernunft im Kontext von Trieb, Über-Ich und Verdrängung, wie es mit der Romantik in den Blick rückt, tritt bei Leibniz noch nicht auf den Plan. Das Unbewußte bleibt sozusagen intellektualisiert, in den Grenzen der Vernunft eingeschlossen und dadurch „gezähmt". Vor allem mit Schopenhauer setzt hier eine Wende ein. Der Intellekt verliert seine (im wahrsten Sinne des Wortes) „beherrschende" Stellung und wird zum „Sklaven" eines untergründig dumpf wirkenden Willens erklärt. Das Unbewußte wird zum Unterbewußten.[31]

Bei Leibniz ergibt sich die Anerkennung des Unbewußten aus der Anwendung seines „Gesetzes der Kontinuität" (*Neue Abhandlungen über den menschlichen Verstand,* Vorwort, S. XXIX)[32], durch die These, daß alles in der Natur in allmählichen Übergängen abläuft, daß „die Natur niemals Sprünge macht" (ebd.). Auf den Bereich der Ideen angewendet, heißt dies, daß es keinen abrupten Wechsel geben kann zwischen dem bewußten Zustand der Seele

---

[31] Vgl. die späteren Ausführungen zu Schopenhauer.
[32] Zitiert wird nach der frz.-dt. Ausgabe von W. von Engelhardt/H. H. Holz, 2 Bände, Frankfurt a. M. 1961. Seitenangaben beziehen sich auf diese Ausgabe. Deren beide Bände haben aber getrennte Seitenzählungen, die über die mitgeführten sonstigen Angaben zuzuordnen sind. Das I. und das II. Buch sind im ersten Band, das III. und das IV. Buch im zweiten Band enthalten. Die Paragraphenangaben Leibnizens folgen den Abschnitten bei Locke. Leibniz hat aber nicht alle Abschnitte Lockes kommentiert, so daß es in der Zählung bei Leibniz Unterbrechungen gibt.

und einem nicht-bewußten während des Schlafs oder der Ohnmacht. Leibniz bestreitet ausdrücklich Lockes Auffassung, daß die Seele im Schlafe nicht denke. Wäre dies der Fall, so könnte sie auch nicht mehr zurückkehren:

> Man schläft niemals so tief, daß man nicht immer noch eine schwache und verworrene Empfindung hätte, und man würde niemals durch das stärkste Geräusch der Welt erweckt werden, wenn man nicht irgendeine Perzeption seines, wenngleich nur schwachen, Anfangs gehabt hätte, wie man auch bei größter Kraftanstrengung niemals eine Schnur zerreißen kann, wenn sie nicht durch geringere Anstrengungen ein wenig gespannt und verlängert würde, mag auch diese kleine Dehnung unmerklich sein. (S. XXIII/XXV)

Wenn die Seele aber immer denkt, auch wenn es ihr nicht bewußt ist, so ist „denken" nicht gleich „bewußt denken". Damit ist Locke eine wesentliche Grundlage seines Angriffs gegen die angeborenen Ideen entzogen; denn nun erscheint es als ganz gut möglich, daß den Menschen ursprünglich etwas mitgegeben ist, das zunächst nicht bewußt, erst aus Anlaß der sinnlichen Erfahrung entfaltet wird:

> In diesem Sinne darf man sagen, daß die ganze Arithmetik und die ganze Geometrie eingeboren und auf eine virtuelle Weise in uns sind, derart, daß man sie, ohne sich einer Erfahrung oder durch die Überlieferung anderer schon begriffenen Wahrheit zu bedienen, dort finden kann, wenn man aufmerksam nachdenkt und das ordnet, was man schon im Geiste hat – wie Platon in einem Dialog [im *Menon*, G. G.] gezeigt hat, in dem er Sokrates einführt, der ein Kind, ohne ihm etwas zu lehren, nur durch Fragen zu schwer verständlichen Wahrheiten führt. So kann man diese Wissenschaften in seinem Zimmer und sogar mit geschlossenen Augen erzeugen, ohne durch Sehen noch selbst durch Tasten die Wahrheiten zu erwerben, deren man dazu bedarf; obwohl man allerdings die Ideen, um die es hier geht, nicht in den Blick bekommen würde, wenn man niemals etwas gesehen oder berührt hätte. (I. Buch, Kap. I, § 5, S. 23/25)

Hier klingt der Gedanke an, daß der genetische Anlaß der Ideenbildung nicht die Grundlage für die Geltung der entsprechenden Wahrheiten abgibt. Deutlicher noch spricht Leibniz diese für eine philosophische Erkenntnistheorie grundlegende Unterscheidung von Genese und Geltung an anderer Stelle aus:

> Daraus erhellt, daß die notwendigen Wahrheiten, wie man solche in der reinen Mathematik, besonders in der Arithmetik und Geometrie findet, Prinzipien besitzen müssen, deren *Beweis* [...] nicht vom Zeugnis der

Sinne abhängt, obgleich man ohne Sinne niemals *darauf gekommen* wäre, an diese Wahrheiten zu denken. (Vorwort, S. XIII, Hervorhebungen G.G.)

Hier haben wir bereits eine Vorwegnahme von Kants berühmter Formulierung:

> Wenn aber gleich alle unsere Erkenntnis *mit* der Erfahrung anhebt, so entspringt sie darum doch nicht eben alle *aus* der Erfahrung. (*Kritik der reinen Vernunft*, B 1)

Erfahrung ist selbst schon durch unser Erkenntnisvermögen vorstrukturiert. Entsprechend macht bereits Leibniz gegen Locke geltend:

> Man wird mir jenes von den Philosophen anerkannte Axiom entgegenhalten, *daß nichts in der Seele ist, das nicht von den Sinnen stammt.* Aber man muß die Seele selbst und ihre Affektionen davon ausnehmen. *Nihil est in intellectu, quod non fuerit in sensu,* excipe: *nisi intellectus ipse.* (II. Buch, Kap. I, § 2, S. 101/103)

Was hier bei Leibniz als „intellectus ipse" gefaßt ist, kehrt bei Kant – unter Verzicht auf die mißverständliche Rede von „angeboren" – in den „Kategorien des Verstandes" (und den „Formen der Anschauung") wieder.

2.5. Der Begriff des Apriorischen

Erinnern wir uns daran, was die Lehre von den angeborenen Ideen zu erklären versucht. Es ist dies der Umstand, daß wir bestimmte Erkenntnisse „aus uns heraus" entwickeln können und in diesem Sinne „in uns vorfinden", ohne daß sie durch Erfahrung in uns hineingekommen zu sein scheinen. Wir entdecken z. B. geometrische Wahrheiten, ohne die entsprechenden Verhältnisse in der empirischen Anschauung zuvor je vorgefunden zu haben. Und es sind dies Wahrheiten, die, nachdem sie erkannt worden sind, auch nachträglich nicht an der Erfahrung überprüft werden müssen. Empirisch überprüft werden muß allenfalls die Anwendbarkeit der Geometrie auf diese unsere Welt. So möchte es eine empirische Tatsachenfrage sein, ob die physikalische Beschreibung der Welt zutreffender im Rahmen der euklidischen oder der nicht-euklidischen Geometrie erfolgt. Wahrheiten, die in dem genannten Sinne unabhängig von Erfahrung gelten, heißen „Wahrheiten *a priori*" oder

„*apriorische* Wahrheiten". Natürlich gibt es genau genommen auch apriorische Falschheiten. Daß uns diese Wortbildung ungewohnt erscheint, liegt wohl daran, daß wir in der Regel auf Wahrheiten aus sind und durch Verneinung (Negation) aus einer apriorischen Falschheit eine apriorische Wahrheit machen können. (Die apriorische Falschheit „2 + 3 = 6" wird durch das vorangestellte „es ist nicht der Fall, daß . . ." zu einer apriorischen Wahrheit.) Urteile (oder Sätze), in denen apriorische Wahrheiten ausgesprochen werden, heißen „Urteile (oder Sätze) a priori".

Der Gegenbegriff zu „a priori" bzw. „apriorisch" ist „a posteriori" bzw. „aposteriorisch". Beide Ausdrücke sind lateinischen Ursprungs und lassen sich übersetzen als „von vornherein" und „im nachhinein", bezogen jeweils auf Erfahrung. Einsichten *a priori* sind danach solche, die wir *vor* gemachter Erfahrung haben, und Einsichten *a posteriori* solche, die wir *nach* gemachter (oder auch *durch*) Erfahrung haben.

Wir können nun feststellen, daß die Rationalisten mit ihrer Rede von angeborenen Ideen und Prinzipien das Zustandekommen solcher Einsichten (Wahrheiten, Urteile) a priori erklären wollen. Wenn bestimmte Ideen und Prinzipien angeboren sind, so sind sie bereits *vor* der Erfahrung. Nach diesem Verständis wäre *vor* (a priori) und *nach* (a posteriori) zeitlich zu verstehen, ganz entsprechend dem Ausdruck „angeboren" im wörtlichen, d. h. genetisch-psychologischen Sinne. Hier kommt es für die Erkenntnistheorie darauf an, (in einer kritischen Rekonstruktion) ein anderes Verständnis anzubieten, weil sie nach den obigen Ausführungen sonst mit der Psychologie in Konflikt geriete.

Hinsichtlich der empirischen Frage nach den angeborenen Ideen kann man derzeit feststellen, daß die Antwort eher gegen Locke ausfällt. Wenn Locke davon ausgeht, daß der menschliche Verstand, bildlich gesprochen, ursprünglich „ein unbeschriebenes Blatt, ohne alle Schriftzeichen, frei von allen Ideen" sei (*Versuch über den menschlichen Verstand,* II. Buch, I. Kap., 2. Abschn., S. 107), das erst durch Erfahrung gleichsam beschrieben werde, so wird diesem empiristischen Grundsatz heute im Namen empirischer Disziplinen und Wissenschaften widersprochen. Danach sind wir, in Lockes Bild bleibend, bereits bei der Geburt kein unbeschriebenes Blatt mehr. Die Beispiele reichen von den Archetypen der „analytischen Psychologie" C. G. Jungs über die „Cartesianische Linguistik" eines N. Chomsky und deren gehirnphysiologischen Nachfolgern bis zum genetischen Code der naturwissenschaftlichen Genetik. Wie gesagt, auf diese Ansichten wird hier nicht weiter eingegangen, auch nicht auf die Frage, wie empirisch oder vielmehr spekulativ diese empirischen Unternehmungen nun tatsächlich sind. Philosophiehistorisch bemerkenswert aber ist der Umstand, daß ausgerechnet die Rationalisten mit ihrer Rede vom Angeborenen und ihrem Sinn für das Unbewußte (dies gilt insbesondere für Leibniz) gegenwärtigen Empirikern näher stehen als ihre damaligen Widersacher, die Empiristen: Die Empirie spricht gegen die Empiristen.

Doch zurück zur philosophischen Erkenntnistheorie, die nach dem hier Gesagten gerade nicht genetisch verstanden werden darf, wenn sie Anspruch auf Eigenständigkeit erheben will. Der Unterschied ist nun der, daß die philosophische Erkenntnistheorie nicht die Frage nach der Genese (Herkunft), sei diese nun psychologischer oder biologischer Art, sondern nach der Geltung (Begründung) stellt. Sie fragt nicht, wie es dazu gekommen ist, daß jemand (oder auch die ganze Menschheit) etwas als wahr anerkennt, sondern wie sich die Geltung des als wahr Anerkannten begründen läßt. Wenn wir so fragen, hat das *vorher* (a priori) und *nachher* (a posteriori) nicht mehr eine zeitliche Bedeutung im Sinne des *früher* und *später,* sondern eine logische Bedeutung. Es kann dann durchaus zugestanden werden, daß wir, zeitlich gesehen, erst einmal Erfahrungen gesammelt haben müssen, um überhaupt in der Lage zu sein, z. B. einen mathematischen Satz einsehen zu können. Ein Säugling kann eben noch keine Mathematik! Bezogen auf unsere psychologische Einsichtsfähigkeit sind die mathematischen Wahrheiten zeitlich also nicht vor der Erfahrung. Anders ist es jedoch, wenn wir diese Wahrheiten in ihrem logischen Begründungszusammenhang betrachten. Hier ist es eben so, daß die mathematischen Wahrheiten, logisch betrachtet, vor der Erfahrung gelten, weil sie eines kontrollierenden Rückgangs auf diese nicht bedürfen. Auf die Frage, *warum* ,2 + 3 = 5' wahr ist, werden wir nicht sinnvoll antworten können, daß die Erfahrung gezeigt habe, daß dieses Ergebnis stets herausgekommen sei. Da wir fast zwangsläufig den Ausdruck „vor der Erfahrung", wenn wir nicht vorgewarnt sind, zeitlich verstehen, so ist es zutreffender, *a priori* nicht als „*vor* der Erfahrung geltend", sondern eher als „*unabhängig* von der Erfahrung geltend" zu übersetzen.

Mit dieser Unterscheidung von Genese und Geltung läßt sich der Streit zwischen Rationalisten und Empiristen bis zu einem gewissen Grade schlichten und das Richtige beider Auffassungen auf einen gemeinsamen Nenner bringen. Hinsichtlich der genetischen Frage hat, soweit wir nur die Ebene des Bewußtseins betrachten und die Ebene des Unbewußten hier ausklammern, der Empirismus recht, hinsichtlich der Geltungsfrage der Rationalismus. Dieser „Versöhnung" kann man um so freudiger zustimmen, da der Empirist Locke zumindest für die Ebene der Sätze, und erst hier stellt sich ja die Geltungsfrage, den Rationalisten in der Sache entgegenkommt. Was ihn verständlicherweise stört, ist die Rede von „angeboren". Locke bestreitet aber nicht, daß es Wahrheiten gibt, denen wir zustimmen, ohne uns dabei auf Erfahrung berufen zu müssen. Dabei dürfen die zu wahren Gedanken verknüpften Ideen auch aus der sinnlichen Erfahrung stammen. Locke formuliert dies so: „Manche Arten von Wahrheiten ergeben sich aus irgendwelchen Ideen, sobald sie der Geist in Satzform bringt" (I, III, 23, S. 100). Es handelt sich dabei um Sätze, denen man sofort zustimmt, sobald man ihre Ausdrücke „das erste Mal gehört und verstanden hat" (I, I, 18, S. 41), was für Locke besagt, daß man klare und deutliche Ideen mit den im Satz verknüpften sprachlichen Ausdrücken verbindet (vgl. Abschn. 16, S. 39). Wenn Locke hier auch die Wahrheit dieser Sätze durch eine mit *Zeitangaben* („nachdem", „sobald", „das erste Mal") durchsetzte Beschreibung der *Zustimmung* charakterisiert, kann dieser Aspekt doch eliminiert werden. Der erkenntnistheoretische Kern läßt sich so wiedergeben, daß es Sätze gibt, die wahr (oder falsch) sind einzig aufgrund von Bedeutungsregeln für die in diesen Sätzen verwendeten sprachlichen Ausdrücke. Diese Formulierung macht uns unabhängig von einem Kriterium wie der „unmittelbaren Einsicht". Sie erfaßt auch Sätze, die unter Rekurs auf Bedeutungsregeln erst *bewiesen* werden müssen.[33]

Sätze, die wahr (oder falsch) sind aufgrund von Bedeutungsregeln, nennt man *analytisch*. Diese Bestimmung ist ihrerseits eine Reformulierung der Kantischen Bestimmung von „analytisch", die besagt, daß sich die Wahrheit aus der Analyse der Inhalte der Begriffe ergibt. Festzuhalten ist, daß Locke bestimmte Sätze der Sache nach als analytische auffaßt und damit als a priori gültig anerkennt. Als Beispiele nennt er (I, I, 18, S. 41) Sätze der Arithmetik, wie „1 + 2 = 3", der Geometrie, wie „ein Quadrat ist kein Kreis", der Logik, wie den Satz vom ausgeschlossenen Widerspruch „ein Ding kann unmöglich zugleich sein und nicht sein"; aber auch Sätze der Physik, wie „zwei Körper können nicht denselben Raum einneh-

---

[33] Vgl. die S. 100 (I, III, 23) beschriebene „zweite Gruppe" von Wahrheiten.

men", und des Alltagswissens, wie „bitter ist nicht süß". Auffällig ist, daß diese Beispielsätze „intuitiver" (unmittelbarer) und nicht „demonstrativer" (mittelbar bewiesener) Gewißheit sind. Diese Beschränkung ist aber eher durch den Kontext der Argumentation vorgegeben, nämlich die Auffassung *ad absurdum* zu führen, daß unmittelbare Zustimmung zu einem Satz dazu berechtigt, diesen als angeboren auszuzeichnen. Die Anzahl der angeborenen Prinzipien wäre dann nämlich, wie Locke hervorhebt, unendlich. Ziehen wir Lockes spätere Ausführungen zur demonstrativen Gewißheit aus dem IV. Buch hinzu, so sind wir berechtigt, die apriorischen Wahrheiten über den Bereich der intuitiv gewissen hinaus auch auf den Bereich der demonstrativ gewissen Sätze auszudehnen. Fast möchte man sogar meinen, Locke habe bereits Wahrheiten a priori anerkannt, die (im Kantischen Sinne) nicht bloß analytisch sind:

> Somit sind es zwei Arten von Sätzen, deren Wahrheit wir mit vollkommener Gewißheit erkennen können. Die eine Art stellen jene bedeutungslosen [besser: unbedeutenden, d. h. trivialen] Sätze dar, die zwar eine Gewißheit in sich haben, die aber ausschließlich eine verbale und keine belehrende ist. Zweitens können wir die Wahrheit erkennen und zur Gewißheit bei solchen Sätzen gelangen, die von einem andern Ding etwas aussagen, das sich als notwendige Folge aus dessen genau umgrenzter komplexer Idee ergibt, aber nicht darin enthalten ist. Dazu gehört zum Beispiel der Satz, daß der Außenwinkel eines Dreiecks stets größer ist als jeder der beiden ihm gegenüberliegenden inneren Winkel. Dieses Größenverhältnis des Außenwinkels zu jedem der beiden gegenüberliegenden inneren Winkel bildet keinen Bestandteil der komplexen Idee, die durch den Namen Dreieck bezeichnet wird. Folglich ist dieser Satz eine reale Wahrheit und vermittelt uns ein instruktives reales Wissen. (IV, VIII, 8, S. 289)

Man muß hier Locke aber wohl eher so verstehen, daß er (der Sache nach, den Ausdruck verwendet er ja selbst nicht) zwei Arten von analytischen Wahrheiten unterscheidet, nämlich triviale, die sich aus den Sprachregeln (Bedeutungsregeln) von selbst ergeben, und nicht-triviale, die uns, wie in der Mathematik, echte Einsichten vermitteln.[34]

Hiermit dürfte erwiesen sein, daß der Streit um die angeborenen Ideen, so heftig er auch verbal von Locke geführt wird, in der Sache,

---

[34] Die Auffassung, daß es analytische Wahrheiten gibt, die im Gegensatz zur Auffassung Kants „erkenntniserweiternd" sind, ist später von G. Frege für die Arithmetik präzisiert worden.

um die es geht, geschlichtet werden kann.[35] Auch die Empiristen erkennen relevante apriorische Wahrheiten in dem Sinne an, daß zu ihrer Begründung nicht auf Erfahrungstatsachen zurückgegriffen werden muß. Freilich ist der Streit zwischen Empirismus und Rationalismus damit noch nicht überhaupt aus der Welt; denn es bleibt noch die Frage, wieweit der Bereich der apriorischen Wahrheiten ausgedehnt werden kann, ob er sich über die Mathematik hinaus erstreckt, z. B. auf die Naturwissenschaft. Locke selbst war, überraschend genug, immerhin bereit, der Ethik einen der Mathematik verwandten Status zuzugestehen.[36] Die Entwicklung des Empirismus macht ansonsten aber deutlich, daß es genau die Grenze zwischen Mathematik und Naturwissenschaft ist, die für ihn auch die Grenze zwischen apriorischem und aposteriorischem Erkenntnisgebiet markiert. Sehr bestimmt wird dieser Punkt bei D. Hume auf den Begriff gebracht.

2.6. Humes empiristisches Sinnkriterium

Das Besondere an Humes Empirismus ist, daß für ihn Erfahrung als die Grundlage des Empirismus selbst zum Thema und Problem wird. Dabei übernimmt er aus der empiristischen Tradition die üblichen Unterscheidungen, treibt aber die Fragestellung konsequent voran. Zu diesen üblichen Grundunterscheidungen gehört die im Prinzip von Locke übernommene Einteilung in verschiedene Arten von Ideen. Nachdem Locke im *Versuch über den menschlichen Verstand*, zu Beginn des II. Buches, festgestellt hat, daß Ideen

---

[35] Als Motiv darf man bei Locke ein aufklärerisches Aufbegehren gegen anthropologische Immunisierungsstrategien annehmen, die sich – insbesondere in der Erziehungslehre – auf angeborene Ideen berufen könnten, um gegen eine zu optimistische „Bildungsfähigkeit" des Menschen zu argumentieren. Deshalb hält ihm auch Leibniz zugute, daß er unter dem Deckmantel der angeborenen Ideen „Vorurteile" vermutet habe (*Neue Abhandlungen über den menschlichen Verstand*, I. Buch, Kap. I, § 1, S. 15).

[36] Vgl. J. Locke, *Versuch über den menschlichen Verstand*, IV. Buch, III. Kap., Abschn. 18 (S. 200), wonach die Moral der „Demonstration fähig" sein könnte; ferner noch deutlicher IV. Kap., Abschn. 7 (S. 221), wo Locke sagt, „daß die moralischen Erkenntnisse einer realen Gewißheit ebenso fähig sind wie die mathematischen".

die Objekte des Denkens sind, teilt er diese ein in „ideas of sensation" und „ideas of reflection". Die „ideas of sensation" sind, wie die Bezeichnung schon besagt, diejenigen Ideen, die der Sinneswahrnehmung entstammen; also Ideen wie „Röte", „Festigkeit", „Süße" usw. und deren Zusammensetzungen wie in „Apfel" usw. Die „ideas of reflection" sind, abweichend vom wörtlichen Verständnis, nicht etwa bloß Ideen der Reflexion, sondern allgemeiner, alle Ideen der *Selbst*wahrnehmung, also nicht bloß Ideen wie „Denken", sondern auch Ideen wie „Liebe" und „Haß", nicht nur kognitive, sondern auch emotive Ideen. Wenn Locke dann (im II. Buch) den ausführlichen Nachweis zu führen sucht, daß sämtliche Ideen diesen beiden Quellen der Sinneswahrnehmung oder der Selbstwahrnehmung entstammen[37], so vollzieht er damit den früher angesprochenen positiven Schritt zur Begründung des Empirismus. Gleichzeitig wird hier deutlich, daß mit dieser Einteilung der Ideen auch eine Einteilung in zwei Erfahrungsquellen verbunden ist. Es ist also nicht ganz richtig, wenn die empiristische Position, wie dies häufig geschieht, einfach charakterisiert wird durch den von Leibniz angeführten Kernsatz „nihil est in intellectu, quod non fuerit in sensu"; denn neben der Sinneswahrnehmung wird ja auch die Selbstwahrnehmung als eigenständige Quelle für Ideen genannt. Leibniz selbst weist hierauf auch ausdrücklich hin und macht sich diesen Umstand als Argument dafür zunutze, daß „wir sozusagen uns selbst angeboren sind" (*Neue Abhandlungen*, Vorwort, S. XVII). Nebenbei bekommen wir so eine zutreffende Unterscheidung des Empirismus vom Sensualismus, für den die obige Charakterisierung nämlich gilt. Als Vertreter ist der französische Philosoph E. B. de Condillac (1714-1780) zu nennen, der ausgehend von Locke versucht hat, die Sinneswahrnehmung als einzige Erkenntnisquelle nachzuweisen.

Im Unterschied zu Locke erspart sich Hume den ins einzelne gehenden Nachweis, daß alle Ideen letztlich der Erfahrung entstammen. Dies ist für ihn im Prinzip bereits ausgemacht. Dafür zieht er aus diesem Sachverhalt aber weitreichendere Konsequenzen. Diese werden bereits vorbereitet im zweiten Abschnitt seiner *Untersu-*

---

[37] Das „oder" ist hier im Sinne des nicht-ausschließenden „oder" gemeint; denn es gibt auch „gemischte" Ideen.

chung über den menschlichen Verstand[38], der die bezeichnende Überschrift trägt „Über den Ursprung der Vorstellungen" (Of the Origin of Ideas). In diesem Abschnitt führt Hume zunächst eine differenziertere Terminologie als Locke ein, der unterschiedslos von Ideen als den Gegenständen des Denkens spricht. Als umfassenden Terminus verwendet Hume anstelle von „Idee" den Ausdruck „Perzeption" (perception; vgl. lat. percipere = erfassen, auffassen). Diese Perzeptionen oder Auffassungen des menschlichen Geistes teilt er ein in Ideen und Eindrücke (impressions). Eindrücke sind die unmittelbaren Auffassungen der Sinneswahrnehmung und Selbstwahrnehmung, z. B. wenn ich hier und jetzt etwas Grünes sehe oder heiter gestimmt bin. Die Vorstellungen des Grünen oder der Heiterkeit gewinne ich dann, wenn ich mich auf solche zuvor gehabten Eindrücke besinne. Den unterschiedlichen Ursprung der Eindrücke und der entsprechenden Ideen in der Sinneswahrnehmung oder Selbstwahrnehmung faßt Hume meistens so, daß er schlicht zwischen „äußerer" und „innerer" Wahrnehmung unterscheidet. Es ergibt sich somit das folgende Einteilungsschema:

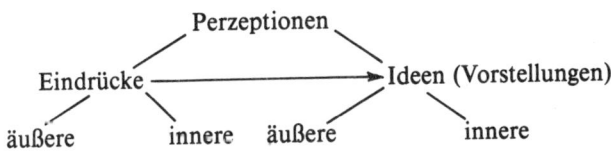

Wichtig ist nun, daß Hume das Verhältnis von Eindrücken und Ideen als ein Abbildungsverhältnis (in der durch einen Pfeil angedeuteten Richtung) bestimmt. Hinzu kommt, daß er von den Eindrücken sagt, daß sie gegenüber den Ideen „lebhafter" (more lively, d. h. kräftiger, intensiver) sind. Wenn dies auch nur eine ungenaue Charakterisierung ist, so können wir uns durch Introspektion doch leicht davon überzeugen, wie sie gemeint ist. Schauen wir uns z. B. einen farbigen Gegenstand an, d. h. „gewinnen" einen Farbeindruck, schließen dann die Augen und vergegenwärtigen wir uns (nach Abklingen des Nachbildes) das Gesehene als Idee vor unse-

---

[38] Die *Untersuchung* wird zitiert nach der Übersetzung von R. Richter, Hamburg 1961 (Philosophische Bibliothek, Bd. 35). Zuerst genannte Seitenzahlen beziehen sich auf diese Ausgabe. Mitgeführt sind (in eckigen Klammern) die Seitenzahlen der Übersetzung von H. Herring, 2. Aufl. Stuttgart 1982 (Reclams Universal-Bibliothek, Bd. 5489).

rem geistigen Auge. Wir werden bemerken, daß die vorgestellte Farbe nur ein schwächerer „Abklatsch" des ursprünglichen Farbeindrucks ist.[39]

In diesem Zusammenhang ist hervorzuheben, daß die Ideen (Vorstellungen) terminologisch nicht als Abbilder von Dingen, sondern eben von Eindrücken eingeführt werden. Auf diese Weise klammert Hume die ontologische Frage nach dem Sein der Dinge von vornherein aus seiner Erkenntnistheorie aus. Hume beschränkt sich auf feststellbare Gegebenheiten, und diese können nur Gegebenheiten für erkennende Subjekte sein. „Eindrücke" sind schon aus begrifflichen Gründen *jemandem* „eingedrückt". Es schimmert hier unsere erkenntnistheoretische Frage II durch.

Nach diesen Erläuterungen dürfte deutlich sein, was Hume mit seiner dem Geiste nach von Locke übernommenen These zum Ursprung der Vorstellungen meint:

> All unsere Vorstellungen oder schwächeren Auffassungen sind Abbilder unserer Eindrücke oder lebhafteren Auffassungen. (S. 19 [34])[40]

Das Abbildungsverhältnis von Eindrücken und Ideen ist nun nicht so zu verstehen, als würde jede unserer Ideen direkt einem Eindruck entsprechen. Eine solche Auffassung ließe sich schnell widerlegen, z. B. an Hand unseres früheren Beispiels der Idee eines goldenen Berges, das übrigens auch Hume zur Erläuterung im folgenden Sinn heranzieht: Da es keine goldenen Berge gibt, können wir auch keine wahrnehmen und daher nicht den Eindruck eines goldenen Berges haben. Wir haben aber die Eindrücke „Gold" und „Berg" gewonnen. Entsprechend haben wir als deren schwächere Abbilder auch die Ideen „Gold" und „Berg". Und durch Verknüpfung dieser beiden einfacheren Ideen konnten wir die zusammengesetzte Idee „goldener Berg" bilden. Unter Berücksichtigung der Un-

---

[39] Hume hat mit seiner Charakterisierung ein (freilich nur *psychologisches* Kriterium) für die Unterscheidung von Schein und Wirklichkeit angegeben. *Subjektiv* ist für uns dasjenige wirklich, was den Charakter von Eindrücken hat. Hume war sich dabei wohl bewußt, daß es Fälle gibt, wo jemand bloße Ideen so lebhaft auffaßt, daß es ihm vorkommt, als habe er direkte Eindrücke. Er hält dann seine Einbildungen für Wirklichkeit, d. h. er leidet unter Halluzinationen.

[40] Wenn hier und im folgenden in Zitaten von „Vorstellungen" die Rede ist, so steht im englischen Original stets „idea". Vgl. die früheren Bemerkungen zum deutschen Sprachgebrauch „Idee" und „Vorstellung". Ich habe mich dieser Übersetzung angeschlossen, verwende aber auch „Idee".

terscheidung von einfachen und zusammengesetzten Ideen ist Humes These so gemeint, daß *letztlich*, d. h. eventuell erst nach vorheriger Zerlegung in einfachere Ideen, diese Ideen Abbilder von Eindrücken sind. Damit hat Hume, wenn auch in differenzierterer Terminologie, ganz im Sinne Lockes und des Empirismus zur Frage nach dem Ursprung der Vorstellungen (Ideen) Stellung bezogen. Diese Frage ist aber noch nicht die Frage nach dem Ursprung der Erkenntnis selbst, sondern nur deren Vorfrage. Vielmehr wird, wie bei Locke, auch bei Hume die erkenntnistheoretische Gretchenfrage zu stellen sein, wie er es denn mit der Erkenntnis a priori hält.

Zuvor wollen wir uns aber noch mit einer Konsequenz beschäftigen, die Hume am Ende des zweiten Abschnitts zieht. Wegen ihrer Bedeutung sei sie vollständig zitiert:

> Hier haben wir also einen Satz [d. i. der oben zitierte], der nicht allein in sich einfach und verständlich scheint, sondern der auch bei richtiger Anwendung jede Streitfrage ebenso verständlich machen und all jenes Gewäsch beseitigen könnte, welches so lange die metaphysischen Gedankengänge beherrscht und in Unehre gebracht hat. Alle Vorstellungen, besonders die abstrakten, sind von Natur matt und dunkel; der Geist hat sie nur wenig in der Gewalt, sie werden leicht mit anderen ähnlichen Vorstellungen verwechselt; und haben wir häufig einen Ausdruck gebraucht, wenn auch ohne feste Bedeutung, so bilden wir uns leicht ein, daß eine bestimmte Vorstellung mit ihm verknüpft sei. Im Gegensatz dazu sind alle Eindrücke, d. h. alle Wahrnehmungen, äußere wie innere, stark und lebendig; die Grenzen zwischen ihnen sind genauer bestimmt, und, was sie anlangt, ist es nicht leicht, zu irren oder fehlzugreifen. Haben wir daher Verdacht, daß ein philosophischer Ausdruck ohne irgend einen Sinn oder eine Vorstellung gebraucht werde, was nur zu häufig ist, so brauchen wir bloß nachzuforschen, *von welchem Eindruck stammt diese angebliche Vorstellung her?* Und läßt sich durchaus kein solcher aufzeigen, so wird dies zur Bestätigung unseres Verdachts dienen. Indem wir die Vorstellungen in ein so klares Licht stellen, dürfen wir billig hoffen, allem Streit, der über ihre Natur und Wirklichkeit sich erheben könnte, ein Ende zu machen. (S. 22 [36f.])

Was wir hier vor uns haben, ist, modern ausgedrückt, ein empiristisches Sinnkriterium für sprachliche Ausdrücke von Vorstellungen. Es ist noch kein Sinnkriterium für *Sätze*[41], aber doch ein erster Schritt in dieser Richtung. Sicher hat Hume gemeint, daß dieses

---

[41] Ein solches ist erst im *Logischen* Empirismus des Wiener Kreises im Anschluß an Wittgenstein formuliert worden. Dazu vgl. weiter unten.

Kriterium auch für Sätze ausreiche, und zwar deshalb, weil er von einer zu einfachen Auffassung des Urteils ausging, nach der dieses durch die Verknüpfung eines Subjektausdrucks mit einem Prädikatausdruck zustande kommt. Eine differenziertere logische Syntax als die Subjekt-Prädikat-Struktur war seinerzeit noch nicht im Blick.

Schauen wir uns Humes Sinnkriterium noch etwas genauer an. Gewonnen ist es aus der empiristischen Grundthese, daß alle Vorstellungen letztlich auf Eindrücke zurückführbar sind. Indem Hume neben den Ebenen der Eindrücke und Vorstellungen die Ebene der Sprache betrachtet, stellt er fest, daß in der Philosophie (Metaphysik) viele Ausdrücke verwendet werden, die den Verdacht erwecken, sinnlos zu sein. Sinnlos sind sie genau dann, wenn mit ihnen keine Vorstellungen verbunden sind. Einzig Vorstellungen können also das Verständnis sichern. Damit ist eine wesentliche Voraussetzung dafür gegeben, aus der empiristischen Grundthese ein Sinnkriterium machen zu können. Denn selbst wenn man gezeigt hätte, daß alle Vorstellungen letztlich auf Eindrücke zurückführbar sind, so folgt daraus nicht ohne weiteres, daß ein sprachlicher Ausdruck nur dann sinnvoll ist, wenn er mit einer Vorstellung verbunden ist. Schließlich verständigen wir uns ja sogar meistens, ohne daß „in unserem Kopf" oder vor unserem geistigen Auge begleitend oder parallel gewissemaßen ein bildlicher Vorstellungsfilm abliefe. Nun, so naiv ist diese Auffassung wohl auch nicht gemeint. Gefordert ist eher, daß es grundsätzlich möglich sein muß, sich im Zweifelsfalle die fragliche Vorstellung zu vergegenwärtigen, also, um im Bilde zu bleiben, den Vorstellungsfilm anzuhalten und das Standbild zu prüfen. Doch räumt auch dieses Verständnis nicht alle Einwände aus. Wenn wir uns an das Descartessche Tausendeck erinnern, so ist mit Descartes und dem Rationalismus doch wirklich sehr zu fragen, ob unser Verständnis des Ausdrucks „Tausendeck" wirklich davon abhängt, daß wir uns ein Tausendeck bildlich vorstellen können. Dieser Einwand macht Humes Sinnkriterium nicht überhaupt zunichte, er relativiert aber doch dessen allgemeinen Anspruch, für alle sprachlichen Ausdrücke zu gelten.

Die Anwendung des Sinnkriteriums besteht (unter den genannten problematischen Voraussetzungen) darin, für einen vorgelegten sprachlichen Ausdruck zu prüfen, ob mit ihm eine Vorstellung verbunden ist. Und diese Prüfung geschieht unter Benutzung der empiristischen Grundthese so, daß der impressionale Ursprung dieser Vorstellung aufgewiesen wird. Läßt sich ein solcher nicht ausfindig machen, so ist mit dem entsprechenden sprachlichen Ausdruck nur vorgeblich eine Vorstellung verbunden. Der Ausdruck ist dann als sinnlos zu verwerfen und vom weiterem Gebrauch auszuschließen. In dieser Schlußfolgerung haben wir bereits ein erstes Beispiel dafür, wie bei Hume der Empirismus seine konsequenteste Gestalt annimmt. Weitere Beispiele werden folgen.

2.7. Vernunftwahrheiten und Tatsachenwahrheiten (Hume und Leibniz)

Wir kommen nun zu Humes Antwort auf die genannte erkenntnistheoretische Gretchenfrage, wie er es mit den apriorischen Erkenntnissen halte. Diese Antwort finden wir zu Beginn des vierten Abschnitts, fast verborgen, da nur einen einzigen Absatz von nicht ganz einer halben Seite ausmachend. Die knappe Behandlung ist ein Indiz dafür, daß Hume dieser Frage keine übermäßige Bedeutung beigemessen hat. Hier sind zwei Gründe zu nennen, von denen der erste bloß persönlicher Art ist. Die Bereiche der apriorischen Erkenntnis, und das sind auch für ihn die mathematischen Teilgebiete Arithmetik, Algebra und Geometrie, haben Hume nicht besonders interessiert. Der zweite Grund ist, daß Hume die Apriorität der Mathematik, die in seinem *Traktat* noch zweifelhaft bleibt, inzwischen so selbstverständlich geworden ist, daß er darüber weiter keine Worte verliert. Dieser Teil der „Verstandestätigkeiten" (der Titel des vierten Abschnitts lautet „Skeptische Zweifel in betreff der Verstandestätigkeiten") wird gewissermaßen als „geschenkt" lediglich erwähnt. Das Hauptinteresse konzentriert sich dafür auf die Grundlagen unseres Erfahrungswissens (im weitesten Sinne des Wortes). Und diese Untersuchung ist es, die Hume seinen Platz in der Geschichte der Philosophie gesichert hat. Er selbst hat seine moralphilosophischen und religionskritischen Schriften höher eingeschätzt. Seinen Zeitgenossen ist er vor allem durch eine mehrbändige *Geschichte Englands* bekannt geworden.

Der erwähnte kurze Absatz zur apriorischen Erkenntnis lautet:

> Alle Gegenstände der menschlichen Vernunft und Forschung lassen sich naturgemäß in zwei Arten zerlegen, nämlich in *Beziehungen von Vorstellungen* und in *Tatsachen*. Von der ersten Art sind die Wissenschaften der Geometrie, Algebra und Arithmetik; und kurz gesagt, jede Behauptung von entweder intuitiver oder demonstrativer Gewißheit. *Daß das Quadrat der Hypothenuse gleich ist den Quadraten* [genauer:

der Summe der Quadrate] *der beiden Seiten* [Zusatz: im rechtwinkligen Dreieck], ist ein Satz, der eine Beziehung zwischen diesen Figuren ausdrückt. *Daß dreimal fünf gleich der Hälfte von dreißig ist,* drückt eine Beziehung zwischen diesen Zahlen aus. Sätze dieser Art sind durch die reine Tätigkeit des Denkens zu entdecken, ohne von irgend einem Dasein in der Welt abhängig zu sein. Wenn es auch niemals einen Kreis oder ein Dreieck in der Natur gegeben hätte, so würden doch die von Euklid demonstrierten Wahrheiten für immer ihre Gewißheit und Evidenz behalten. (S. 35 [41])

Wichtig ist hier, insbesondere auch im Rückblick auf Locke, die implizit mitgelieferte Begründung dafür, daß die mathematischen Wahrheiten a priori gelten. Die Apriorität drückt Hume durch die Formulierung aus, daß sie „durch die reine Tätigkeit des Denkens zu entdecken" sind.[42] Begründet ist diese Apriorität dadurch, daß es sich bei den genannten Wahrheiten um „Beziehungen von Vorstellungen" (relations of ideas) handelt. Damit ist gemeint, daß die mathematischen Gedanken wahr sind einzig aufgrund des Inhalts der in ihnen verknüpften (in Beziehung gesetzten) Vorstellungen. Und genau dieses heißt, daß sie im früher erläuterten Sinne analytisch sind. Die Apriorität wird also auf die Analytizität zurückgeführt. Daß die nicht-trivialen Fälle wie bei Locke eingeschlossen sind, ersehen wir daran, daß Hume neben Behauptungen von intuitiver diejenigen von demonstrativer Gewißheit aufführt.[43]

---

[42] Im Englischen steht „mere operation of thought"; „*reine* Tätigkeit" klingt emphatischer als das gemeinte „*bloße* Tätigkeit". Hier ist ein Empirist wie ein Rationalist übersetzt worden. Für einen Rationalisten ist das Denken in der Mathematik ein „reines" Denken, für einen Empiristen bloß ein „bloßes" Denken. Die Übersetzung von H. Herring hat hier zutreffend „bloße Denktätigkeit".

[43] Noch eine Bemerkung zum letzten Satz des zitierten Absatzes. Auf den ersten Blick scheint Hume hier seinem empiristischen Grundsatz zu widersprechen, daß alle Ideen letztlich einen impressionalen Ursprung haben. Nach diesem Grundsatz muß es impressionale Kreise und Dreiecke gegeben haben, auf die bezogen die entsprechenden Vorstellungen des Kreises und des Dreiecks allererst gebildet werden konnten. Da hier nur der genetische Aspekt angesprochen ist, wird sogar der Rationalist zustimmen können. Um so erstaunlicher wäre daher die abweichende Auffassung eines Empiristen. Vielleicht läßt sich der zumindest mißverständliche Satz Humes so interpretieren, daß es nicht darauf ankomme, in der Natur *ideale* Kreise und Dreiecke vorzufinden; denn die Mathematik beansprucht ihre Geltung ja nur für solche idealen, nicht *wirklich*

In dem folgenden Absatz unterscheidet Hume von den soeben besprochenen Beziehungen von Vorstellungen die Tatsachen (matters of fact), denen dann seine weitere Analyse fast ausschließlich gewidmet ist. Er sagt:

> Tatsachen, der zweite Gegenstand der menschlichen Vernunft [,] sind nicht in gleicher Weise als gewiß verbürgt; ebensowenig ist unsere Evidenz von ihrer Wahrheit, wenn auch noch so stark, von der gleichen Art wie bei der vorhergehenden. Das Gegenteil jeder Tatsache bleibt immer möglich, denn es kann niemals einen Widerspruch in sich schließen und wird vom Geist mit derselben Leichtigkeit und Deutlichkeit vorgestellt, als wenn es noch so sehr mit der Wirklichkeit übereinstimmte. *Daß die Sonne morgen nicht aufgehen wird,* ist ein nicht minder verständlicher Satz und nicht widerspruchsvoller, als die Behauptung, *daß sie aufgehen wird.* Wir würden daher vergeblich versuchen, seine Falschheit zu demonstrieren. Wäre er demonstrativ falsch, so enthielte er einen Widerspruch und ließe sich niemals deutlich vom Geiste vorstellen. (S. 35f. [41f.])

Hervorzuheben ist insbesondere die Feststellung „Das Gegenteil jeder Tatsache bleibt immer möglich, denn es kann niemals einen Widerspruch in sich schließen". Hier wird in der Gegenüberstellung deutlich, daß Hume den Satz vom ausgeschlossenen Widerspruch als das Begründungsprinzip der apriorischen Sätze ansieht. Gleichzeitig ist damit gesagt, daß Tatsachenbehauptungen eines anderen Begründungsprinzips bedürfen. Als dieses wird dann in den folgenden Abschnitten das Kausalgesetz oder, vorsichtiger gesprochen, die Beziehung von Ursache und Wirkung genannt.

Damit trifft Hume eine Unterscheidung, die sich in ihren wesentlichen Aspekten ziemlich genauso bereits vor Hume bei Leibniz findet, nämlich als Einteilung in *Vernunftwahrheiten* und *Tatsachenwahrheiten*. Leibniz bestimmt als Begründungsprinzip der ersteren den Satz vom ausgeschlossenen Widerspruch, als Begründungsprinzip der letzteren die Kausalitätsbeziehung, und zwar den Satz vom zureichenden Grund in der Version des Kausalprinzips *Nichts geschieht ohne Ursache.* Ein Unterschied zu Hume besteht darin, daß dieser statt des Kausalprinzips das Kausalgesetz *Gleiche*

---

existierenden Gebilde. Und dies wird auch im Satz davor ausgesagt, daß die Geltung der Mathematik unabhängig ist „von irgend einem Dasein in der Welt" (on what is anywhere existent in the universe).

Ursachen haben gleiche Wirkungen ins Zentrum seiner Betrachtung stellt.[44] Ausführlich heißt es bei Leibniz[45]:

> 31. Dieser Vernunftgebrauch gründet sich auf zwei große Prinzipien. Erstens auf das Prinzip des Widerspruchs, kraft dessen wir für falsch erklären, was einen Widerspruch in sich schließt, und für wahr, was dem Falschen entgegengesetzt ist oder widerspricht.
> 32. Zweitens auf das Prinzip des zureichenden Grundes, kraft dessen wir erwägen, daß keine Tatsache wahr seiend oder existierend, keine Aussage wahrhaftig befunden werden kann, ohne daß ein zureichender Grund sei, warum es so und nicht anders ist –, obwohl uns diese Gründe in den meisten Fällen ganz und gar unbekannt sein mögen.
> 33. Es gibt auch zwei Arten von Wahrheiten: Vernunftwahrheiten und Tatsachenwahrheiten. Die Vernunftwahrheiten sind notwendig und ihr Gegenteil ist unmöglich; die Tatsachenwahrheiten sind zufällig und ihr Gegenteil ist möglich. Wenn eine Wahrheit notwendig ist, so kann man ihren Grund durch Analyse finden, indem man sie in einfachere Ideen und Wahrheiten auflöst, bis man schließlich zu den elementaren Grundwahrheiten gelangt.
> 34. Auf diese Weise werden bei den Mathematikern die theoretischen Lehrsätze und die praktischen Regeln durch die Analyse auf Definitionen, Axiome und Postulate zurückgeführt.
> 35. Am Ende gibt es einfache Ideen, von denen man keine Definition geben kann. Ferner gibt es Axiome und Postulate oder mit einem Wort elementare Prinzipien, die nicht bewiesen werden können und auch gar keines Beweises bedürfen. Es sind das die identischen Aussagen, deren Gegenteil einen ausdrücklichen Widerspruch enthält.

Wir können hier wie schon früher feststellen, daß der Unterschied zwischen Empirismus und Rationalismus nicht so groß ist, wie man zunächst vermutet. Wenn nun ein Rationalist wie Leibniz und ein Empirist wie Hume sogar dieselben Unterscheidungen treffen, so möchte man sich fragen, was die Unterscheidung von Rationalismus und Empirismus dann überhaupt noch leistet. Nun, es wurde schon angedeutet, daß die eigentliche Differenz dann zutage tritt, wenn wir den Bereich der Mathematik verlassen. Apriorische Wahrheiten gibt es für den Empiristen Hume nur in der Mathema-

---

[44] Kausalgesetz und Kausalprinzip sind genau auseinanderzuhalten. Das Kausalgesetz impliziert nicht die Möglichkeit einer Rückwärtsverfolgung von Ursache-Wirkungs-Ketten. Es schickt uns daher insbesondere nicht auf die Suche nach einer *ersten* Ursache.

[45] G. W. Leibniz, *Monadologie,* ed. H. Glockner, 2. Aufl. Stuttgart 1963 (Reclams Universal-Bibliothek, Bd. 7853), §§ 31-35.

tik (und Logik); für den Rationalisten Leibniz dagegen auch außerhalb dieses Bereichs in der Naturwissenschaft (insbesondere in der Mechanik) und in der Metaphysik (Philosophie). Wir können den Gegensatz präzisieren, wenn wir die Frage der Apriorität auf die oben genannten Prinzipien der Begründung selbst anwenden. Während für Leibniz sowohl der Satz vom ausgeschlossenen Widerspruch als auch das Kausalprinzip beide a priori gültig sind, bestreitet Hume für das von ihm untersuchte Kausalgesetz ausdrücklich die Apriorität. Wie er dies tut, wollen wir uns nun genauer anschauen. Die Konsequenz, mit der er dies tut, wirkt sich auch auf den Empirismus selbst aus.

2.8. Hume und die Grundlagen der Erfahrung

Verdeutlichen wir uns zunächst Humes Problemfaltung. Hume geht aus von der allgemeinen Frage nach dem Status unseres Tatsachenwissens. Tatsachenwissen wird vorgetragen in Form von Tatsachenbehauptungen. Tatsachenbehauptungen verlangen, wie auch alle anderen Behauptungen, nach einer Begründung. Ist unsere Tatsachenbehauptung „B", so wird unsere Begründung in der einfachsten Form so lauten, daß wir „B" mit einer weiteren Tatsachenbehauptung, sagen wir „A", durch das Wörtchen „weil" verknüpfen. Die einfachste Form einer Begründung „Y, weil X" wird dabei so von uns ausgefüllt, daß an die Stelle von „Y" und „X" Tatsachenbehauptungen treten.

Hume fragt nun, was uns dazu berechtigt, von einer Tatsache zu einer anderen in Begründungsabsicht überzugehen, d. h., was die Grundlage eines solchen Übergangs ist. Nachdem er festgestellt hat, daß es einzig die Beziehung von Ursache und Wirkung ist, die uns diesen Übergang erlaubt, nämlich über den Bereich der gegenwärtigen, unmittelbar gegebenen Tatsachen begründet hinauszugehen und Tatsachen der Vergangenheit und der Zukunft zu erschließen, wird er (in aufsteigender Allgemeinheit) ausgehend von singulären Kausalurteilen über generelle Kausalurteile und Naturgesetze schließlich auf die Frage nach der Begründung der gesetzmäßigen Beziehung zwischen Ursache und Wirkung selbst geführt, d. h. auf die Frage nach der Begründung des Kausalgesetzes. Dabei stellt Hume (hier bezogen auf Naturgesetze als allgemeine Kausalurteile) fest, daß eine solche Begründung nur empirisch sein könnte:

> Um uns aber zu überzeugen, daß alle Naturgesetze und alle Vorgänge an Körpern ausnahmelos nur durch Erfahrung gekannt werden, mögen vielleicht folgende Überlegungen genügen. Wird uns ein beliebiger Gegenstand vorgelegt und wir sollen die von ihm ausgehende Wirkung angeben, ohne frühere Beobachtungen zu Rate zu ziehen – auf welche Weise, in aller Welt, soll der Geist dabei zu Werke gehen? Er muß sich ein Ereignis erfinden oder ausdenken, das er dem Gegenstand als dessen Wirkung zuschreibt; es ist aber klar, daß diese Erfindung nur durchaus willkürlich sein kann. Der Geist kann unmöglich je die Wirkung in der angenommenen Ursache finden, selbst bei der genauesten Untersuchung und Prüfung. Denn die Wirkung ist von der Ursache ganz und gar verschieden und kann folglich niemals in dieser entdeckt werden. (S. 39 [45f.])[46]

In diesem Zitat bezieht Hume gegen den Rationalismus und dessen Auffassung von der apriorischen Geltung allgemeiner Naturgesetze Stellung. Er hat damit aber die empiristische Alternative, daß die Naturgesetze stattdessen empirisch *begründet* seien, keineswegs übernommen. Hier zeigt sich ein weiteres Mal die eigentümliche Konsequenz der Humeschen Analysen. Hume stellt fest, daß der wesentliche Erkenntniswert von Naturgesetzen darin besteht, daß sie nicht nur in der Vergangenheit, sondern auch in der Zukunft gelten. Bei unserem Tatsachenwissen gehen wir also davon aus, daß Vergangenheit und Zukunft gleichförmig sind. Es bedürfte also, um unser Tatsachenwissen tatsächlich als begründet ausweisen zu können, einer Begründung eben dieser Voraussetzung, d. h. in Humes Terminologie, des Aufweises eines Denkaktes (reasoning), der uns erlaubt, vergangene Erfahrung auf die Zukunft auszudehnen. Entsprechend heißt es:

> Die zwei Sätze sind weit davon entfernt, dasselbe auszusagen: *ich habe gefunden, daß ein solcher Gegenstand immer von einer solchen Wirkung begleitet gewesen ist*, und: *ich sehe voraus, daß andere Gegenstände, die in der Erscheinung gleichartig sind, von gleichartigen Wirkungen begleitet sein werden*. Ich will gern zugeben, daß der eine Satz mit Recht aus dem anderen abgeleitet werden kann; ich weiß sogar, daß er immer so abgeleitet wird. Betont man aber, daß diese Ableitung durch eine Kette von Denkakten gewonnen wird, so bitte ich mir diese Denkakte aufzuzeigen. Die Verknüpfung zwischen diesen Sätzen ist nicht intuitiver

---

[46] Mit dem letzten Satz ist gemeint, daß das Verhältnis von Ursache und Wirkung nicht das Verhältnis einer Vorstellung zu einer ihrer Teilvorstellungen ist, so daß, Kantisch gesprochen, die Analytizität von Kausalurteilen ausgeschlossen ist.

Art; es bedarf eines Mittelgliedes, das den Geist befähigt, solche Ableitung zu vollziehen, wenn sie in der Tat durch Gedankengänge und durch Begründung vollzogen sein sollte. (S. 45 [52])

Die Pointe dieser Überlegung liegt darin, daß sich für die wesentliche Grundlage unseres Tatsachenwissens, den Schluß von der Vergangenheit auf die Zukunft, kein Denkakt ausfindig machen läßt.[47] Hume unterscheidet „demonstrative Denkakte, d. h. solche, die Beziehungen zwischen Vorstellungen betreffen" und „moralisch-gewisse [oder „wahrscheinliche"] Denkakte, d. h. solche, die Tatsachen und Dasein betreffen" (S. 45f. [53]).[48] Von diesen beiden Arten von Denkakten scheiden die demonstrativen von vornherein aus, weil es ja durchaus denkbar ist (im Sinne der logischen Möglichkeit) ist, daß die Welt morgen ganz anderen Naturgesetzen gehorcht. Und wahrscheinliche Denkakte scheiden auf den zweiten Blick aus, weil sie gerade selbst die Gleichförmigkeit von Vergangenheit und Zukunft zur Voraussetzung haben. Sie bei der Begründung eben dieser Voraussetzung heranzuziehen, würde ersichtlich zu einem Zirkel führen. Auf die Frage, wieso wir uns darauf verlassen können, daß etwas, was bisher so war, auch zukünftig so sein werde, können wir nicht antworten, daß wir dies aus Erfahrung wissen, weil es ja gerade die Berechtigung (Grundlage) des Erfahrungswissens ist, die zur Diskussion steht.

Zusammenfassend ist also festzustellen, daß der Induktionsschluß sich als nicht-begründet erweist. Dabei bestreitet Hume ausdrücklich nicht die Berechtigung dieses Schlusses im Sinne seiner praktischen Anerkennung, er bestreitet aber, daß es sich um einen Schluß im eigentlichen Sinne des Wortes, d. h. um einen verstandesmäßigen Übergang handelt. Wir sehen, daß Hume, indem er den Empirismus konsequent zu Ende denkt, Ansätze zu seiner Überwindung bietet. Kant hat daher auch an dieser Stelle an Hume angeknüpft.

---

[47] Man nennt diesen Schluß heute üblicherweise den „Induktionsschluß", nicht zu verwechseln mit der so genannten „vollständigen Induktion", dem Schluß von n auf $n + 1$ in der Mathematik.
[48] H. Herring übersetzt „reasoning" mit „Urteil", wodurch der wesentliche Gedanke verloren geht, daß es sich um einen begründenden *Übergang* von einem Urteil zu einem anderen handelt. Wenn man hier schon die logische Terminologie verwenden will, dann müßte man „Schluß" statt „Urteil" sagen.

Vergegenwärtigen wir uns noch einmal in einer Übersicht Humes Unterscheidungen im vierten Abschnitt seiner *Untersuchung*:

„*Gegenstände der menschlichen Vernunft und Forschung*"
(objects of human reason)[49]

Beziehungen zwischen Vorstellungen (relations of ideas)	*Tatsachen* (matters of fact)[50]
Arten der Gewißheit	
a priori	wahrscheinlich (moralisch-gewiß)
(1) unmittelbar (ohne Zwischenschritte einsichtig) = intuitiv gewiß	(1) unmittelbar
Beispiele: *Axiome* der Mathematik	Beispiele: (a) gegenwärtige, wahrgenommene Tatsachen, (b) vergangene, erinnerte Tatsachen; (b) ungewisser als (a)
(2) mittelbar (nach Zwischenschritten einsichtig) = demonstrativ gewiß	(2) mittelbar
Beispiele: *Sätze* der Mathematik[51]	Beispiele: (a) vergangene, erschlossene Tatsachen (z. B. der Geschichte), (b) zukünftige, erschlossene Tatsachen (z. B. der Physik)

---

[49] Gemeint sind *Gedanken* im Sinne wahrheitsfähiger Vorstellungskomplexe, d. h. solche Vorstellungskomplexe, denen auf der sprachlichen Ebene Aussagesätze entsprechen (Hume spricht von „affirmations"). Sie unterscheiden sich damit von komplexen Vorstellungen wie „Mensch", deren sprachliche Ausdrücke Prädikatoren (Begriffsausdrücke) sind.
[50] Das sind die Wirklichkeit betreffende Sachverhalte. Im Sinne dieses Sprachgebrauchs gibt es keine mathematischen Tatsachen.
[51] Mit „Sätzen" sind hier nicht sprachliche Gebilde gemeint, sondern die ihnen entsprechenden Gedanken, wie z. B. in der Rede vom „Satz des Pythagoras".

Arten der Begründung oder Denkakte (reasonings)[52]

Der intuitiven Gewißheit entspricht kein Denkakt, weil sie unmittelbar ist	Der Gewißheit der Wahrnehmung und der Erinnerung entspricht kein Denkakt, weil sie unmittelbar ist
demonstrativ	*wahrscheinlich* (moralisch-gewiß)

Prinzipien der Begründung

Satz vom ausgeschlossenen Widerspruch	*Beziehung von Ursache und Wirkung (Kausalgesetz)*

Vergleichen wir diese Unterscheidungen mit denjenigen von Leibniz, so erstreckt sich der wesentliche Unterschied einzig auf die rechte Spalte und läßt sich daran festmachen, daß das Begründungsprinzip für Tatsachenaussagen anders als bei Leibniz nicht a priori gilt. Darüber hinaus ist für Hume die Geltung dieses Prinzips nicht einmal a posteriori, also überhaupt nicht *begründet* (wegen des sich ergebenden Zirkels).

Hume bemüht sich, die von ihm aufgeworfenen „skeptischen Zweifel in betreff der Verstandestätigkeiten" so zu lösen, daß er als Grundlage unseres Tatsachenwissens statt eines Denkaktes die Macht instinktmäßiger Gewohnheit nachzuweisen sucht.

Was ist nun das Schlußergebnis von alledem? Ein einfaches – wenn auch allerdings recht weit ab von den gewöhnlichen Theorien der Philosophie. Aller Glaube an Tatsachen oder wirkliches Sein stammt lediglich von irgend einem Gegenstand, der dem Gedächtnis oder den Sinnen gegenwärtig ist, und von einem gewohnheitsmäßigen Zusammenhang zwischen diesem und einem anderen Gegenstande. Oder mit anderen Worten: hat man gefunden, daß in vielen Fällen zwei Arten von Dingen, Flamme und Hitze, Schnee und Kälte, stets miteinander in Zusammenhang standen, so wird, wenn sich den Sinnen Flammen oder Schnee erneut darbieten, der Geist durch Gewohnheit getrieben, Hitze oder Kälte zu erwarten und zu *glauben,* daß eine derartige Eigenschaft besteht und sich bei größerer Annäherung offenbaren wird. Dieser Glaube ist das notwendige Ergebnis, wenn der Geist in solche Umstände gerät. Es ist ein seelischer Vorgang, der in dieser Lage so unver-

---

[52] Diese haben die Form „B, weil A", wobei „A" und „B" für Aussagesätze stehen.

meidlich ist, wie der Affekt der Liebe, wenn wir Wohltaten empfangen, oder des Hasses, wenn man uns Leid antut. Alle diese Vorgänge sind eine Gattung natürlicher Instinkte, welche keine Vernunfttätigkeit, d. h. kein gedankliches oder verstandesmäßiges Verfahren hervorzubringen noch zu verhüten fähig ist. (S. 59 [66f.])

Ersetzt wird hier das auf Argumente gegründete Wissen durch einen aus Gewohnheit zustandegekommenen Glauben.

Historisch interessant ist die Wirkung dieses „Subjektivismus" auf Vertreter der frühen Gegenaufklärung, z. B. J. G. Hamann und F. H. Jacobi, die die skeptischen Überlegungen Humes als Argument für den religiösen Glauben nutzbar zu machen suchten. Freilich liegt hier ein Mißverständnis vor; denn Hume ist kein Subjektivist in dem Sinne, daß es nun jedem einzelnen überlassen bliebe, daran zu glauben oder nicht zu glauben, daß sich die Erde um die Sonne dreht, sondern dieser Subjektivismus besteht einzig in der Anerkennung der Rolle des Subjekts (im allgemeinen Sinne des Wortes) beim Zustandekommen von Erkenntnis. Eine Gemeinsamkeit besteht nur negativ darin, daß ein Wissen als Grundlage unserer Weltorientierung verneint wird. Wenn beide statt dessen auch auf einen vertrauenden Glauben setzen, so gilt es doch zwischen dem religiösen Glauben (faith) und dem epistemischen Glauben (belief) zu unterscheiden. Auf Gott oder (wie Hume) auf den Instinkt und die „Mutter Natur" zu vertrauen, bleiben doch zwei sehr verschiedene Einstellungen.[53]

Die angesprochene Rolle des Subjekts wird noch deutlicher, wenn Hume (im siebten Abschnitt) daran geht, nach dem Ursprung der „Vorstellung der notwendigen Verknüpfung" zu fragen. Die Antwort wird entsprechend der Vorgabe aus dem zweiten Abschnitt so vorbereitet, daß das Sinnkriterium auf die Rede von der notwendigen Verknüpfung, d. h. der Beziehung von Ursache und Wirkung, angewendet wird. Das Ergebnis lautet, daß der gesuchte impressionale Ursprung dieser Vorstellung keine äußere, sondern eine innere Impression ist: eine Empfindung, ein Gefühl.

Diese Verknüpfung also, die wir im Geist *empfinden* [feel], dieser gewohnheitsmäßige Übergang der Einbildung von einem Gegenstand zu seinem üblichen Begleiter ist das Gefühl [sentiment] oder der Eindruck,

---

[53] Auf das Verhältnis von Glauben und Wissen werden wir ausführlicher bei der Darstellung Wittgensteins zurückkommen, der auf seine Weise den Glauben über das Wissen stellt.

nach dem wir die Vorstellung von Kraft oder notwendiger Verknüpfung bilden. (S. 91 [100])

Humes Konsequenz ist, daß wir keine Veranlassung zur Annahme einer Naturnotwendigkeit *in den Dingen* haben. Diese Ablehnung eines, wie wir sagen könnten, objektivistischen Mißverständnisses der Kausalität führt bei ihm aber gerade nicht zu subjektivistischer Beliebigkeit, sondern im Gegenteil zur Begründung der Möglichkeit einer intersubjektiven Wissenschaft vom menschlichen Verhalten. Die Analyse des Kausalbegriffs dient Hume dazu, Ereignisse in der Natur und menschliche Handlungen „gleichzuschalten". Dabei macht er sich seinen psychologischen Begriff der Notwendigkeit als „Erwartung" zunutze, um (im 8. Abschnitt) die Lehre von der Willensfreiheit zu attackieren. Er stellt nochmals fest:

> Über den ständigen *Zusammenhang* gleichartiger Gegenstände und die daraus folgende *Herleitung* des einen aus dem andern hinaus haben wir keinen Begriff irgend einer Notwendigkeit oder Verknüpfung. (S. 99 [109])

Und *diesen* Begriff der Notwendigkeit, so argumentiert Hume, wenden wir nicht nur auf Naturereignisse, sondern in gleicher Weise auch auf menschliche Handlungen an. Haben wir einen Menschen eine Zeitlang beobachtet, so gelingt es uns auch, ausgehend von einer wiederkehrenden Situation, sein weiteres Verhalten vorherzusagen. Zwar gesteht Hume hier Überraschungen zu; aber diese führt er darauf zurück, daß das Verhältnis von Ursache und Wirkung beim Menschen, d. h. das Verhältnis von Motiven und Handlungen, ungemein komplexer ist als in der äußeren Natur. Scheinbare Unregelmäßigkeiten bedürften lediglich weiterer Untersuchungen, um aufgeklärt werden zu können, *prinzipiell* jedoch unterscheide sich das menschliche Handeln, was die Vorhersagbarkeit anbetrifft, nicht vom Naturablauf.

Das menschliche Handeln als frei anzusehen, ist für Hume daher ein Irrtum, den er darauf zurückführt, daß man der Natur zunächst eine Notwendigkeit in den Dingen zugeschrieben habe, so als gäbe es gewissermaßen eine Vorrichtung, ein Band, wodurch die Dinge in ihre Bahn gezwungen würden. So denkt mancher bei der Schwerkraft vielleicht daran, daß die materiellen Gegenstände gleichsam heruntergezogen würden. Da der Mensch in sich selbst eine solche Notwendigkeit nicht entdecken kann (das Bild des Gezogenseins paßt hier nicht; denn der Mensch fühlt sich ja frei, sofern er tun kann, was er will), so meint er, Freiheit als Negation dieser den

Dingen zugesprochenen Notwendigkeit auffassen zu können. Fehlerhaft an diesem Übergang ist nach Hume jedoch die Voraussetzung, daß wir von einer solchen Notwendigkeit in den Dingen wüßten (vgl. ausführlich S. 109f. [120f.]).

Zusammenfassend können wir feststellen: Hume „schwächt" den Begriff einer notwendigen Verknüpfung in den Dingen zu einem psychologischen Begriff der bloßen Erwartung im erkennenden Subjekt ab und findet die so verstandene Notwendigkeit dann auch im menschlichen Handeln. Mit dieser Angleichung schafft Hume die theoretischen Voraussetzungen für eine Sozialwissenschaft als Gesetzeswissenschaft. Die Freiheit des Menschen bleibt dann nur noch als Gegensatz zum Zwang übrig.

2.9. Kants Kritizismus als Synthese von Rationalismus und Empirismus

Wenn wir Kants *Kritik der reinen Vernunft* im Rahmen unserer erkenntnistheoretischen Frage I behandeln, so dürfen wir nicht übersehen, daß es Kant letztlich um die weitergehende Frage geht, ob Metaphysik als Wissenschaft möglich ist. Der Titel der *Kritik der reinen Vernunft* gibt, wie die Titel der behandelten Werke von Locke, Leibniz und Hume, zu verstehen, daß diese Frage durch eine kritische Untersuchung des Erkenntnisvermögens entschieden werden soll.

Grundlegend für diese Untersuchung ist Kants Unterscheidung von apriorischen, aposteriorischen, analytischen und synthetischen Urteilen. Der Unterschied von „a priori" und „a posteriori" ist bereits als „unabhängig von Erfahrung geltend" und „auf Grund von Erfahrung geltend" erläutert worden. Vom Begriff „analytisch" haben wir eine vorläufige Bestimmung gegeben, und zwar als „geltend aufgrund von Bedeutungsregeln" (für die in den Sätzen verwendeten sprachlichen Ausdrücke). Diese Bestimmung entspricht in der Sache durchaus dem Verständnis Kants, der sich so ausdrückt, daß beim analytischen Urteil (im Gegensatz zum synthetischen Urteil) das Prädikat des Urteils bereits im Subjekt enthalten ist, so daß es aus diesem – gemäß dem logischen Satz vom ausgeschlossenen Widerspruch – entwickelt werden kann.[54] Obwohl

---

[54] Vgl. Kants Beispiel „alle Körper sind ausgedehnt", *Kritik der reinen Vernunft*, B 10f.; *Prolegomena*, § 2c. Zitiert wird nach den Ausgaben in

Kant bei diesem Enthaltensein nicht an ein bloß triviales Enthaltensein denkt, schließt er aus, daß analytische Urteile erkenntniserweiternd sein können. In diesem Punkt hat Frege später widersprochen.[55] Im übrigen laufen dessen Ausführungen aber auf eine Fortführung der Kantischen Auffassung hinaus. Danach heißen Urteile analytisch genau dann, wenn sie wahr (oder falsch) sind einzig aus logischen und definitorischen Gründen.[56]

Wichtig ist, daß logisches und definitiorisches Moment in der Bestimmung des *analytischen* Urteils das Verständnis des *apriorischen* Urteils der Tradition ausmachen. Nun sind auch für Kant alle analytischen Urteile a priori. Es gibt unter den Kombinationsmöglichkeiten von analytisch und synthetisch mit a priori und mit a posteriori nicht den Fall analytisch und a posteriori. Anders als Leibniz und Hume aber, für die apriorisch mit analytisch zusammenfällt, behauptet Kant die Möglichkeit synthetischer Urteile a priori. Diese wären solche apriorischen Urteile, zu deren Beurteilung als wahr oder falsch die Momente des analytischen Urteils nicht ausreichen, zu deren Begründung also über eine logische Begriffsanalyse hinauszugehen ist. Kants Interesse gilt ihnen besonders deshalb, weil die Metaphysik nicht ohne sie auskommt.[57]

Es stellt sich zunächst die Frage, wie synthetische Urteile a priori überhaupt möglich sind. Die Auflösung dieser Frage ist Aufgabe der „Transzendentalphilosophie", die, wie Kant sich ausdrückt, die „Bedingungen der Möglichkeit" von Erkenntnis, Erfahrung usw. untersucht. Die Möglichkeit synthetischer Urteile a priori wird zunächst an zwei nicht-metaphysischen Beispielen aufgewiesen, nämlich den Urteilen der Mathematik und der reinen, d. h. nicht-empirischen Naturwissenschaft.[58] Aus der Tatsache, daß es für Kant überhaupt eine nicht-empirische Naturwissenschaft gibt, ersieht man, daß er hier dem Rationalismus folgt. Seine Metaphysikkritik dagegen trägt Züge des Empirismus. So können wir Kants „Kritizis-

---

der Philosophischen Bibliothek: *Kritik der reinen Vernunft,* ed. R. Schmidt, Hamburg 1956 (Bd. 37a); *Prolegomena,* ed. K. Vorländer, Hamburg 1957 (Bd. 40).

[55] G. Frege, *Die Grundlagen der Arithmetik,* ed. C. Thiel, Hamburg 1988 (Philosophische Bibliothek, Bd. 366), § 88.

[56] *Grundlagen der Arithmetik,* § 3.

[57] Vgl. *Kritik der reinen Vernunft,* B 18; *Prolegomena,* § 2c.3.

[58] Die exemplarische Bedeutung von Begründungsfragen der Mathematik für die Philosophie wird deutlich in *Prolegomena,* § 2c.

mus" (vgl. die frühere Einteilung der erkenntnistheoretischen Fragen) als Synthese von Rationalismus und Empirismus auf höherer Stufe ansehen.

Was die Mathematik anbelangt, so mag zwar ihr synthetischer Charakter – vor allem im Falle der Arithmetik[59] – umstritten sein, kaum aber ihr apriorischer. Stimmen hier doch selbst Empiristen zu. Die Behauptung der Apriorität von Teilen der Naturwissenschaften stößt dagegen auf härtesten Widerspruch. Zur Erläuterung der Kantischen Position läßt sich an Humes Diskussion unseres Tatsachen-, insbesondere Kausalwissens anschließen. Gegen Hume verteidigt Kant nämlich die Auffassung, daß das Kausalgesetz a priori gilt. Der synthetische Charakter dieses Gesetzes steht auch für Hume außer Frage:

> Denn die Wirkung ist von der Ursache ganz und gar verschieden und kann folglich niemals in dieser [als in ihr analytisch enthalten, G. G.] entdeckt werden.[60]

Kant hebt als Verdienst Humes hervor, richtig gesehen zu haben, daß alle unsere Erfahrungsschlüsse von der Voraussetzung ausgehen, daß die Zukunft mit der Vergangenheit gleichförmig sei, und daß es zu einem Zirkel führen würde, diese Voraussetzung durch Erfahrung begründen zu wollen. Müßte doch auch eine solche Erfahrung wiederum von der oben genannten Voraussetzung Gebrauch machen. Das Humesche Problem wird nun dadurch aufgelöst, daß der Zirkel bereits eine Stufe früher angesetzt wird. Es kann nämlich nicht einmal die Gültigkeit des Kausalgesetzes durch Erfahrung zirkelfrei begründet werden. Erfahrung setzt vielmehr die Anwendung des Kausalgesetzes schon voraus. Kant kommt zu dem Ergebnis:

> Also ist nur dadurch, daß wir die Folge der Erscheinungen, mithin alle Veränderung dem Gesetze der Kausalität unterwerfen, selbst Erfahrung d. i. empirisches Erkenntnis von denselben möglich [...]. (*Kritik der reinen Vernunft*, B 234).

Die Struktur dieses Argumentes besteht wesentlich darin, den Humeschen Zirkel anzuerkennen, ihn aber ins Positive zu wenden. Ich kann die Gültigkeit des Kausalgesetzes nicht durch Erfahrung beweisen (oder widerlegen); denn ich muß es bei der Überprüfung

---

[59] Vgl. Freges *Grundlagen der Arithmetik*, § 87.
[60] *Eine Untersuchung über den menschlichen Verstand*, S. 39 [46].

(durch Erfahrung) bereits benutzen (auch wenn mir dieses nicht bewußt ist). Die Anerkennung des Kausalgesetzes ist also bereits notwendige Voraussetzung für die Überprüfung selbst, das heißt, ich kann mich dieser Anerkennung nicht entziehen, wenn ich überhaupt methodisch Erfahrungen machen will. Die Gültigkeit des Kausalgesetzes ist also nach der für Kant charakteristischen Formulierung „Bedingung der Möglichkeit von Erfahrung". Argumente, die in der angegebenen Weise nach den Bedingungen der Möglichkeit (von etwas) fragen, heißen einem Kantischen Sprachgebrauch folgend „transzendentale Argumente".

Indem das Kausalgesetz notwendige Voraussetzung („Bedingung der Möglichkeit") der Erfahrung ist, ist es in diesem methodischen Sinne „vor" aller Erfahrung, also a priori gültig. Das Kausalgesetz ist demnach ein synthetisches Urteil a priori. Gleichzeitig bleibt seine Geltung aber auf den Bereich möglicher Erfahrung, auf Natur als Erscheinung, bezogen und damit auch auf diese beschränkt. Sie ist also nicht bestimmend für die dem Menschen unerkennbare Natur „an sich". An dieser Stelle leitet Kant zur Frage der Willensfreiheit über. Wie bei Hume die Leugnung der Willensfreiheit, so beruht bei Kant deren Verteidigung auf einer Analyse der Geltungsbedingungen des Kausalgesetzes.

2.10. Kausalität, Willensfreiheit und Moral

Versuchen wir zunächst, das Problem der Willensfreiheit genauer zu bestimmen. Wenn Leser oder Leserinnen sich fragen würden, ob sie den vorliegenden Text freiwillig lesen, so würden sie dieses vermutlich alle bejahen. Vielleicht ist jemand darunter, der mit der Antwort zögert, weil ihm einfällt, daß ihn das Thema eigentlich gar nicht so sehr interessiert und seine Lektüre einzig einer Prüfungsvorbereitung dient. So mag er das Empfinden haben, doch nicht ganz „aus freien Stücken" zu handeln. Dennoch würde wohl auch dieser Leser letztendlich von sich meinen, daß es seine eigene freie Entscheidung gewesen ist, dieses Buch zu lesen; denn, so wird er sich sagen, er könnte das Buch gleichwohl beiseite legen und Prüfung Prüfung sein lassen. Auch für ihr sonstiges Handeln werden die meisten Leser in Anspruch nehmen wollen, daß es ihrem freien Willen gemäß erfolgt. Rauchern wird zwar das Bedenken kommen, daß sie nicht immer frei handeln: falls sie nämlich das Rauchen, selbst wenn sie wollten, nicht mehr lassen können. Von ihrer Sucht einmal abgesehen werden sich aber auch solche selbsteinsichtigen Raucher für frei halten.

Die Freiheit, die wir meinen, wenn wir uns im Sinne der genannten Beispiele für frei erklären, ist die von Hume zugestandene *Freiheit als Gegensatz zu Zwang*. So verstehen wir üblicherweise auch all die anderen Reden von Freiheit: Meinungsfreiheit, Pressefreiheit, freie Wahlen, Freizügigkeit, Bewegungsfreiheit usw. Gemeint ist stets das Fehlen einer Behinderung. „Frei" in diesem Sinne nennen wir unseren Willen immer dann, *wenn wir tun können, was wir wollen*. Freilich erwarten wir von dieser Freiheit nicht, daß wir Beliebiges tun dürfen. Hier unterscheiden wir durchaus bereitwillig Freiheit von bloßer Willkür. Wir nehmen Einschränkungen unserer eigenen Willkür gerade deshalb in Kauf, um auf der Grundlage von Gegenseitigkeit nicht durch fremde Willkür in der Ausübung unseres Willens gehindert zu werden. So beanspruchen wir also Freiheit nur in den Grenzen vernünftiger Regelungen, wie z. B. Gesetzen. Somit verstehen wir Freiheit nicht als ein bloßes Freisein *von* etwas, sondern eher als ein Freisein *zu* etwas. Und von „Unfreiheit" sprechen wir danach erst dann, wenn unsere Willkür über ein vernünftiges, von uns anerkanntes Maß hinaus beschränkt ist. Wir haben also unter den möglichen Einschränkungen unserer Willkür diejenigen, die unsere Freiheit nicht in Frage stellen, auszuklammern. Welche Einschränkungen verbleiben dann als möglich für unsere Willensfreiheit?

Legen wir zunächst weiterhin ein Verständnis von Willensfreiheit zugrunde, nach dem derjenige einen freien Willen hat, der tun kann was er will. Wie gesagt, dies besagt nicht, daß er tun *darf*, was er will. So *könnte* jemand dieses Buch aus der Buchhandlung stehlen wollen; aber er *darf* es nicht. Die Freiheit seines Willens besagt, daß er es tun könnte, wenn er wollte; aber er will es hoffentlich nicht. Mit diesem Beispiel kommen wir zu einem Bereich, für den die Frage nach der Willensfreiheit (im hier zunächst angenommenen Verständnis) von Belang ist. Es ist der Bereich der Rechtsprechung.

Um jemanden wegen Diebstahls verurteilen zu können, muß davon ausgegangen werden, daß der Diebstahl freiwillig geschehen ist. Einschränkungen des Willens würden vorliegen, wenn jemand durch Drohungen oder gar Waffengewalt gezwungen worden wäre, einen Diebstahl zu begehen. Mit einer ganz anderen Art von Einschränkung hätten wir es zu tun, wenn der Diebstahl unter Zwang in dem Sinne geschehen wäre, daß der Täter unter einem krankhaften Stehltrieb (Kleptomanie) leiden würde. Solche und ähnliche Einschränkungen der Willensfreiheit werden bei der Strafzumessung berücksichtigt. Der Täter wird, wenn er nicht sogar straffrei ausgeht, doch jedenfalls „mildernde Umstände" bekommen. Dabei wird auch zu entscheiden sein, in welchem Maße er eventuell mitverantwortlich dafür ist, daß er in eine entsprechende Zwangssituation kommen konnte.

Die Willensfreiheit im zuvor beschriebenen Sinne ist gewiß nicht unwichtig. Im Gegenteil, sie ist es, auf die es uns im Leben ankommt und um die wir uns deshalb stets bemühen. Eine philosophisch weitergehende Dimension des Problems kommt aber erst in den Blick, wenn wir die Frage nach der Verantwortlichkeit und Zurechenbarkeit von dem juristischen (strafrechtlichen) auf den moralischen Bereich ausdehnen. Spätestens hier wird es notwendig, eine Unterscheidung einzuführen zwischen der *Handlungsfreiheit* als Freiheit, so zu handeln, wie man will, und der eigentlichen *Willensfreiheit* als Freiheit des Willens selbst. Schopenhauer hat diese Unterscheidung in seiner Schrift *Über die Freiheit des Willens*[61] treffend in der folgenden Weise bestimmt:

> Das *Selbstbewußtsein* eines jeden sagt sehr deutlich aus, daß er tun kann, was er will. Da nun auch ganz entgegengesetzte Handlungen, als von ihm *gewollt,* gedacht werden können; so folgt allerdings, daß er auch Entgegengesetztes tun kann, *wenn er will*. Dies verwechselt nun der rohe Verstand damit, daß er in einem gegebenen Fall auch Entgegengesetztes *wollen* könne, und nennt dies *die Freiheit des Willens*. Allein daß er in einem gegebenen Fall Entgegengesetztes *wollen* könne, ist schlechterdings nicht in obiger Aussage enthalten, sondern bloß dies, daß von zwei entgegengesetzten Handlungen er, wenn er *diese will,* sie tun kann, und wenn er *jene will,* sie ebenfalls tun kann: ob er aber die eine sowohl als die andere im gegebenen Fall *wollen könne,* bleibt dadurch unausgemacht und ist Gegenstand einer tiefern Untersuchung, als durch das bloße Selbstbewußtsein entschieden werden kann.

Wir kennen alle solche Bemerkungen wie „Aus dem konnte ja nichts werden" mit Zusätzen wie „bei *der* Erziehung", „bei *den* Eltern", „bei *den* Verhältnissen" usw., wobei diese Bemerkungen im Sinne einer bloßen familiensoziologischen Erklärung gemeint sein können („Wie es dazu kommen konnte") oder auch weitergehend im Sinne einer moralischen Entschuldigung, wieso die betrachtete

---

[61] A. Schopenhauer, *Sämtliche Werke* I-V, ed. W. von Löhneysen, 2. Aufl. Stuttgart/Frankfurt a. M. 1968, Bd. III, S. 541.

Person eigentlich für ihr Verhalten nicht selbst verantwortlich sei. Sicher werden einfühlsame Richter auch solche sozialen Aspekte bei ihrer Urteilsfindung noch mildernd berücksichtigen, jedoch sind hier auch Grenzen gesetzt. Selbst wenn einem Richter der Lebensweg eines „Gewohnheitstäters" als unerbittliche Konsequenz aus vorgegebenen Bedingungen erscheint, wie z. B. Kindheit, Milieu usw., muß er die Gesellschaft vor dem Täter schützen und kann ihn nicht aus moralischem Mitleid laufen lassen. Juristische und moralische Zurechenbarkeit können hier also auseinandertreten, und ein Abgrund tut sich geradezu auf, wenn wir diesen Unterschied in folgender Weise weiterdenken: Zu den Verhältnissen, die nicht so sind, wie sie sein sollten oder wenigstens sein könnten, kommen Erbanlagen, angeborene Charaktereigenschaften hinzu. Für sie sind, wenn wir dem Verursacherprinzip im Sinne eines moralischen Kausalprinzips folgen, nicht wir, sondern unsere Eltern verantwortlich. Da für diese aber das gleiche gilt und für die Eltern unserer Eltern ebenso und so fort, geht unsere Suche nach den Verantwortlichen und der Verantwortung ins Leere. Verstehen wir aber statt dessen Gott als letzten Verursacher, so wird das Problem keineswegs einfacher; denn dann drängt sich die Frage auf, ob Gott die moralische Verantwortung für unsere Verfehlungen anzulasten ist. Meistens haben Theologen und Philosophen diese Frage dahingehend zu beantworten gesucht, daß Gott deshalb für die menschlichen Verfehlungen nicht verantwortlich zu machen sei, weil er den Menschen einen freien Willen gegeben habe. Was aber, wenn dieser freie Wille in einem tieferen Sinne gerade fraglich wird, fraglich nämlich dadurch, daß sich unsere Handlungsmöglichkeiten als grundsätzlich beschränkt erweisen durch vorgegebene und von uns selbst gerade nicht frei gewählte Faktoren? Und wenn wir dies zu Ende denken, stellt sich schließlich die Frage, ob wir in unserem Handeln nicht nur weitestgehend beschränkt, sondern sogar durchgehend bestimmt, determiniert sind. Die Lehre, die genau dieses behauptet, heißt entsprechend Determinismus. Beunruhigend ist vor allem, daß sie unser Verständnis von moralischer Verantwortung zunichte zu machen scheint. Sie stützt sich dabei auf die kausale Bestimmtheit des Menschen.

Dem kausalen Determinismus entspricht im theologischen Denken die Lehre von der Prädestination, der Vorherbestimmtheit des Menschen durch „Gottes unerforschlichen Willen (Ratschluß)" als verdammt ohne Schuld (Prädamnation) oder als erlöst ohne Verdienst (Gnadenwahl). Dieser Gedanke hat z. B. bei Augustinus und ihm folgend bei Luther und vor allem bei Calvin seine Spuren hinterlassen und auch einen atheistischen Philosophen wie Schopenhauer zutiefst beeindruckt, und er hat Konsequenzen. Muß danach nicht ein „Schicksal" wie das des Judas neu beurteilt zu werden? Schließlich hat Judas nach christlicher Lehre, indem er Jesus verraten hat, eigentlich einen Teil des Heilsplanes Gottes verwirklicht. Wenn er dazu von Gott ausersehen war, so war er als bloßes „Werkzeug Gottes" in seinem Handeln determiniert. Er war dann möglicherweise nicht nur nicht verantwortlich, sondern geradezu selbst ein Opfer.

Wenn die Menschen in ihrem Handeln determiniert sind, dann haben wir zwar das gute Recht, uns vor Dieben und Mördern dadurch zu schützen, daß wir es ihnen unmöglich machen, uns zu schaden. Für seine Taten hat jeder, wenn er in dem oben erläuterten Sinne juristisch verantwortlich ist, die Konsequenzen der strafrechtlichen Verurteilung zu tragen. Dies steht also nicht in Frage. Verdient er aber darüberhinaus auch unsere moralische Verurteilung, verdient er nicht eher unser moralisches Mitleid? Schließlich kann er ja selbst nichts dafür, so möchte man sagen, daß er so ist, wie er ist. Mit Nietzsche gesprochen: „Niemand ist für seine Taten verantwortlich, niemand für sein Wesen; richten ist soviel als ungerecht sein."[62] Wenn eine solche Haltung die einzige Konsequenz des Determinismus wäre, so wäre dieser weniger beunruhigend als vielmehr heilsam im Sinne des Wortes „Richtet nicht, auf daß ihr nicht gerichtet werdet!". Schwerwiegender ist, daß der Determinismus das moralische Sollen in Frage stellt, zwar nicht in seiner Geltung, aber in seiner Verwirklichung. Denn wenn wir in unserem Handeln determiniert sind, dann handeln wir so, wie wir unserer kausalen Bestimmung folgend *müssen,* und nicht, wie wir unserer Einsicht (in das Gute) folgend *sollen.* Und selbst wenn wir tatsächlich so handeln, wie wir (moralisch gesehen) sollen, so nur deshalb, weil wir gar nicht anders können. (Wir könnten schon der logischen Möglichkeit nach, d. h. ein anderes Handeln unsererseits ist denkbar, aber wir können nicht der Wirklichkeit nach, d. h. unserer Veranlagung und den äußeren Umständen nach). Wir handeln dann sozusagen von Natur aus gut und können hierfür selbst gar nichts. Daß wir gut sind, ist nicht unser Verdienst. Letztere Konsequenz mag wiederum heilsam sein, indem sie uns vor Selbstgerechtigkeit bewahrt. Der Sinn eines moralischen Sollenssatzes besteht aber

---

[62] F. Nietzsche, *Werke,* ed. K. Schlechta, Bd. I, S. 481.

darin, daß das Gute auch *gegen* die eigene Natur (Neigung) verwirklicht werden soll. Dieser Sinn geht verloren, wenn es uns gar nicht gegeben ist, uns gegen die eigenen Naturanlagen entscheiden zu können. Somit stellt der Determinismus ein ernstes Problem für jede Sollensethik (Pflichtethik) und umgekehrt jede Sollensethik eine Herausforderung an den Determinismus dar. Es ist also nicht zu verwundern, daß unser Thema eine besonders gründliche Behandlung bei Immanuel Kant gefunden hat, dessen Moralphilosophie durch eine Pflichtethik bestimmt ist.

2.11. Kants Freiheitsantinomie

Wesentlich für Kants Vorgehen ist, daß er die Behauptung der menschlichen Willensfreiheit (und damit die Möglichkeit der Pflichtethik) mit einer kausalen Bestimmtheit des Menschen zu vereinbaren sucht. Dargestellt ist diese Vereinbarkeit in der Lösung der dritten Antinomie, der sogenannten Freiheitsantinomie, in der *Kritik der reinen Vernunft* (B 472-479, Auflösung B 560-586). Diese Antinomie kommt dadurch zustande, daß Kant mit Hilfe von in der klassischen Metaphysik gängigen Argumenten zwei einander widersprechende Aussagen begründet, eine Thesis, die die Freiheit behauptet, und eine Antithesis, die die Freiheit bestreitet. Die Thesis lautet:

> Die Kausalität nach Gesetzen der Natur ist nicht die einzige, aus welcher die Erscheinungen der Welt insgesamt abgeleitet werden können. Es ist noch eine Kausalität durch Freiheit zur Erklärung derselben anzunehmen notwendig. (B 472)

Und die Antithesis stellt dem gegenüber:

> Es ist keine Freiheit, sondern alles in der Welt geschieht lediglich nach Gesetzen der Natur. (B 473)

Bei der Begründung der Thesis macht sich Kant das Argument zunutze, daß Kausalerklärungen, um einen Erklärungswert zu haben, nach endlich vielen Schritten bei ersten Ursachen anlangen müssen. (Kant macht hier also Gebrauch vom Kausal*prinzip*, indem er vom Bedingten über das Bedingende bis zum Unbedingten aufsteigt). Erste Ursachen sind solche, die selbst nicht wiederum verursacht worden sind, also eine Kausalkette „von selbst" angefangen haben. Versteht man nun Freiheit „als das Vermögen, eine

Begebenheit von selbst anzufangen" (vgl. *Prolegomena,* § 53, Anm.), d. h. so, daß keine Ursache vorangegangen ist, so ist damit die Behauptung, daß eine vollständige Erklärung der Welt ohne die Annahme von Freiheit nicht möglich ist, begründet.

Die Begründung der Antithesis nimmt Kant in der folgenden Weise vor: Die Freiheit angenommen, setzt der Beginn einer neuen Kausalkette durch die Handlung eines Handelnden immer noch einen Zustand des Handelnden vor der Ausführung seiner Handlung voraus. Der Übergang von diesem Zustand zur Ausführung der Handlung soll sich nicht kausal erklären lassen, weil sonst die Handlung nicht frei wäre. Das heißt aber, die Annahme von Freiheit besagt nicht nur, daß eine neue Kausalkette beginnt, sondern daß Kausalität unterbrochen und damit Erfahrung unmöglich gemacht wird; denn die Gültigkeit des Kausalgesetzes ist ja Bedingung der Möglichkeit jeder Erfahrung. So wäre denn Freiheit, indem sie die Aufhebung eines Grundsatzes der Erfahrung bedeutet, gar nicht erfahrbar und, wie Kant sagt, „ein leeres Gedankending".

Kant erklärt das Zustandekommen der Freiheitsantinomie dadurch, daß sowohl Thesis als auch Antithesis für den Bereich des Dinges an sich in Ansatz gebracht werden. Für die Auflösung greift er daher auf seine Unterscheidung von Ding an sich und Erscheinung zurück. Die apriorische Gültigkeit der reinen oder allgemeinen Naturgesetze – insbesondere des Kausalgesetzes – beruht nach Kant darauf, daß diese Gesetze Gesetze des Verstandes sind, die dieser der Natur vorschreibt und dadurch Erfahrung allererst möglich macht. Daher können sie nur Gesetze der Natur als Erscheinung sein; denn der Verstand kann den Dingen an sich nichts vorschreiben, und mögliche Erfahrung kann sich schon dem Begriffe nach nicht auf Dinge an sich, die nicht erfahrbar sind, erstrecken.

Während Kant im Bereich der Natur als Erscheinungswelt die Notwendigkeit für durchgängig vorhanden erklärt – es gibt kein Durchbrechen der Kausalordnung –, hält er im Bereich der Dinge an sich die Freiheit für möglich, d. h. die Möglichkeit von Freiheit kann nicht ausgeschlossen werden. Die Antinomie wird so aufgelöst, daß Thesis und Antithesis – entgegen dem Anschein – als miteinander verträglich nachgewiesen werden. Freiheit und Notwendigkeit gehören verschiedenen Bereichen an. Betrachte ich die Handlungen der Menschen als Erscheinungen, so treibe ich, modern gesprochen, empirische Sozialwissenschaft, und die Handlungen unterliegen der Naturnotwendigkeit. Diesen Gesichtspunkt, den bereits Hume hervorgehoben hatte, formuliert Kant mit den Worten:

> [...] so sind alle Handlungen des Menschen in der Erscheinung aus seinem empirischen Charakter und den mitwirkenden anderen Ursachen nach der Ordnung der Natur bestimmt, und wenn wir alle Erscheinungen seiner Willkür bis auf den Grund erforschen könnten, so würde es keine einzige menschliche Handlung geben, die wir nicht mit Gewißheit vorhersagen[63] und aus ihren vorhergehenden Bedingungen als notwendig erkennen könnten. In Ansehung dieses empirischen Charakters gibt es also keine Freiheit, und nach diesem können wir doch allein den Menschen betrachten, wenn wir lediglich *beobachten,* und, wie es in der Anthropologie geschieht, von seinen Handlungen die bewegenden Ursachen physiologisch erforschen wollen. (*Kritik der reinen Vernunft,* B 577f.)

Außerhalb des Bereichs der Erscheinungen aber kann ich Handlungen unter dem Gesichtspunkt der Freiheit betrachten, hervorgegangen aus freien Entscheidungen der Vernunft, bedingt durch einsichtige Gründe und nicht durch zwingende Ursachen. Wenn ich Handlungen „in praktischer Absicht" unter moralischem Gesichtspunkt betrachte, dann muß ich eine solche Freiheit unterstellen:

> Denn da *sollte* vielleicht alles das *nicht geschehen sein,* was doch nach dem Naturlaufe *geschehen ist,* und nach seinen empirischen Gründen unausbleiblich geschehen mußte. (B 578)

Damit markiert Kant den Übergang von der theoretischen zur praktischen Philosophie, d. h. hier von der Erkenntnistheorie zur Ethik. Entsprechend ist dieser Gedanke in der *Kritik der praktischen Vernunft* ausgeführt worden. In der *Kritik der reinen Vernunft* kann es nur um die Möglichkeit der Freiheit gehen, d. h. um den Nachweis, daß Freiheit nicht schon aus theoretischen Gründen ausgeschlossen ist. Innerhalb der theoretischen Philosophie kommt ihr, wie Kant es nennt, lediglich der Status einer „transzendentalen Idee" (B 586) zu. Mit dem Übergang zur praktischen Philosophie ändert sich dieser Status jedoch. Das moralische Gesetz hat nur dann einen wirklich moralischen Sinn, wenn man unterstellt, daß ihm gemäß aus Einsicht in das Gute – und nicht etwa aus egoistischen Motiven, z. B. aus Angst vor Strafe – gehandelt werden kann. Aus der Tatsache des moralischen Gesetzes „in mir", belegt durch

---

[63] Mit dem Zugeständnis der Vorhersagbarkeit geht Kant zu weit. Es genügt hier die Forderung der kausalen Erklärbarkeit im nachhinein.

die Instanz des Gewissens[64], schließt Kant geradezu auf die Wirklichkeit der Freiheit.[65]

Die Instanz des Gewissens ist in neueren Deutungen nicht mehr so unumstritten, wie sie dieses zu Zeiten Kants noch war. Und in unserer Nach-Freudschen Zeit hat man sich immerhin mit der Frage auseinanderzusetzen, ob das Gewissen nicht bloß ein anerzogenes Über-Ich sei, aus dessen Vorhandensein nun gerade nicht auf Freiheit, sondern eher auf das Gegenteil geschlossen werden müßte. Meinte doch schon Nietzsche, daß die „Sprache des Gewissens" nichts anderes sei als was uns „als *recht* von Kindheit an bezeichnet worden ist".[66] Um diesem Einwand zu entgehen, der damit aber noch keineswegs als berechtigt anerkannt ist, kann man auch einen etwas anderen Weg zur Verteidigung der Willensfreiheit einschlagen. Dabei wird ebenfalls von der Verbindung von Moralität und Freiheit ausgegangen. Man beruft sich aber nicht auf die Instanz des Gewissens, sondern auf das Faktum des moralischen Diskurses, d. h. auf eine Form des Miteinander-Redens, in der jemand mit Gründen sagt „Du solltest aber...".[67]

Würde man nicht unterstellen, daß der durch ein moralisches Sollen Angesprochene in der Lage ist, eine die Gründe einsehende Entscheidung zu treffen („frei" heißt ja nicht „unbegründet"!), so hätte der Eintritt in den moralischen Diskurs gar keinen Sinn. Im Sinne Kants könnte man sagen: Das Postulat der Freiheit ist die Bedingung der Möglichkeit moralischer Diskurse. Vorausgesetzt ist dabei, daß der moralische Diskurs ein bewertender (normativer) Diskurs mit vorschreibendem (präskriptivem) Ausgang ist. Moralische Bewertung als solche ist soweit auch für einen Determinis24ten

---

[64] *Kritik der praktischen Vernunft,* ed. K. Vorländer, Hamburg 1963 (Philosophische Bibliothek, Bd. 38), S. 114.
[65] Vgl. die Eingangsabschnitte der Vorrede zur *Kritik der praktischen Vernunft*: „[...] daß Freiheit wirklich ist [...] offenbart sich durchs moralische Gesetz" (S. 4). Zum Verhältnis von moralischem Gesetz und Freiheit vgl. dort insbesondere die Anmerkung. Das „offenbart" zeigt an, daß das moralische Gesetz hier Erkenntnisgrund (*ratio cognoscendi*) der Freiheit ist.
[66] F. Nietzsche, *Werke,* Bd. II, S. 195.
[67] Das hier gemeinte Sollen ist nicht das elterliche Sollen in Befehlen wie „Du sollst deine Hände waschen!" und auch nicht das Sollen des dritten Gebotes „Du sollst deinen Vater und deine Mutter ehren, auf daß es dir wohlergehe und du lange lebest auf Erden"; denn im ersten Fall haben wir ein drohendes Sollen und im zweiten Fall ein versprechendes Sollen, in beiden Fällen also kein rein moralisches („gutes") Sollen.

möglich. Sie erfolgt dann unter gleichzeitigem Zugeständnis, daß die bewertete Handlung nicht frei war. Sie mußte geschehen, obwohl sie vielleicht nicht hätte geschehen sollen (dürfen).

In Konkurrenz zum *vor*schreibenden oder präskriptiven moralischen Diskurs (als *Geltungs*diskurs) tritt häufig der *be*schreibende oder deskriptive psychologisierende Diskurs (als *Genese*diskurs), der das Ziel hat, Rationalisierungen aufzudecken. Auf das „Du solltest aber..." begegnet einem dann der Einwand „Das sagst Du doch bloß, weil Du möchtest, daß...". Nun ist aber dieser Einwand selbst, der dem vorgetragenen „Du solltest aber..." die lautere moralische Absicht abspricht, ein Beleg für die regulative Idee des wirklich (wahrhaft) moralischen Diskurses; denn dieser gibt hier ja gerade den Maßstab des Einwandes ab. Solange ich auf „Du solltest aber..." die Rückfrage zulasse „Willst Du nur, daß ich es tue, weil es in Deinem Interesse ist, oder soll ich es tun, weil ich es wirklich soll (weil es gut ist)?", solange erkenne ich das moralische Gesetz und damit Freiheit an. Entziehen kann man sich dieser Konsequenz nur dadurch, daß man sich entweder zu dem interessegebundenen Sollen offen bekennt – dann wird der so Angesprochene diesem Sollen nicht Folge zu leisten haben – oder das Wort „Sollen" nicht mehr verwendet – was kaum durchzuhalten ist.

Immerhin hat Nietzsche versucht, sich in seinen Schriften „jenseits von gut und böse" aufzustellen, wenn er meint, „daß die Geschichte der moralischen Empfindungen die Geschichte eines Irrtums, des Irrtums von der Verantwortlichkeit ist: als welcher auf dem Irrtum von der Freiheit des Willens ruht".[68] Wir werden den konsequenten Amoralisten, falls es ihn wirklich gibt, nicht zum Eintritt in den moralischen Diskurs zwingen können. Ihm gegenüber hätten wir also das bisherige transzendentale Argument für die Freiheit des Willens nicht zur Verfügung. Einem Amoralisten oder „Immoralisten" vom Schlage Nietzsches müssen wir anders begegnen.

2.12. Versuch einer *reductio ad absurdum* des Determinismus

Halten wir nochmals fest: Mit Kant haben wir behauptet, daß der Mensch gewissermaßen in zwei Welten lebt, in einer sozialen Welt,

---

[68] F. Nietzsche, *Werke,* Bd. I, S. 480.

in der sein Handeln aufgrund von sozialen Bedingungen, Charakter, Motiven usw. anderen (von außen) erklärbar erscheint, und in einer moralischen Welt, in der er sein Handeln nach Gründen und Einsichten selbst (von innen) bestimmt. Kant nennt diese beiden Welten „Reich der Natur" und „Reich der Freiheit". Diese Rede läßt sich dahingehend „übersetzen", daß der Mensch sich in zwei Arten von Diskursen vorfindet, in denen er mit anderen Menschen umgeht. Es sind dies Diskurse soziologischer (und psychologischer) Art, in denen das Handeln des Menschen gesetzmäßig erklärt wird, und Diskurse moralischer Art, in denen das Handeln der Menschen moralisch zu bewegen gesucht wird. Die Möglichkeit des präskriptiven moralischen Diskurses wird nun bestritten unter Leugnung der Willensfreiheit, unter Berufung auf den Determinismus (vgl. obiges Zitat von Nietzsche). Enthält sich der so Argumentierende jedes moralischen Sollens (was Nietzsche tatsächlich *nicht* tut!), so müssen wir die Voraussetzung dieses Amoralismus, den Determinismus, direkter angreifen. Es genügt nicht der Hinweis auf die im präskriptiven moralischen Diskurs bereits in Anspruch genommene transzendentale Voraussetzung der Willensfreiheit.

Hier bietet sich ein anderes Vorgehen an: Fragen wir den Deterministen, ob das, was er für den Determinismus vorbringt, einsehbare und stichhaltige Gründe seien. Darauf wird er sicher zustimmend antworten; wenn nicht, so scheint er seine Behauptung selbst nicht besonders ernst zu nehmen. Nun konfrontieren wir ihn mit dem Verdacht, daß sich das Nicht-anders-können nicht nur auf das körperliche Handeln, sondern auch auf das geistige Handeln, das Denken, erstrecken könnte; daß er vielleicht zur Begründung des Determinismus (gemäß der Physiologie seines Gehirns) determiniert sei. Wenn er seine Argumente *als Argumente* ernst nimmt, wird er dieser Konsequenz nicht zustimmen können; denn er müßte sich dann auch sagen, daß der Verteidiger der Willensfreiheit gleichfalls – eben zum Verteidiger – determiniert sei und seine Argumente gar nicht einsehen könne. Und warum dann noch argumentieren?

Um diesem Fatalismus der Überzeugungen zu entgehen, könnte sich der Determinist mit dem Argument herauszureden versuchen, daß wir ja nicht *wissen*, wozu wir determiniert sind, so daß sich in Unkenntnis des Ausganges der Argumentation das Argumentieren auch unter Voraussetzung des Determinismus im Denken lohnen würde. Dieses Argument gegen die sogenannte „faule Vernunft", das auf einen „epistemischen Indeterminismus" hinausliefe, bereitet schon in der üblichen, auf unser Handeln bezogenen Form Schwierigkeiten; denn warum sollte ich wissen wollen, was mir bevorsteht, wenn ich es doch nicht abwenden kann? Bezogen auf das Denken widerspricht sich das epistemische Argument außerdem selbst. Wenn nicht nur sonst, sondern auch im Denken geschieht, was geschehen muß, dann hat unser Reden gar nichts mit Argumentieren im Sinne eines Vorbringens und Abwägens von Wahrheitsgründen zu tun. Wir bringen dann nur scheinbar Argumente vor, in Wirklichkeit plappern wir aufeinander los, jeder wie er es nicht lassen kann. Ob wir etwas einsehen, hängt nicht von der *Wahrheit* der Argumente, sondern einzig von der Disposition der Argumentierenden ab. Mag dies sogar häufiger der Fall sein als wir meinen, für den konsequenten Deterministen besteht aber das Problem, daß er die Möglichkeit, eine Wahrheit *als Wahrheit* einzusehen, d. h. unbeeinflußt von psychischen oder anderen Fremdfaktoren, *grundsätzlich* nicht, auch der Idee nach nicht in Anspruch nehmen kann. Damit bricht die Idee des Wahrheitsanspruchs als *Wahrheits*anspruch zusammen. Dem Deterministen wird die Möglichkeit entzogen, für seine eigene These einen argumentativ einzulösenden Wahrheitsanspruch zu erheben.[69]

Wir haben damit den Deterministen in seinem argumentativen Bemühen *ad absurdum* geführt, d. h. die *Behauptung* des Determinismus zurückgewiesen. Was haben wir gewonnen? Freilich ist eine solche *reductio ad absurdum* der Behauptbarkeit kein Beweis (im üblichen Sinn) *für* die Willensfreiheit. (Die begründete Verneinung der Behaupt- oder Beweisbarkeit von „p" ist kein Beweis von „nicht p".) Aber man kann sich doch so klarmachen, daß der Determinismus nicht konsequent durchgehalten werden kann. Und das ist ja immerhin auch schon etwas, nämlich alles, was wir für unsere Zwecke brauchen: ein Einwand gegen den Amoralisten, der sich auf den Determinismus meint berufen zu können.

Vergegenwärtigen wir uns noch einmal das Ergebnis mit Blick auf die nachkantische Entwicklung. Das traditionelle Determinismusproblem entsteht, sobald der Gedanke der kausalen Bestimmtheit von dem Naturgeschehen auf das menschliche Handeln übertragen

---

[69] Es möchte sein, daß Nietzsche es nicht hätte darauf ankommen lassen, den Determinismus wirklich zu *behaupten,* sondern sich im Ernstfall damit begnügt hätte, ihn – seiner „Kritik" des Wahrheitsbegriffs gemäß – den Lesern nur als irritierenden Floh „dekonstruktiv" ins Ohr zu setzen.

wird. Es erfährt dadurch eine Verschärfung, daß man es vom *praktischen* menschlichen Handeln auf das *theoretische* Handeln überträgt und auch das Denken als ein psychisches oder physiologisches *Geschehen* begreift. Diese Verschärfung findet sich erst in der zweiten Hälfte des 19. Jahrhunderts in Verbindung mit der Entwicklung einer naturwissenschaftlichen physiologischen Psychologie. Es waren auch hier die Neukantianer, auf die wir schon eingangs unserer Darstellung verwiesen haben, die als Antwort auf die naturwissenschaftliche Herausforderung eine Parallelisierung von Ethik und Logik dahingehend vorgenommen haben, daß beide Disziplinen Gesetze (Normen) der Geltung und nicht Gesetze des Geschehens (der Genese) formulieren. In diesem Sinne hat insbesondere der Begründer der südwestdeutschen Schule des Neukantianismus, Wilhelm Windelband, gegen die Vermengung beider Bereiche im Psychologismus und Naturalismus Argumente herausgearbeitet, die wesentliche Aspekte der Unterscheidung von *Gründen* und *Ursachen* in der modernen Handlungstheorie vorwegnehmen. Dieser Argumente bedient sich auch die hier vorgenommene Unterscheidung von Geltungs- und Genesediskurs. Nicht einverstanden ist Windelband mit Kants Dualismus der zwei Reiche. Die Vermittlung beider sieht er dadurch gegeben, daß das Reich der Freiheit „mitten im Reich der Natur diejenige Provinz [ist], in welcher nur die Norm gilt".[70] Die Lösung des Problem von Determinismus und Moralität soll darin bestehen, daß die menschliche Natur so angelegt ist, daß in ihr logische *Gründe* zu psychologischen *Ursachen*, nämlich *Motiven* des Handelns werden können. Die im vorigen vorgestellte Position der zwei Diskurse ist demgegenüber einerseits vorsichtiger, insoweit sie auf Anleihen bei teleologischem Denken verzichtet, andererseits forscher, insoweit sie nicht Determinismus und Moralität *innerhalb* des Reichs der Natur „versöhnt", sondern ein transzendentales Argument zumindest gegen die *Behauptung* des Determinismus (über die Welt der Erscheinung hinaus) zu haben meint. Ein solches ist aber auch erforderlich. Die Unterscheidung von Gründen und Ursachen alleine vermag noch nicht dem Einwand zu begegnen, wir könnten in unserer Einsichtsfähigkeit in

---

[70] W. Windelband, *Normen und Naturgesetze*; in: Ders., *Präludien* I-II, 5. Aufl. Tübingen 1915, Bd. II, S. 98. Vgl. auch ders., *Über Willensfreiheit. Zwölf Vorlesungen,* Tübingen u. Leipzig 1904, insbesondere 11. und 12. Vorlesung.

Gründe ursächlich determiniert sein.[71] Dieses Verständnis würde dem kausalen Diskurs abermals den Vorrang einräumen, indem Gründe auf Ursachen besonderer Wirkungszusammenhänge reduziert werden. Dagegen kann uns die Verschärfung der Fragestellung in der ausgeführten paradoxalen Selbstanwendung weiterhelfen.

Die Konsequenz dieser Überlegungen ist, daß bereits die Anerkennung der Unterscheidung von wahren und falschen Argumenten auf der Ebene des theoretischen Geltungsdiskurses eine argumentative Anerkennung des Determinismus ausschließt. Ausgeschlossen ist damit nicht die Möglichkeit einer kausalen Erklärung desjenigen Prozesses, der etwa „parallel" zu einer Argumentation „im Innern" der Argumentierenden physiologisch abläuft, also eine deterministische Beschreibung auf seiten der Welt als Erscheinung. Zu bestehen ist aber mit Kant darauf, daß so nur *eine* Perspektive auf Welt gegeben ist, daß wir mit einem argumentativen Geltungsdiskurs einen Perspektivenwechsel vollziehen und einen Standpunkt außerhalb des erklärenden Genesediskurses beziehen.[72] Wenn man aus der Möglichkeit einer deterministischen Beschreibung dessen, was bei einer Argumentation physiologisch abläuft, schließen wollte, daß damit auch diese Argumentation selbst determiniert sei, so beginge man den Kategorienfehler, die Argumente mit den physiologischen Prozessen zu identifizieren.

Rückblickend läßt sich von hier aus noch einmal ein prüfender Blick auf die früher anerkannte Auffassung werfen, daß Determinismus und moralische Bewertung, solange diese sich nicht als moralisches Gebot versteht, miteinander verträglich seien. Verstehen wir als Determinismus diejenige Position, die nicht nur auf der Möglichkeit einer kausalen Beschreibung besteht, sondern darüber hinaus behauptet, daß diese Beschreibungsmöglichkeit Freiheit ausschließe, so ist hier eine Einschränkung nachzutragen: Die Verträglichkeit von Determinismus und moralischer Bewertung gilt dann nur, wenn man den Bewertungsdiskurs als Geltungsdiskurs von der Determiniertheit ausnimmt, also lediglich das Handeln und nicht auch das Argumentieren als determiniert begreift.

Bisweilen versteht man als Determinismus bereits die abgeschwächte Position, die bloß die Möglichkeit der kausalen Be-

---

[71] Vgl. U. Pothast in seiner Einleitung zu: *Seminar: Freies Handeln und Determinismus,* Frankfurt a. M. 1978, S. 28f.
[72] Vgl. Windelbands Unterscheidung zweier von einander unabhängiger „Betrachtungsweisen" (*Über Willensfreiheit,* S. 200f. u. S. 214f.).

schreibung behauptet, ohne dabei eine Reduktion auf den kausalen Genesediskurs vorzunehmen oder dem Genesediskurs den Vorrang vor dem Geltungsdiskurs einzuräumen.[73] Ein solcher Determinismus ist mit moralischer Bewertung auch dann noch vereinbar, wenn man ihn auf das Bewertungs*geschehen* (also etwa auf den physiologischen Prozeß) ausdehnt. Es fragt sich allerdings, ob man in diesem Fall überhaupt von „Determinismus" sprechen sollte. Derjenige Determinismus, den wir hier „ad absurdum" zu führen versucht haben, besteht darin, nicht nur für das Bewertungsgeschehen, sondern auch für die Bewertungen selbst zu behaupten, daß sie determiniert seien. Es ist diese Behauptung, die den Bewertungsdiskurs als Geltungsdiskurs und damit ihren eigenen Wahrheitsanspruch aufheben würde.

Es hat sich zeigt, daß die erkenntnistheoretische Unterscheidung von Genese und Geltung auch für die praktische Philosophie grundlegend ist. Mit diesem Hinweis darauf, wie erkenntnistheoretische Fragen über das Anschlußproblem der Willensfreiheit zu moralphilosophischen Fragen überleiten, verlassen wir unsere erkenntnistheoretische Frage I und wenden uns der erkenntnistheoretischen Frage II zu.

---

[73] Vgl. B. Gräfrath, *„Moral Sense" und praktische Vernunft. David Humes Ethik und Rechtsphilosophie*, Stuttgart 1991, Kap. 4.3.

3. Die Frage nach der Realität der Außenwelt

3.1. Vorbemerkungen

Wir kommen nun zu unserer erkenntnistheoretischen Frage II, in der sich unsere allgemeine Frage nach dem Zugang des erkennenden Subjekts zur Welt (als erkanntem Objekt) dahingehend zuspitzt, ob es eine unabhängig vom Subjekt existierende Außenwelt gibt.

Wird einem sogenannten „normalen" Menschen eine derartige Frage vorgelegt, dürfte dieser wohl erstaunt dreinschauen. Erhält er zudem die Erläuterung, daß es um das Problem gehe, ob und in welchem Sinne ein vor uns stehender Tisch oder Baum wirklich existiere, so möchte es sein, daß sich der Befragte nach einem kurzen prüfenden Blick eiligst von dannen macht. So gesehen sind wir hier aber „unter uns". Wer überhaupt philosophischen Fragen nachgeht, hat sich schon dadurch als nicht ganz normal erwiesen, daß ihm das Normale zumindest nicht selbstverständlich ist. Sprechen wir es klar und deutlich aus:

> Aber – die Philosophie macht ihrem Wesen nach die Dinge nie leichter, sondern nur schwerer. Und das nicht beiläufig, weil die Art ihrer Mitteilung dem Alltagsverstand befremdlich oder gar verrückt vorkommt.[74]

Was Heidegger hier allgemein sagt, gilt in besonderem Maße für die Frage nach der Realität der Außenwelt; in einem viel stärkeren Maße als etwa für die erkenntnistheoretische Frage I.

Von Wittgenstein erzählt man die folgende Anekdote: Er und G. E. Moore philosophierten im Park des Trinity College in Cambridge über die Möglichkeit eines Beweises für die Existenz der Außenwelt. Moore äußerte gerade einen seiner berühmten Sätze, die im Rahmen seines eigenen Beweises eine so grundlegende Rolle spielen. Er sagte nämlich: „Ich weiß, daß dort ein Baum steht", wobei er mit der Hand eine entsprechende hinweisende Geste voll-

---

[74] M. Heidegger, *Einführung in die Metaphysik*, 5. Aufl. Tübingen 1987, S. 9.

führte. Während beide dabei unverwandt auf den so ausgezeichneten, vor ihnen stehenden Baum starrten, kam der Gärtner vorbei. Worauf Wittgenstein diesem erläuternd beteuerte: „Wir sind nicht verrückt, wir philosophieren nur". Erfunden oder nicht, diese Anekdote trifft genau den Punkt, die Differenz zwischen philosophischer Reflexion und Lebenswelt.[75]

Der besondere „Witz" besteht für den Kenner noch darin, daß sowohl Moore als auch Wittgenstein, wenn auch in unterschiedlicher Weise, Moore beweisend und Wittgenstein therapeutisch, den „gesunden Menschenverstand" verteidigt haben. Für den „Normalen" ist nämlich nicht nur der tatsächliche Zweifel an der Existenz der Außenwelt verrückt, sondern bereits die Thematisierung dieser Frage durch Philosophen, denen es gerade um die Widerlegung oder Zurückweisung eines solchen Zweifels im Sinne des gesunden Menschenverstandes geht. So dürfte vielen bereits der methodische Zweifel Descartes', der ausdrücklich der Widerlegung des Skeptizismus dienen sollte, in den einzelnen Schritten „merkwürdig" erschienen sein. Den Zwiespalt, in den sich unser Denken hier begibt, hat schon D. Hume treffend so beschrieben, daß der skeptische Zweifel eine „Krankheit" (malady) sei, „die niemals vollkommen geheilt werden kann, sondern immer wiederkehren muß, mögen wir sie noch so oft vertreiben und bisweilen ganz von ihr befreit scheinen".[76] Gemeint ist, daß diese Krankheit durch „Nachdenken" (reflection) nicht geheilt werden könne, egal, ob dessen Ziel ist, „den Zweifel zu bekämpfen oder ihn zu rechtfertigen". Wenn wir uns also in der Philosophie mit den „Krankheiten" und sogar „Verrücktheiten" der Philosophen herumschlagen, so ist dies sozusagen eine Verrücktheit zweiter Ordnung, und die Frage ist, ob mit ihr den Verrücktheiten erster Ordnung beizukommen ist, ob wir mit Wittgenstein sagen können:

> Nur wenn man noch viel verrückter denkt, als die Philosophen, kann man ihre Probleme lösen.[77]

---

[75] Die Beschreibung einer hierzu passenden Situation gibt Wittgenstein in *Über Gewißheit,* Frankfurt a. M. 1970, § 467. Auf Moores „Beweis" und Wittgensteins Einwände gehen wir später ausführlich ein.

[76] D. Hume, *Traktat über die menschliche Natur,* Bd. I (=*Erstes Buch: Über den Verstand*), ed. Th. Lipps, Nachdruck Hamburg 1989 (Philosophische Bibliothek, Bd. 283a), S. 286f.

[77] *Vermischte Bemerkungen,* ed. G. H. von Wright, Frankfurt a. M. 1977, S. 143.

„Verrückt" heißt hier, daß etwas ver-rückt, nämlich nicht an seiner richtigen Stelle, nicht in Ordnung ist. Es gilt nun, die Dinge noch weiter (extremer) zu ver-rücken, damit ihr Ver-rückt-sein überhaupt erst erkennbar wird und entsprechend wieder zurecht-gerückt werden kann.

Diese Bemerkungen dürfen nicht so verstanden werden, als sei das Problem der Realität der Außenwelt nicht besonders ernst zu nehmen. Auch diese Auffassung gibt es. Als der bekannte englische Sprachforscher Samuel Johnson (1709-1784) von Bischof Berkeleys Leugnung einer materiellen Außenwelt hörte, soll er mit dem Fuß gegen einen Stein gestoßen und dabei ausgerufen haben, daß ihm dies die Existenz der Materie beweise.

Obwohl man sich und anderen, und dies insbesondere in der Philosophie, Rechenschaft geben sollte über die Relevanz der Probleme, mit denen man sich beschäftigt, so dürfte es fast unmöglich sein, jemanden von der Bedeutung des Problems der Realität der Außenwelt zu überzeugen. Es ist wohl so: man hat dieses Problem oder man hat es nicht. Und wenn man es nicht hat, so ist das natürlich keine Schande, sondern vielleicht sogar gut so. Unser Problem ist aber auch mißverstanden worden, wie die Reaktion von Johnson zeigt, und dieser Umstand dürfte wesentlich dazu beigetragen haben, warum es vielen so verrückt erscheint. Häufig wird nämlich Idealismus mit Skeptizismus gleichgesetzt. Um eines von vornherein klarzustellen, es wird kaum jemand wirklich *dauerhaft* bezweifeln, daß – die entsprechende Situation angenommen – dort ein Tisch steht; auch ein Idealist bezweifelt dies nicht. Niemand wird also über Sein oder Nichtsein dieses Tisches ernsthaft streiten wollen. Nicht Sein oder Nichtsein, sondern was „Sein" oder „Nichtsein" bedeuten, das ist hier die Frage.

3.2. Primäre und sekundäre Qualitäten

Die Schwierigkeiten mit dieser Frage sollen nun exemplarisch an Berkeleys Auseinandersetzung mit Locke vorgeführt werden. Wir hatten bereits früher festgestellt, daß Locke einen sehr umfassenden Gebrauch von „Idee" hat. Insbesondere unterscheidet er nicht, wie nach ihm Hume, zwischen Eindrücken und Ideen. Während ich nach Hume den *Eindruck* des Weißen habe, wenn ich dieses Blatt Papier anschaue, habe ich in Lockes Terminologie eine *Idee* des

Weißen. Indem Hume nun die Herkunft der Ideen auf früher aufgetretene Eindrücke beziehen kann, insbesondere die äußeren Ideen auf äußere Eindrücke, wird das Außenweltproblem umgangen oder ausgeklammert.[78] Locke steht diese Möglichkeit schon terminologisch nicht zur Verfügung. Er sieht aber auch keinen Grund, nicht Stellung zu beziehen. Für Locke ist es klar, daß die Ideen der Sinneswahrnehmung (sensation) letztlich von Gegenständen stammen, die außerhalb und unabhängig vom erkennenden Subjekt existieren. Angesprochen wird dies bereits implizit, wenn Locke die Frage nach dem Ursprung der Ideen der Wahrnehmung dahingehend beantwortet, daß „äußere materielle Dinge" (external material things) deren „Originale" (originals) sind (*Versuch über den menschlichen Verstand,* II. Buch, I. Kap., 4. Abschn., S. 109). In diesem Sinne ist Locke erkenntnistheoretischer Realist. Lockes Realismus ist aber kein naiver Realismus. „Naiven Realismus" nennt man in der Philosophie diejenige erkenntnistheoretische Position, die davon ausgeht, daß die Dinge so sind, wie wir sie wahrnehmen. Locke dagegen unterscheidet zwischen den Dingen, wie sie an sich (objektiv) sind, und den Dingen, wie sie uns erscheinen.

> Um die Natur unserer *Ideen* noch besser zu erkennen und verständlich von ihnen zu reden, wird es zweckdienlich sein, zwischen ihnen zu unterscheiden, *insofern sie Ideen oder Wahrnehmungen in unserem Geist* und *insofern sie Modifikationen der Materie in den Körpern sind, die in uns derartige Wahrnehmungen verursachen*; denn wir dürfen nicht etwa denken (wie es vielleicht meist geschieht)[79], sie seien die genauen Abbilder und Ebenbilder von etwas dem Gegenstand Inhärierenden; haben doch die meisten der durch Sensation gewonnenen Ideen im Geiste nicht mehr Ähnlichkeit mit etwas außer uns Existierendem als die Namen, die für sie stehen, mit unsern Ideen, die sie doch in uns hervorzurufen vermögen, sobald wir sie hören." (II, VIII, 7, S. 146)

Locke unterscheidet deshalb zwischen „Ideen im Geist" und „Qualitäten in den Körpern", d. h. in den materiellen Gegenständen, wobei er Qualitäten als „Kräfte" (powers) bestimmt, Ideen im Geiste hervorzurufen. In diesem Sinne sind alle Ideen der Wahrnehmung von den Dingen selbst verursacht. Nicht alle repräsentieren

---

[78] Dies gilt für die *Untersuchung über den menschlichen Verstand*. In dem früheren Werk *Traktat über die menschliche Natur* (I. Buch, Teil IV, Abschn. 2) versucht Hume zumindest unseren Glauben an die Existenz der Außenwelt psychologisch zu erklären.
[79] Mit dieser Bemerkung meint Locke den naiven Realismus.

aber die Dinge, wie sie an sich sind. Zu ihnen gehören vor allem die Farbideen, ferner Geruchsideen, Geschmacksideen, Tonideen u.ä. So werden z. B. die Farbideen („im Geist") erzeugt durch bestimmte Qualitäten („in den Körpern"), die Körper selbst sind aber gar nicht farbig. Farben entstehen erst dadurch, daß von den Körpern ausgehende Lichtteilchen unseren optischen Wahrnehmungsapparat in bestimmter Weise erregen.[80] Farben existieren danach nur abhängig vom erkennenden Bewußtsein (entsprechend Gerüche, Töne usw.). Im Unterschied dazu kommen Eigenschaften wie „Festigkeit, Ausdehnung, Gestalt, Bewegung oder Ruhe und Zahl" (II, VIII, Schluß von Abschn. 9, S. 148) den Dingen selbst zu. Locke nennt sie „primäre Qualitäten" im Unterschied zu den soeben betrachteten „sekundären Qualitäten". Die sekundären Qualitäten heißen ihrer Erkenntnisquelle entsprechend auch „sinnliche Qualitäten" (sensible qualities). Von ihnen heißt es:

> Sie sind, gleichviel welche Realität wir ihnen irrtümlicherweise zuschreiben, in Wahrheit in den Objekten selbst nichts anderes als Kräfte, um verschiedenartige Sensationen in uns zu erzeugen, und hängen von den primären Qualitäten, nämlich von Größe, Gestalt, Beschaffenheit und Bewegung der Teilchen, ab [...]. (II, VIII, 14, S. 150)

Die Bezeichnung „sekundäre Qualitäten" hat Locke ursprünglich wegen dieser Abhängigkeit von den primärem Qualitäten gewählt (vgl. Anmerkung S. 150). Sekundär sind sie aber auch insofern, als sie erst durch Vermittlung des erkennenden Subjekts in Erscheinung treten. Das Verhältnis von Ideen und Qualitäten bestimmend kommt Locke zu dem Ergebnis:

> Hieraus ergibt sich, wie mir scheint, ohne weiteres der Schluß, daß die Ideen der primären Qualitäten der Körper Ebenbilder der letzteren sind und daß ihre Urbilder in den Körpern selbst real existieren, während die durch die sekundären Qualitäten in uns erzeugten Ideen mit den Körpern überhaupt keine Ähnlichkeit aufweisen. (Abschn. 15, S. 150)

Wenn es heißt, daß die primären Qualitäten „real existieren", so ist gemeint (wie aus Abschn. 17, S. 151 hervorgeht), daß die Dinge diese Qualitäten haben, „gleichviel ob sie von den Sinnen eines Menschen wahrgenommen werden oder nicht". Gerade hierin un-

---

[80] Zu Lockes Zeiten kannte man noch nicht die Wellentheorie des Lichts. Locke steht hier auf dem Boden der seinerzeitigen Korpuskulartheorie.

terscheiden sie sich von den sinnlichen Qualitäten. Betrachtet man die entsprechenden Ideen, so sind natürlich alle Ideen der Sensation (per definitionem) sinnlich, weil sie durch die Sinne in unseren Geist (in unser Bewußtsein) gelangen. Wir haben also sowohl von den sekundären als auch von den primären Qualitäten *Kenntnis* nur durch die Sinne, aber die *Existenz* der primären Qualitäten ist unabhängig davon, ob sie von irgend jemandem sinnlich wahrgenommen werden oder nicht. Die Ideen der primären Qualitäten eines Dinges geben uns, wie es bereits Locke selbst formuliert, Auskunft darüber, wie das Ding an sich ist („as it is in itself"; Abschn. 23, 1, S. 155).

Wir können nun Lockes Position hinsichtlich unserer erkenntnistheoretischen Frage II zusammenfassend charakterisieren. Es gibt eine unabhängig vom erkennenden Subjekt (Bewußtsein) existierende Außenwelt. Diese Außenwelt ist materiell. Von ihrer Beschaffenheit an sich haben wir Kenntnis durch unsere Ideen der primären Qualitäten, und zwar deshalb, weil diese Ideen nicht nur durch die primären Qualitäten der Dinge verursacht worden sind (dies gilt letztlich auch für die anderen Ideen der Sensation), sondern weil sie außerdem Abbilder der primären Qualitäten sind. Locke vertritt demnach eine modifizierte Abbildtheorie der Erkenntnis kausalistischen Zuschnitts.

Das Bild, das damit von der Welt entworfen wird, ist das mechanistische Weltbild der Zeit, von dem Locke einerseits ausgeht, das er aber auch erkenntnistheoretisch zu fundieren sucht. Deutlich wird dieser Zusammenhang darin, daß die Unterscheidung von primären und sekundären Qualitäten in der Sache auf den Chemiker Robert Boyle (1627-1691) zurückgeht, ihre erkenntnistheoretische Auswertung jedoch erst durch Locke erfährt. Das Ergebnis ist, daß nach Locke die Welt an sich so beschaffen ist, wie die mechanistische Naturwissenschaft sie beschreibt. Wenn wir uns die obige Aufzählung der primären Qualitäten vergegenwärtigen, so können wir feststellen, daß sie durchgehend quantitativ erfaßbar sind. Und die übrigen Qualitäten, nämlich die sekundären Qualitäten als Qualitäten im eigentlichen Sinne des Wortes, werden auf primäre und damit wieder quantitativ erfaßbare Qualitäten zu reduzieren gesucht, indem z. B. als die objektive Grundlage der subjektiven sinnlichen Qualitäten die Bewegung von Materieteilchen festgestellt wird. Das so entstandene Weltbild hat der Physiker, Philosoph und Psychologe G. Th. Fechner (1801-1887) später treffend die „Nachtansicht" der Welt genannt, insofern die Welt an sich in ganz wörtlichem Sinne als farblos aufzufassen ist.[81] Die farbige „Tagesansicht" ist Locke zufolge ja nur die Welt, wie sie dem erkennenden Subjekt erscheint, nicht wie sie wirklich ist. Was Locke damit vertritt, könnten wir eine *innerweltliche Verdoppelung der Welt* nennen, indem die Welt an sich – als verschieden von der Welt als Erscheinung – nicht jenseits unserer Welt, wie z. B. bei Platon, sondern in ihr angesiedelt wird: als das feststehende materielle Substrat der Welt als Erscheinung.

Damit stellt sich die Frage nach Lockes Materiebegriff; denn Locke ist ja nicht nur Realist, sondern sein Realismus stützt sich auf die Anerkennung der Materie. Locke ist aber auch kein Materialist, sondern er ist Dualist, d. h. er anerkennt als zwei voneinander unabhängige Substanzen Materie und Geist. Wenn Locke an einer Stelle auch die Möglichkeit empfindender Materie einräumt (IV. Buch, III. Kapitel, 6. Abschn., S. 188), so hält er doch daran fest, daß sie nur von Gott (als Geist) so ausgestattet worden sein kann, so daß es neben Materie jedenfalls auch Geist geben müsse. In diesem Sinne spricht Locke sich ausdrücklich gegen den Materialismus aus.

Wir sind damit von unserer erkenntnistheoretischen Frage II ausgehend auf die erkenntnistheoretische Frage III gestoßen, und dies ist zwangsläufig der Fall, weil dem Lockeschen Realismus (als Position im Rahmen der erkenntnistheoretischen Frage II) ein Dualismus (als Position im Rahmen der erkenntnistheoretischen Frage III) zugrunde liegt. Fragen wir also nun nach Lockes Auffassung von Materie und Geist.

3.3. Lockes Substanzbegriff

Es klang schon an, daß Locke sich in der Darstellung seines Dualismus der traditionellen Substanzen-Terminologie bedient. Dabei überrascht er gleich mit dem Zugeständnis, daß wir von der Substanz im allgemeinen (d. h. noch nicht spezifiziert nach materieller und geistiger Substanz) keine andere Idee besitzen als „die Voraussetzung irgendeines nicht näher zu bestimmenden *Trägers* derjeni-

---

[81] G. Th. Fechner, *Die Tagesansicht gegenüber der Nachtansicht*, Leipzig 1879.

gen Qualitäten, die einfache Ideen in uns zu erzeugen imstande sind" (II. Buch, XXIII. Kapitel, 2. Abschn., S. 366).

Zu der Annahme eines solchen Trägers werden wir gedrängt, weil wir uns weder im materiellen noch im geistigen Bereich den Zusammenhalt einfacher Qualitäten ohne einen solchen Träger vorstellen können. Obwohl Locke damit bereits andeutet, daß es sich bei diesen Trägern um bloße „Unterstellungen" handeln könnte (um etwas, das zunächst den Qualitäten im wörtlichen Sinne *unter*stellt wird und dann im übertragenen Sinne als erfunden oder fingiert gilt), vollzieht er diesen Schritt nicht. An dieser Stelle zeigt sich erneut, worauf schon früher hingewiesen worden ist, daß Locke die empiristische Position nicht mit derselben Konsequenz wie Hume zu Ende denkt. Wenn er freimütig bekennt, daß wir „offenbar keine klare oder deutliche Idee von dem Ding haben, das wir uns als Träger denken" (4. Abschn., S. 369), so ist genau diese Tatsache später für Hume Grund genug gewesen, die Rede von Substanzen zu verwerfen, und zwar entsprechend seinem empiristischen Sinnkriterium.[82] Locke dagegen hält an diesem, wie er selbst sagt, „*etwas, er wisse nicht was*" (something, he knew not what) (2. Abschn.; vgl. den im folgenden zitierten Schluß des 3. Abschn.) fest, wobei er sich auf die Subjekt-Prädikat-Struktur unserer Sprache beruft:

> Nur müssen wir beachten, daß unsere komplexen Ideen von Substanzen neben all den einfachen Ideen, aus denen sie gebildet wurden, immer auch die verworrene Idee von etwas an sich haben, dem die einfachen Ideen zugehören und in dem sie bestehen. Wenn wir darum von irgendeiner Art von Substanz reden, so sagen wir, sie sei ein Ding, das diese oder jene Qualitäten besitze; der Körper zum Beispiel sei ein Ding, das ausgedehnt, gestaltet und zur Bewegung fähig ist; der Geist sei ein Ding, das zum Denken fähig ist. Ähnlich sagen wir, Härte, Zerreibbarkeit und die Kraft, Eisen anzuziehen, seien Qualitäten, die sich im Magneten vorfinden. Diese und ähnliche Wendungen deuten darauf hin, daß die Substanz immer als *etwas Besonderes neben* der Ausdehnung, der Gestalt, der Festigkeit, der Bewegung, dem Denken oder den anderen wahrnehmbaren Ideen gedacht wird, obwohl wir nicht wissen, was sie ist. (3. Abschn., S. 368)

Nun war sich Locke sehr wohl der möglichen Irreführungen durch die Sprache bewußt, so daß wir ihn geradezu als einen der ersten

---

[82] Diese Kritik findet sich in Humes *Traktat über die menschliche Natur*, Bd. I, ed. Th. Lipps, Nachdruck Hamburg 1989, Buch I, Teil I, Abschn. VI.

sprachkritischen Philosophen auszeichnen können.[83] Daher verwundert es, daß er nicht einmal auf den Gedanken verfiel, die Rede von Substanzen könnte durch die grammatische Struktur unserer Sprache irrtümlich aufgedrängt worden sein, indem das grammatische Subjekt ontologisch vergegenständlicht worden ist. Locke bleibt jedoch dem Substanz-Denken verhaftet und kommt zu dem Schluß:

> Die Sensation überzeugt uns also davon, daß es feste, ausgedehnte Substanzen, die Reflexion davon, daß es denkende Substanzen gibt. (II, XXIII, 29, S. 389).

Dieser Dualismus zweier Substanzen wird von Berkeley einer grundlegenden Kritik unterzogen.

3.4. Lockes Abbildtheorie der Erkenntnis und deren Schwierigkeiten

Neben dem intuitiven und demonstrativen Wissen (im Unterschied zum Glauben oder Meinen) führt Locke eine weitere Art des Wissens ein, das er „sensitives" nennt und das sich auf die Außenwelt erstreckt (IV. Buch, II. Kapitel, 14. Abschn.). Er stellt zunächst fest, daß wir von der Existenz der Ideen in unserem Bewußtsein ein intuitives Wissen haben, so z. B., daß ich jetzt die Idee des Weißen habe (wenn ich auf dieses Blatt Papier schaue). Locke fährt dann fort:

> Ob jedoch noch etwas anderes vorhanden ist als bloß diese Idee in unserm Geist[84], ob wir von der Idee mit Gewißheit auf die Existenz von irgend etwas außer uns, das dieser Idee entspricht, schließen dürfen, das ist der Punkt, an dem manche Leute ihre Zweifel und Fragen ansetzen. (S. 183)

Hier haben wir Lockes explizite Formulierung unserer erkenntnistheoretischen Frage II. Und hier wird auch noch einmal deutlich, daß es Locke nicht nur um die Anerkennung von „überhaupt etwas" außerhalb des erkennenden Subjekts geht, z. B. um ein uner-

---

[83] Eindrücklich belegt dies im *Versuch über den menschlichen Verstand* das III. Buch; vgl. insbesondere die beiden Schlußkapitel X und XI.

[84] Die deutsche Übersetzung ist hier leider völlig falsch und dreht das Gemeinte geradezu um mit den Worten „Ob jedoch außer dieser Idee noch etwas in unserm Geist vorhanden ist …".

kennbares Ding an sich (vgl. Kant), sondern um ein Etwas, das unseren Ideen „entspricht" (corresponds). Das Wissen von der Außenwelt erstreckt sich also nicht nur auf die Existenz, sondern indirekt auch auf die Beschaffenheit (Essenz) des Existierenden.

Erläuternd, wie es überhaupt zu dieser erkenntnistheoretischen Frage II kommen kann, fährt Locke dann fort:

> Denn der Mensch kann derartige Ideen in seinem Geist haben, ohne daß ein solches Ding existiert, ohne daß ein solches Objekt auf seine Sinne einwirkt. Dennoch scheint mir, daß wir hier einen Beweis [evidence] zur Verfügung haben, der uns jedes Zweifels enthebt. Denn ich frage jeden, ob er sich nicht unbedingt einer verschiedenen Wahrnehmung bewußt ist, wenn er am Tage in die Sonne sieht und wenn er bei Nacht an sie denkt, wenn er tatsächlich Wermut schmeckt oder eine Rose riecht und wenn er nur an den betreffenden Geschmack oder Geruch denkt. Den Unterschied zwischen einer Idee, die durch das Gedächtnis wieder in den Geist zurückgerufen wird, und einer Idee, die durch unsere Sinne tatsächlich in unsern Geist eintritt, empfinden wir ebenso deutlich wie den Unterschied zwischen zwei beliebigen ungleichartigen Ideen. (S. 183)[85]

Hier überrascht, daß Locke die (später) von Hume getroffene Unterscheidung von Eindrücken und Ideen in der Sache benutzt, um die Realität der Außenwelt zu „beweisen". Natürlich kann dieses Argument im Einzelfall nur auf die konkrete Wahrnehmungssituation bezogen vorgebracht werden („angesichts" des entsprechenden Gegenstandes). Locke räumt daher ein:

> Die *sensitive Erkenntnis* erstreckt sich nur auf die Existenz von Dingen, die für unsere Sinne tatsächlich gegenwärtig sind. Daher ist sie noch begrenzter als die beiden ersten Erkenntnisarten [das sind intuitive und demonstrative Erkenntnis, G.G.]. (IV, III, 5, S. 186)

Diese Überlegungen werden im XI. Kapitel des IV. Buches (Über unser Wissen von der Existenz anderer Dinge) noch einmal, teilweise mit denselben Argumenten, aufgegriffen und erweitert. Das Ergebnis lautet dort:

> Wenn unsere Sinne tatsächlich unserem Verstand eine Idee zuführen, so dürfen wir überzeugt sein, daß *in diesem Augenblick* wirklich ein Ding außer uns existiert, welches auf unsere Sinne einwirkt, sich vermittels ihrer unserem Wahrnehmungsvermögen bemerkbar macht und tatsächlich jene Idee erzeugt, die wir dann wahrnehmen. (IV, XI, 9, S. 317)

---

[85] Vgl. auch die folgenden Ausführungen zum Traumargument usw.

Die weiterführenden Überlegungen behandeln dann die Existenz der Gegenstände der Außenwelt, sofern sie unseren Sinnen nicht gegenwärtig sind, wir uns an deren frühere Gegenwärtigkeit aber erinnern (Abschn. 11, S. 319), und die Existenz anderer Geister, des sogenannten Fremdpsychischen (Abschn. 12, S. 320). In beiden Fällen kommen wir über einen Glauben nicht hinaus. Dieser Umstand wird aber nicht als Argument für den Skeptizismus anerkannt, sondern im Sinne des gesunden Menschenverstandes dahingehend gewendet, daß es eben unsinnig wäre, einen Beweis auch dort zu verlangen, wo ein Glaube genügen muß:

> Wer in den alltäglichen Angelegenheiten des Lebens nichts gelten lassen wollte als den direkten, klaren Beweis [engl. demonstration], hätte auf dieser Welt keine andere Gewißheit als die, daß er bald zugrundegehen werde. (Abschn. 10, S. 318).

Dieser Gedanke wird, allerdings in einer Neubewertung des Verhältnisses von Glauben und Wissen, in Wittgensteins *Über Gewißheit* eine wesentliche Rolle spielen.

Es sollen nun die Probleme betrachtet werden, die sich aus den referierten Auffassungen, man kann sagen, zwangsläufig ergeben. Dabei muß betont werden, daß Locke mit diesen Problemen nicht alleine dasteht, sondern daß jede realistische Abbildtheorie der Erkenntnis mit denselben oder ähnlichen Schwierigkeiten zu kämpfen hat. Lockes Auffassungen haben also durchaus exemplarischen Stellenwert.

Die Sinneswahrnehmung (sensation) soll uns also die Existenz äußerer Dinge beweisen und uns davon überzeugen, daß es feste, ausgedehnte Substanzen gibt (vgl. II. Buch, XXIII. Kap., Abschn. 29, S. 389), die dann mit den Gegenständen der Außenwelt identifiziert werden. Diese Gleichung macht das eigentliche Problem aus, daß nämlich die Gegenstände der Außenwelt überhaupt „substanzartig" gedacht werden.

Wir haben oben gesehen, daß Locke einer innerweltlichen Verdopplung der Welt das Wort redet. Die Frage ist nun, ob dieses Weltverständnis, das Weltbild der mechanistischen Naturwissenschaft, mit seinen (empiristischen) erkenntnistheoretischen Auffassungen verträglich ist. Schwierigkeiten werden offenbar, wenn wir Lockes allgemeine Bestimmung des Wissens mit den soeben betrachteten Ausführungen zum sensitiven Wissen als dem Wissen von der Außenwelt vergleichen. Die Bestimmung des Wissens lautet:

Das Wissen besteht – wie schon gesagt – in der Wahrnehmung der Übereinstimmung oder Nichtübereinstimmung irgendwelcher Ideen, die wir besitzen. (IV, III, 1, S. 185)

Hieraus folgt sofort: „Unser Wissen erstreckt sich nicht weiter als unser Besitz von *Ideen*". Bereits in dem Substanz-Kapitel hatte Locke analog geäußert, daß er es „für wahrscheinlich" halte, daß die einfachen Ideen „die Grenzen unseres Denkens" bilden. Und er fügt sogar hinzu, daß die „verborgenen Ursachen dieser Ideen" unerkennbar seien (II, XXIII, 29, S. 389).

Wir können uns, so läßt sich Lockes Auffassung zusammenfassen, nicht außerhalb unserer Ideen aufstellen. Wenn dies aber so ist, so haben wir gar keine Möglichkeit, uns einer unabhängig vom erkennenden Subjekt existierenden materiellen Außenwelt zu vergewissern; denn diese Außenwelt soll ja gerade nicht aus „bloßen" Ideen bestehen.[86] Gegeben sind uns nur Ideen. Wenn Wissen auf den Vergleich von Ideen beschränkt ist, so kann es kein Wissen von materiellen Gegenständen geben, weil es eben keine Möglichkeit gibt, Gegenstände als Nicht-Ideen mit den von ihnen verursachten Ideen zu vergleichen. (Ideen können nur, wie Berkeley später formulierte, Ideen gleichen.) Wir sind in der Situation, wie sie René Magritte in seinem Bild „La Condition Humaine" (1934)[87] und in anderen Bildern der Thematik „Bild im Bild" so treffend vergegenwärtigt hat. Dargestellt ist in Magrittes Bild ein Gemälde (auf einer Staffelei), das gerade denjenigen Ausschnitt einer im Hintergrund sichtbaren Landschaft abbildet, den es selbst perspektivisch verdeckt. So nehmen wir jedenfalls an. Wir können es aber nicht beweisen, weil wir keine Möglichkeit haben, das Gemälde mit der Landschaft zu vergleichen. Der Gegensatz von Innen und Außen wird noch dadurch hervorgehoben, daß Gemälde und Landschaft durch ein Fenster getrennt sind. Setzen wir nun für die Landschaft im Bild die materiellen Gegenstände der Außenwelt und für das Gemälde im Bild die Ideen, so haben wir die Analogie zwischen der Bild-im-Bild-Thematik Magrittes und dem Grundproblem einer jeden Abbildtheorie der Wahrnehmung.

---

[86] Locke deutet diese Schwierigkeit im IV. Kap. des IV. Buches selber an (S. 217ff.), geht aber darüber hinweg.

[87] Der deutsche Titel ist „Die Beschaffenheit [besser: Grundsituation] des Menschen". Eine Reproduktion findet sich in H. Torczyner, *René Magritte. Zeichen und Bilder,* Köln 1977, S. 156. Vgl. dort auch Magrittes Kommentar.

René Magritte, Die Beschaffenheit des Menschen (1934)
© VG Bild-Kunst, Bonn 1993

3.5. Berkeleys Kritik an Lockes Erkenntnisbegriff

Die Aufdeckung und Darlegung der hier angedeuteten Schwierigkeiten verdanken wir George Berkeley (1685-1753). Er stellt historisch und systematisch das Bindeglied zwischen Locke (1632-1704) und Hume (1711-1776) dar.

Gemeinhin haben Philosophen und Historiker der Philosophie Berkeley zwar größten Scharfsinn zugestanden, dieses Lob aber fast einhellig durch den Vorwurf absurdester Konsequenzen neutralisiert. Neben der Vermutung, er sei gar medizinisch verrückt gewesen (was angesichts der Unterscheidung von Genese und Geltung nichts besagen will, selbst wenn es wahr wäre), hat man ihm zumindest philosophische Verrücktheiten attestiert oder wenigstens, daß seine Auffassungen „die beste Anleitung zum Skeptizismus" bilden.[88] Auch Kant versucht, seinen eigenen Idealismus, nachdem er von Kritikern mit Berkeley in ein Boot gesetzt worden war, als „transzendentalen" von Berkeleys „dogmatischem" Idealismus abzusetzen, den er unter anderem mit den Worten charakterisiert, daß er „die Dinge im Raum für bloße Einbildungen erklärt" (*Kritik der reinen Vernunft*, B 274). Dieses Mißverständnis hat sich weitgehend gehalten. Zu den wenigen Ausnahmen, die Berkeley zu würdigen wußten, gehören A. Schopenhauer und E. Mach.

Wenn wir uns den Untertitel von Berkeleys Hauptwerk *A Treatise Concerning the Principles of Human Knowledge*[89] aus dem Jahre 1710 anschauen, so steht dessen Ankündigung in auffälligem Gegensatz zu den erwähnten Einwänden. Es heißt dort nämlich:

> Wherein the chief Causes of Error and Difficulty in the *Sciences*, with the Grounds of *Scepticism*, *Atheism*, and *Irreligion*, are inquir'd into. (S. 1)

Dieser Untertitel zeigt bereits an, daß Berkeley den Skeptizismus gerade nicht stützen, sondern untergraben wollte. Der Zusammenhang mit den anderen im Untertitel anklingenden Fragen ist so

---

[88] So Hume in seiner *Untersuchung über den menschlichen Verstand*, S. 181f., Anm. 1 [195].

[89] Zitiert wird nach der deutschen Übersetzung: *Eine Abhandlung über die Prinzipien der menschlichen Erkenntnis*, ed. A. Klemmt, Hamburg 1957 (Philosophische Bibliothek, Bd. 20). Da Haupttext und die Einführung Berkeleys beide eine mit § 1 beginnende Zählung haben, sind Angaben, die sich auf die Einführung beziehen, durch ein vorangestelltes „E" kenntlich gemacht.

herzustellen: Skeptizismus als Gefahr für die Wissenschaft und Atheismus als Gefahr für den religiösen Glauben haben für Berkeley die gleiche Wurzel, nämlich die Annahme einer materiellen Substanz. Berkeley kommt es nun darauf an, Wissenschaft und Religion in einem einheitlichen Weltbild miteinander zu versöhnen unter Leugnung der Existenz einer materiellen Substanz. Wenn nun auch feststeht, und Berkeley betont es ja selbst, daß sein Bemühen durch religiöse Motive entscheidend mitbestimmt worden ist, so gilt es, ganz unabhängig von der eigenen Einstellung zur Religion, die Argumente zu prüfen und sie nicht von vornherein mit einem Ideologieverdacht zu versehen, wie dies z. B. seit Lenins Zeiten innerhalb der marxistischen Erkenntnistheorie üblich geworden ist.

Wie nun legt Berkeley die Axt an die (aus seiner Sicht) Wurzel allen Übels, die materielle Substanz? Sein Hauptargument läuft auf den bereits skizzierten Einwand hinaus, daß man etwas, das eine Idee ist, gar nicht mit etwas, das keine Idee ist, vergleichen kann. Wenn man davon ausgeht, daß die Erkenntnis der Außenwelt darin besteht, daß unabhängig vom erkennenden Bewußtsein existierende materielle Gegenstände im Bewußtsein Ideen hervorrufen, dann hat man damit Erkenntnissubjekt und Welt als Erkenntnisobjekt von einander isoliert. Hierfür liefert, wie Berkeley diagnostiziert, Lockes Unterscheidung zwischen primären und sekundären Qualitäten die Grundlage. Die primären Qualitäten sind es ja, die die Beschaffenheiten der an sich existierenden Gegenstände der Außenwelt ausmachen sollen.

Locke meinte durch seine Unterscheidung dem Skeptizismus und dessen traditionellen Argumenten gegen die Verläßlichkeit der Wahrnehmung begegnet zu sein. Zwar sei für die sekundären Qualitäten grundsätzlich die Abhängigkeit vom Subjekt zuzugestehen und damit eine gewisse Relativität anzuerkennen; die primären Qualitäten seien skeptisch-relativistischen Argumenten aber entzogen. Gedacht ist dabei an Argumente wie „ein und derselbe Gegenstand kann aus verschiedenen Perspektiven betrachtet andersfarbig erscheinen" oder „ein und dasselbe Wasser wird von dem einen als kalt, von dem anderen als warm empfunden, je nachdem, ob er gerade aus der Wärme oder der Kälte kommt" usw.. Eine solche Relativität gilt für die primären Qualitäten in der Tat nicht. Zwar erscheint ein Gegenstand aus verschiedenen Entfernungen unterschiedlich groß, aber seine wirkliche Größe läßt sich durch Vermessung feststellen, unabhängig davon, wie er einzelnen Betrachtern erscheint. Das gleiche läßt sich für die sekundären Qualitäten erreichen, wenn wir sie auf primäre zurückführen, d. h. quantitativ erfassen, indem wir die Wellenlänge des Lichts (nach heutigem Verständnis) oder die Temperatur des Wassers *messen*.

Berkeley macht nun gegen Locke geltend, daß die Unterscheidung von primären und sekundären Qualitäten den Skeptizismus nicht zum Stehen bringe, sondern im Gegenteil endgültig zum Skeptizismus führe, indem eine unüberbrückbare Kluft zwischen Erkenntnis und Welt aufgerissen wird. Dies, so könnte man hinzufügen, liegt nicht daran, daß Locke Eigenschaften von Gegenständen danach einteilt, wie sicher sie feststellbar sind; denn da möchte es ja Unterschiede geben. Die Kluft entsteht, weil er seine Einteilung ontologisch auffaßt als Einteilung in Eigenschaften, die die Gegenstände an sich als materielle Substanzen haben, und Eigenschaften, die sie nicht in diesem Sinne, sondern subjektbezogen haben.

Berkeley versucht im einzelnen zu zeigen, warum die Unterscheidung von primären und sekundären Qualitäten fehlerhaft ist, um auf diese Weise der Behauptung der Existenz einer materiellen Substanz die Stütze zu entziehen. Nur wenn wir Veranlassung haben, von Eigenschaften zu reden, die den Gegenständen an sich zukommen, haben wir überhaupt Grund, die Existenz von Gegenständen an sich anzunehmen. (Ein unerkennbares Ding an sich im Kantischen Sinne, dem man keine Eigenschaften zusprechen kann, war noch nicht im Blick.) Da es sich bei den Gegenständen der Außenwelt um etwas grundsätzlich Anschauliches handelt, zumindest, wenn es sich um solche „typischen" Gegenstände wie Tische und Stühle handelt, müssen die von Locke angenommenen materiellen Substanzen mit ihren primären Qualitäten anschaulich vorstellbar sein. Wir müssen, um diese Gegenstände denken zu können, in der Lage sein, uns Ideen von ihnen zu machen. Und das heißt, da sie (nach Auffassung Lockes) nur aus primären Qualitäten bestehen, wir müßten Ideenkomplexe vorstellen können, die nur aus Ideen von primären Qualitäten bestehen. Introspektion zeigt jedoch, daß dieses nicht möglich ist. Berkeley schreibt:

Diejenigen, welche behaupten, daß Figur, Bewegung und die übrigen primären oder ursprünglichen Qualitäten außerhalb des Geistes in undenkenden Substanzen existieren, erkennen gleichzeitig an, daß von Farben, Tönen, Hitze, Kälte und derartigen sekundären Qualitäten nicht dasselbe gilt; sie behaupten, diese sind Sinnesempfindungen, die nur im Geist existieren und von der verschiedenen Größe, Struktur und Bewegung der kleinen Teile der Materie abhängig sind oder veranlaßt werden. Sie halten dies für eine unzweifelhafte Wahrheit, für die sie Beweise, die keine Widerrede zulassen, zu führen vermögen. Wenn es nun aber gewiß ist, daß diese sog. ursprünglichen Qualitäten untrennbar mit den anderen sinnlichen Qualitäten vereinigt sind und sogar nicht in Gedanken von ihnen abgesondert werden können, so folgt offenbar, daß sie nur im Geist existieren. Ich bitte aber einen jeden nachzudenken und zu erproben, ob er durch irgendeine Abstraktion des Denkens die Ausdehnung und Bewegung eines Körpers ohne alle anderen sinnlichen Qualitäten denken kann. Ich für meine Person sehe deutlich, daß es nicht in meiner Macht steht, die Idee eines ausgedehnten und bewegten Körpers zu bilden, ohne ihm zugleich eine Farbe oder eine andere sinnliche Qualität zuzuschreiben, welche anerkanntermaßen nur im Geist existiert. Kurz, Ausdehnung, Figur und Bewegung sind undenkbar, wenn sie von allen anderen Eigenschaften durch Abstraktion gesondert werden. Wo also die anderen sinnlichen Eigenschaften sind, da müssen sie auch sein, d. h. im Geist und nirgendwo anders. (§ 10, S. 30)

Berkeley argumentiert hier transitiv: Die sekundären Qualitäten werden als abhängig vom erkennenden Bewußtsein zugestanden, die primären Qualitäten können nicht unabhängig (abstrahiert) von sekundären Qualitäten gedacht (d. h. vorgestellt) werden; also können auch die primären Qualitäten nicht unabhängig vom erkennenden Bewußtsein gedacht (vorgestellt) werden.

In diesem Argument spielt die Frage der Abstraktionsfähigkeit des Menschen eine entscheidende Rolle. Berkeley hat ihr deshalb in seiner Einführung zur *Abhandlung* eine gesonderte, exponierte Auseinandersetzung gewidmet. Hier vertritt er die auch sprachphilosophisch beachtenswerte These, daß ein Wort nicht dadurch eine allgemeine Verwendung bekommt, d. h. auf mehrere Gegenstände zutrifft, daß es Zeichen einer allgemeinen *abstrakten* Idee ist, sondern daß es als Zeichen gebraucht wird „für mehrere Einzelideen, deren jede es gleichermaßen im Geist anregt" (E § 11, S. 11). Die allgemeine Idee selbst wird entsprechend als Einzelidee verstanden, die „allgemein dadurch wird, daß sie dazu verwendet wird, alle anderen Einzelvorstellungen derselben Art zu repräsentieren oder statt ihrer aufzutreten" (E § 12, S. 12). Sagen müßte man hier freilich noch etwas dazu, wie man feststellt, daß die Einzelvorstellungen von „derselben Art" sind, ohne daß man von einer allgemeinen Idee bereits Gebrauch macht. In seiner Kritik fortfahrend zitiert Berkeley aus Lockes *Versuch über den menschlichen Verstand* (IV. Buch, VII. Kap., 9. Abschn., S. 263), wo es heißt (der deutschen Übersetzung des Berkeley-Textes folgend):

Es soll die Idee eines Dreiecks gebildet werden, welches weder schiefwinklig noch rechtwinklig noch gleichseitig noch gleichschenklig noch ungleichschenklig ist, sondern *alles dieses und* zugleich auch *nichts* von diesem. (E § 13, S. 13)

Ironisch fährt Berkeley dann unter erneuter Berufung auf die Introspektion fort:

Falls irgend jemand die Fähigkeit besitzt, in seinem Geist eine solche Dreiecksidee zu bilden, wie sie hier beschrieben ist, so ist es vergeblich, sie ihm abdisputieren zu wollen; ich unternehme das nicht. Mein Wunsch geht nur dahin, der Leser möge sich vollständig und mit Gewißheit überzeugen, ob er eine solche Idee hat oder nicht. Und dies, denke ich, kann für niemand eine schwer zu lösende Aufgabe sein. Was kann einem jeden leichter sein, als ein wenig in seinen eigenen Gedankenkreis hineinzuschauen und zu erproben, ob er eine Idee, die der Beschreibung, welche hier von der allgemeinen Idee eines Dreiecks gegeben worden ist, entspricht, hat oder erlangen kann, die Idee eines Dreiecks, welches *weder schiefwinklig noch rechtwinklig, weder gleichseitig noch gleichschenklig noch ungleichseitig, sondern dies alles und zugleich auch nichts von diesem ist?* (S. 13f.)

Freilich hat der gute Bischof hier nicht sehr gutwillig eine besonders „starke" Stelle herausgegriffen, die, im Kontext gelesen, vielleicht sogar von Locke gezielt paradox formuliert ist.[90] Das Problem bleibt aber auch so bestehen. Wie sollten wir auch nur die allgemeine *abstrakte* Idee eines Stuhls (als anschauliches Gebilde!) gewinnen können, wenn wir dabei von allen Besonderheiten einzelner Stühle absehen (abstrahieren) sollen. Was immer wir als Bewußtseinsgebilde vor unser geistiges Auge treten lassen, es hat eine bestimmte Größe und Gestalt (Ideen von primären Qualitäten) und eine bestimmte Farbe (Idee einer sekundären Qualität), sei diese auch ein schmutziges Grau.

Für Berkeley ist die Anerkennung einer unabhängig vom erkennenden Subjekt existierenden materiellen Außenwelt der Endpunkt einer verhängnisvollen Verkettung von Irrtümern, die mit der Lehre von den allgemeinen abstrakten Ideen ihren Anfang nimmt. Diese Lehre bildet die Voraussetzung der Unterscheidung von primären und sekundären Qualitäten, die ihrerseits die Voraussetzung

---

[90] Vgl. nämlich *Versuch über den menschlichen Verstand*, II. Buch, XI. Kap., 9. Abschn., S. 179f., wo Locke eine der Berkeleyschen verwandte Auffassung der Abstraktion vertritt.

ist für die Anerkennung materieller Einzelsubstanzen als den Trägern von lediglich primären Qualitäten. Läßt sich die Lehre von den allgemeinen abstrakten Ideen nicht halten, so verliert letztlich auch die Anerkennung der Materie ihre Grundlage. Dieser Zusammenhang wird gleich zu Anfang des Hauptteils der *Abhandlung* hervorgehoben:

> Wenn wir diese Annahme [d. i. unwahrgenommener Dinge, G.G.] gründlich prüfen, so wird sich vielleicht herausstellen, daß sie sich schließlich auf die Lehre von den *abstrakten Ideen* zurückführen läßt. Denn kann wohl die Abstraktion auf eine größere Höhe getrieben werden als bis zur Unterscheidung der Existenz sinnlicher Dinge von ihrem Perzipiertwerden, so daß man sich vorstellt, sie existieren unperzipiert? (§ 5, S. 27)

3.6. „Esse est percipi"

Nachdem wir somit Berkeleys kritischen Scharfsinn kennengelernt haben, fragt sich nun, was er selbst für Konsequenzen aus seiner Kritik zieht, insbesondere, ob diese Konsequenzen tatsächlich so absurd sind, wie viele behaupten. Auf den ersten Blick möchte es so scheinen; denn wenn wir (wie gerade eben) lesen, daß sinnliche Dinge, also die Gegenstände der Außenwelt nicht unperzipiert (unwahrgenommen) existieren, so sieht es ja so aus, als würde dieser Stuhl da nicht mehr existieren, sobald ich mich umdrehe und ihn nicht mehr sehe. Und Berkeley scheint diese Vermutung auch noch zu bestätigen, wenn er in seinem Hauptsatz sagt, daß das Sein der Dinge tatsächlich in ihrem Perzipiertwerden bestehe (*esse est percipi*) und ihnen damit die Existenz außerhalb (out of) denkender Wesen bestreitet (§ 3). Ist es dann nicht wirklich so, daß für Berkeley die ganze Welt – wie es ihm nachgesagt wird – bloß vorgestellt und damit eingebildet ist? Auf diese Deutung kann man nur verfallen, wenn man zunächst unterstellt, daß unsere Ideen von unperzipierten Gegenständen verursacht werden und dann diese Gegenstände gewissermaßen durchstreicht. Nur wenn man die Realitätsgarantie in solche Gegenstände verlegt, erscheint jemand, der deren Realität leugnet, als jemand, der die Realität der Außenwelt leugnet.

Hier kann man nun nicht genug betonen, daß Berkeley freilich die Realität einer *materiellen* Außenwelt, keineswegs aber die Realität der phänomenalen Außenwelt leugnet. Wenn er (§ 1) sagt, daß die Gegenstände der Außenwelt nichts anderes sind als Komplexe von Ideen (collections of ideas), so darf man hier eben nicht an *bloße* Ideen im Unterschied zu *wirklichen* Gegenständen denken, sondern man muß genau umgekehrt sagen: Es sind uns bestimmte Gegenstände wie dieser Tisch oder jener Stuhl als Gegenstände einer öffentlichen Außenwelt (im Unterschied zu unseren privaten Ideen, Gedanken und Gefühlen) gegeben, und wir haben uns nun zu fragen, wie dieses Gegebensein zu verstehen ist. Wir, die wir hier in diesem Raume sind, werden an der Realität dieser Gegenstände kaum zweifeln. Und falls wir doch eine „böse" Überraschung erleben sollten, daß sich jener Stuhl als Attrappe entpuppte (sicherheitshalber könnte ich mich ja mal draufsetzen), so hätten wir genug andere Gegenstände als Realitätsexemplare anzubieten (und auch die eventuelle Stuhl-Attrappe wäre ja, wenn auch nicht als Stuhl, so doch als Attrappe wirklich). Wir können diese Gegenstände sehen, anfassen, unter Umständen krachen hören (falls gewisse Leute mit ihren Stühlen weiterhin so herumwippen) und sogar beschnuppern, falls wir auch noch unseren Geruchssinn bemühen wollten. In solcher oder ähnlicher Weise vergewissern wir uns der Realität der Gegenstände einer phänomenalen Außenwelt. Kein Idealist, und insbesondere Berkeley nicht, hat die Existenz dieser phänomenalen Außenwelt geleugnet, die sogar insofern unabhängig von unserem Bewußtsein ist, als es nicht in unserem Belieben steht, Tische und Stühle durch eine bloße Bewußtseinsanstrengung zum Verschwinden zu bringen. Und dieser Umstand unterscheidet sie auch für Berkeley von bloßen Ideen, die wir bilden, wenn wir uns Tische und Stühle lediglich vorstellen, eben *ein*bilden. Soweit ist also alles in Ordnung. Bestritten wird einzig, daß man der phänomenalen Außenwelt eine materielle Welt an sich unterlegen müsse. Hier setzt Berkeley dagegen, daß das Sein der uns gegebenen Gegenstände in ihrem Perzipiertwerden bestehe.

Nun hat es ja eine Zeit gegeben, so könnte man gegen den Grundsatz „esse est percipi" einwenden, zu der es zwar Gegenstände, aber keine perzipierenden Lebewesen gegeben hat. Diesem erdgeschichtlichen Argument, dem Berkeley der biblischen Schöpfungslehre folgend zustimmt, sucht er mit der Auffassung gerecht zu werden, daß die Gegenstände im Geist Gottes von Anfang an existiert haben, ja, daß deren Existenz im Geist Gottes geradezu ihre Existenz unabhängig von allen anderen Geistern verbürge. Damit, so werden Materialisten sagen, läßt der Bischof also die theologische Katze aus dem philosophischen Sack. Und in der Tat kann man feststellen, wie sich gleich zeigen wird, daß Gott in Berkeleys System genau die Stelle einnimmt, die im Materialismus und auch Dualismus die Materie ausfüllt. Erläuternd sei hier angefügt: Berkeley selbst nennt seine Lehre „Immaterialismus" und betont damit als den entscheidenden Punkt die Leugnung der Materie. Er selbst spricht nicht von „Idealismus". Und wenn man ihn einen Idealisten nennt, so darf man ihn angesichts der Rolle, die er Gott zuweist, jedenfalls nicht, wie es häufig geschieht, einen *subjektiven* Idealisten nennen.

Das theologische Motiv ist nicht zu unterschätzen, und Berkeley hat es ja auch bereits offen im Untertitel seiner *Abhandlung* ausgesprochen. Wir sollten hier jedoch nicht ungerecht sein. Natürlich ziehen wir es heute vor, innerhalb der Philosophie, auch wenn wir über die Philosophie hinaus religiöse Überzeugungen haben, ohne Gott auszukommen, d. h. wir vermeiden es, Gott als wissenschaftliche Instanz aufzubieten. Insofern stellt uns dieser Abschluß der Berkeleyschen Überlegung nicht zufrieden. Viele haben es sich aber angewöhnt, mitleidig zu lächeln, wenn jemand argumentativ Gott bemüht, finden jedoch nichts dabei, wenn ein anderer ontologisch den Begriff der Materie anführt. Hier wäre nun wirklich Ideologieverdacht anzumelden. Nur so viel dazu: Zwar ist die Existenz Gottes aus heutiger philosophischer Sicht sicher eine zu starke Voraussetzung; Berkeleys Rede von Gott ist begrifflich aber mindestens so klar wie die ontologische Rede von Materie, die er kritisiert.

Insgesamt behauptet Berkeley nicht, alle Probleme gelöst zu haben. Er macht sich aber anheischig zu zeigen, daß eventuell verbliebene Probleme auch vom Materialismus (bzw. Dualismus) nicht gelöst werden können. Ein Problem, das Berkeley hat, entfällt für den Materialismus von vornherein, nämlich die Rede von *geistiger* Substanz, an der Berkeley festhält, verständlich zu machen; denn eine solche Substanz gibt es ja nach materialistischer Lehre nicht. Dafür hat der Materialismus freilich wieder ein anderes Problem, nämlich Bewußtsein als Erscheinungsform von Materie erklären zu müssen.

Wie entgeht Berkeley dem Einwand, daß seine Argumente gegen die Existenz materieller Substanz auch gegen die Existenz geistiger Substanz zu richten seien? Hier hilft ihm die bereits erwähnte sprachphilosophische These, daß es nicht notwendig zum Verständnis eines sprachlichen Ausdrucks gehört, mit ihm eine Idee zu verbinden. Von Geistern sei es uns nämlich gar nicht möglich, Ideen zu bilden. Ideen sind ja als *bildliche* Vorstellungen gedacht, Geister lassen sich aber nicht bildlich vorstellen; von ihnen haben wir vielmehr Begriffe (notions).[91] Die Einführung der Rede von Begriffen erfolgt einigermaßen überraschend, zumal von ihnen (vgl. den Auftakt im § 1 des Haupttextes) zunächst gar nicht die Rede ist, sondern Ideen von geistigen Aktivitäten (entsprechend den „ideas of reflection" bei Locke) mit aufgezählt werden. Dennoch macht es einen guten Sinn, sich z. B. Denken nicht räumlich vorzustellen. Es dennoch zu tun, liefe auf einen Kategorienfehler hinaus. Daher lassen sich die Argumente, die Berkeley gegen die Existenz der materiellen Substanz vorbringt, nicht so ohne weiteres gegen sein Festhalten an der geistigen Substanz kehren, wie dies später D. Hume und E. Mach mit ihrem Vorwurf mangelnder Konsequenz getan haben.

Zunächst liegt es freilich nahe, Berkeleys Argument, daß wir keine allgemeine abstrakte Idee von materieller Substanz bilden können, auf geistige Substanz zu übertragen. Zumindest ließe sich das Argument, daß man von geistiger Substanz keine *anschauliche* Idee erwarten könne, sondern nur einen Begriff bilden könne, in einer Umkehrung für die Verteidigung materieller Substanz nutzen. Warum sollte nicht auch materielle Substanz nicht-anschaulich gedacht werden können? Hier kann Berkeley nun die folgende Asymmetrie für sich in Anspruch nehmen: Materielle Substanz müßte dann ein unanschaulicher Träger von anschaulichen Qualitäten sein, und dies ist ein Widerspruch, der für die geistige Substanz nicht konstruierbar ist.

Denkt man diesen Gedanken zu Ende, so ist, wenn man an der Verursachung unserer Ideen durch ein dinghaftes Etwas festhält, das Kantische Ding an sich der Endpunkt, als eben nicht mehr anschauliches Ding, sondern bloßes „Gedankending". Das Kantische Ding an sich ist dann aber auch keine materielle Substanz mehr. Die von Berkeley aufgedeckten Schwierigkeiten der Auffassung Lockes ergeben sich daraus, daß ein *anschauliches* Ding an sich, behaftet mit primären Qualitäten, angenommen wird.

Auch für Berkeley bleiben die Ideen verursacht. Daß letztlich Gott die Ursache unserer Ideen sei, wird von ihm aber nicht einfach postuliert, sondern zu begründen gesucht. Der Umstand, daß die sinnlichen Dinge sich mir in ihrer Beschaffenheit (in ihrem Sosein)

---

[91] Berkeley argumentiert hier mit Hilfe seiner Unterscheidung von aktiven Geistern als Trägern von passiven Ideen. Während das Sein der Dinge im Wahrgenommenwerden besteht, ist das Sein der Geister Wahrnehmen (*esse est percipere*).

als *unabhängig* von *meinem* Bewußtsein darstellen (ich kann diesen Stuhl nicht durch reine Bewußtseinstätigkeit umfärben), führt Berkeley dazu, diesen Dingen auch eine Existenz *außerhalb* meines *eigenen* Bewußtseins zuzugestehen. Sie müssen dann aber in einem anderen Bewußtsein existieren; denn sie können ja nicht unabhängig und außerhalb von *jedem* Bewußtsein existieren. Da diese Überlegung für alle sterblichen Seelenwesen gilt, und es nach allem, was wir wissen, eine Zeit ohne solche Wesen gegeben hat, muß es einen „allgegenwärtigen ewigen Geist" geben, „der alle Dinge kennt und begreift und sie unserer Auffassung auf solche Weise und nach solchen Regeln darbietet, die er selbst bestimmt hat und die wir *Naturgesetze* nennen".[92] Und dieser Geist wird dann mit Gott identifiziert.

Wir sehen hier auch im einzelnen, wie Gott die Stelle der Materie einnimmt. Ausgangspunkt ist die relative Beständigkeit der phänomenalen Außenwelt, die sich in ihrer Beschaffenheit als unabhängig von meinem Willen erweist. Die Ursache für diese Beständigkeit kann demnach nicht in mir selbst liegen, sondern muß *außerhalb* meines Bewußtseins gesucht werden. Soweit gehen Locke und Berkeley gemeinsam. Während Locke nun das *Außerhalb* als außerhalb von Bewußtsein oder Geist überhaupt auffaßt und deshalb auf die Materie als Ursache der Ideen von der Außenwelt schließt, kommt Berkeley zu dem entgegengesetzten Ergebnis: Dieses *Außerhalb* darf nicht im Sinne einer *materiellen* Außenwelt verstanden werden; „außerhalb" meint nicht „außerhalb von Geist überhaupt", es muß vielmehr verstanden werden als zwar außerhalb *meines* Geistes, aber innerhalb eines *anderen* Geistes, in dem die sinnlichen Gegenstände ständig existieren.[93]

Unser Vergleich zeigt, daß sowohl Locke als auch Berkeley eine kausale Wahrnehmungstheorie haben und daß diese Theorie Locke

---

[92] G. Berkeley, *Drei Dialoge zwischen Hylas und Philonous,* ed. W. Breidert, Hamburg 1980 (Philosophische Bibliothek, Bd. 102), S. 98f.; vgl. *Eine Abhandlung über die Prinzipien der menschlichen Erkenntnis,* § 146.

[93] Berkeley denkt sich übrigens das Verhältnis von menschlichem zu göttlichem Bewußtsein nicht, wie etwa Malebranche, als Teilhabeverhältnis. Hier schreckt der Kirchenmann wohl vor pantheistischen Konsequenzen zurück. Hätte er dieses nicht getan, so könnten wir Berkeley als das spiritualistische Pendant zum Materialismus Spinozas auffassen. Ein Teilhabeverhältnis dürfte schon durch das Festhalten an einer kausalen Wahrnehmungstheorie ausgeschlossen sein.

zum Dualismus und Berkeley zum Spiritualismus führt. Zu Gunsten Berkeleys können wir festhalten, daß die genannte Asymmetrie besteht, so daß die Einwände, die Berkeley gegen die materialistische kausale Auffassung der Wahrnehmung vorbringt, nicht gegen seine eigene spiritualistische kausale Auffassung gewendet werden können. Was aber Berkeley genausowenig wie Locke bedacht hat, ist die Frage, ob wir überhaupt berechtigt sind, einen erfahrungs*externen* Gebrauch von der Kategorie der Kausalität zu machen, indem wir unter Anwendung des Kausalprinzips auf eine selbst nicht wahrnehmbare Ursache, sei diese materieller oder geistiger Art, unserer Ideen schließen. Bevor wir diesen Einwand weiter verfolgen, sei Berkeleys Materialismuskritik in ihren wesentlichen Punkten noch einmal mit Blick auf Locke zusammengefaßt.

1. Ausgangspunkt ist das mechanistische Weltbild. Nach diesem Weltbild müssen alle Vorgänge rein mechanisch erklärbar sein, d. h. rückführbar sein auf Stoßvorgänge zwischen Materiestücken (letztlich zwischen Teilchen, Atomen). Später kommen zu Stoßvorgängen auch Fernwirkungen (Newton) hinzu. In diesem Weltbild sieht der Bischof Berkeley eine Gefährdung des christlichen (theistischen) Weltbildes. Dabei hat er nicht so sehr etwas gegen eine derartige Weltbeschreibung als vielmehr dagegen, eine solche Beschreibung als metaphysische Erklärung auszugeben.

2. Locke überträgt die mechanistische Auffassung auf den Erkenntnisprozeß selbst, bzw. zieht die erkenntnistheoretischen Konsequenzen hieraus: Wahrnehmung entsteht durch mechanische Reizung der Sinnesorgane, direkter (wie beim Tasten) oder indirekter Art (wie beim Sehen: Teilchen, die selbst unsichtbar sind, treffen auf das Auge). Die Reize werden mechanisch weitergeleitet, bis schließlich am Ende einer solchen Ursache-Wirkungs-Kette eines Wahrnehmungsprozesses eine Wahrnehmung steht als Vorhandenheit einer *Idee* im Geist. Diese Idee ist nun in der Tat etwas anderes als ein Stück Materie, ist qualitativ verschieden, eben Geist. Dies gesteht auch Locke zu.

3. Wenn dies der Wahrnehmungsvorgang ist, stellt sich (umgekehrt) die Frage, wie das Verhältnis einer Idee zu ihrer Ursache, dem Erkenntnisgegenstand ist. Ist die Idee ihrer Ursache ähnlich? Hier führt Locke in Übereinstimmung mit den Naturwissenschaftlern seiner Zeit die Unterscheidung von primären und sekundären Qualitäten ein. Nach dieser Unterscheidung sind die Gegenstände der Welt *wirklich* ausgedehnt, undurchdringlich, sich bewegend, haben Gestalt, Größe und Gewicht. Kurz gesagt: Sie sind „an sich"

so, wie sie von der mechanistischen Physik beschrieben werden. Farbig, warm oder kalt, mit Geruch und Geschmack behaftet, laut oder leise *erscheinen* sie uns dagegen nur. Zwar haben auch diese sekundären Qualitäten Ursachen in den Dingen, aber nicht im Rahmen eines *Abbildverhältnisses*.

4. Nach Voraussetzung Lockes können wir uns nur unserer Ideen bewußt sein. Nehmen wir nun eine unabhängig vom Subjekt existierende, nicht „ideenhafte" materielle Außenwelt an, so bleibt unverständlich, wie wir von einer solchen Welt überhaupt etwas wissen können. Nachdem Berkeley durch seine Kritik der Lockeschen Abstraktionstheorie gezeigt hat, daß wir mit lediglich primären Qualitäten behaftete Substanzen gar nicht (anschaulich) denken können, ergibt sich für ihn als einzige verbliebene Alternative, auf Gott als Ursache unserer Ideen zu schließen.

5. Die Realität der Außenwelt im Sinne der phänomenalen Außenwelt wird von Berkeley ausdrücklich anerkannt. Geleugnet wird lediglich die Realität einer materiellen Außenwelt, wenn man als deren Träger eine unabhängig von jedem Bewußtsein existierende nicht-geistige Substanz, eben materielle Substanz, zu verstehen hat. Wie bei Locke die Antwort auf die erkenntnistheoretische Frage II zu einer Entscheidung in der erkenntnistheoretischen Frage III führt, so auch bei Berkeley. Locke sieht die Realität der Außenwelt durch die Existenz von Materie (im ontologisch „substantiellen" und nicht nur im empirischen Sinne des Wortes) gesichert; er vertritt daher einen Dualismus als Antwort auf die erkenntnistheoretische Frage III. Berkeley dagegen bestreitet die Möglichkeit einer materiellen Substanz. Er sieht die Realität der Außenwelt durch Gott, also ein geistiges Sein, gesichert; er vertritt daher mit seinem Immaterialismus, positiv gewendet, einen Spiritualismus als Antwort auf die erkenntnistheoretische Frage III.

3.7. „Sein", „Schein", „Erscheinung"

In unserem Vergleich von Locke und Berkeley haben wir gesehen, daß aus der Leugnung einer *materiellen* Außenwelt keineswegs folgt, daß man den Unterschied von Sein und Schein oder Wirklichkeit und Traum aufhebt. Wenn wir hier noch einmal kurz zurückblicken, so können wir den Unterschied zwischen Locke und Berkeley in dieser Frage so charakterisieren, daß Locke eine Dreiteilung, Berkeley dagegen eine Zweiteilung vornimmt.

Nach Locke wäre es zulässig zu sagen: „Ich weiß, daß dort ein Stuhl steht; denn ich sehe ihn"; aber nicht, zumindest nicht in demselben Sinne, „Ich weiß, daß dieser Stuhl gelb ist; denn ich sehe es". Das „ist" im zweiten Satz darf nämlich nicht so verstanden werden, daß es das Gelbsein als eine Eigenschaft an sich zuspricht. Zwar weiß ich aufgrund meiner direkten Wahrnehmung, daß überhaupt etwas existiert, das die Idee des Gelben in mir verursacht hat (*Versuch über den menschlichen Verstand,* IV. Buch, XI. Kap., 2. Abschn., S. 311). Da es sich bei dieser Idee aber um die Idee einer sekundären Qualität handelt, ist das Wissen nur ein unbestimmtes Existenzwissen und noch kein Essenzwissen über eine bestimmte Beschaffenheit. Das „ist" drückt danach nicht ein wirkliches Sein aus, sondern eher dessen Schein, indem es so tut, als sei der Stuhl wirklich gelb. Und dies liegt nicht etwa an der unschuldigen Kopula „ist", sondern an den zugesprochenen Eigenschaften. Wenn Locke sagt, daß die einfachen Ideen uns die Dinge unter derjenigen „Erscheinungsform" (appearance) darstellen, „zu deren Erzeugung in uns die Dinge selbst sich eignen" (IV. Buch, IV. Kap., 4. Abschn., S. 219), so bedeutet das eben für die einfachen Ideen sekundärer Qualitäten, daß die „Übereinstimmung" (conformity) mit den Dingen keinen Abbildcharakter hat.

Wenn hier von „Schein" gesprochen wird, so steht dieser Schein freilich nicht mit Träumen oder Halluzinationen auf derselben Stufe, dazu ist er zu intersubjektiv. Dieser Stuhl erscheint nämlich unter normalen Bedingungen jedem als gelb, wenn man nicht gerade ungünstig sitzt und der Stuhl aus dieser Sicht „falsch" beleuchtet ist. Solche Intersubjektivität ist nach Locke aber dennoch keine Objektivität, weil der Stuhl als unser Objekt (als Gegenstand der Wahrnehmung) die Eigenschaft des Gelben eben nicht an sich hat. Die Dreiteilung, die hier vorgenommen wird, läßt sich fassen als Sein, Erscheinen (vgl. oben die Rede von „appearance") und Schein. Die Ideen der primären Qualitäten repräsentieren das Sein der Dinge, die Ideen der sekundären Qualitäten die Erscheinung der Dinge, und halluzinierte Ideen repräsentieren überhaupt nichts und sind daher bloßer Schein.

Aus Berkeleys Sicht sind die Argumente Lockes für die Anerkennung von unwahrgenommenen materiellen Dingen nur Argumente für die Unterscheidung von Realität und Schein. In Berkeleys Begriff der Realität ist die Unterscheidung von Sein und Erscheinen und damit die Grundlage für Lockes innerweltliche Verdoppelung der Welt wieder rückgängig gemacht.

Die Diskussion des Realitätsproblems ist auch in der Folgezeit durch die Begriffe „Sein", „Schein" und „Erscheinung" bestimmt. Wie wir bereits bei der Behandlung der erkenntnistheoretischen Frage I gesehen haben, bezieht Kant Erfahrung auf Erscheinung. Das Ding an sich ist nicht erfahrbar. Verglichen mit Locke hat Kant dessen erfahrungsunabhängige materielle Substanz zum Ding an sich „ausgehöhlt" und alle Bestimmungen an Gegenständen zu Bestimmungen innerhalb der Welt als Erscheinung gemacht.

Lockes primäre Qualitäten kehren, wie Schopenhauer bemerkt hat, bei Kant weitgehend als apriorische Anschauungsformen und Kategorien des Verstandes wieder.[94] Die objektiven Eigenschaften der Dinge (Locke) werden dadurch zu transzendentalen Bedingungen der Erfahrung (Kant). Der Gedanke der Unterscheidung verschiedener Arten von Qualitäten wird so auf einer neuen Stufe der Überlegung bewahrt. Deutlich wird dies in Kants Verteidigung gegen den Vorwurf, sein transzendentaler Idealismus sei ein Idealismus Berkeleyscher Prägung:

> Daß man unbeschadet der wirklichen Existenz äußerer Dinge von einer Menge ihrer Prädikate sagen könne: sie gehörten nicht zu diesen Dingen an sich selbst, sondern nur zu ihren Erscheinungen und hätten außer unserer Vorstellung keine eigene Existenz, ist etwas, was schon lange vor *Lockes* Zeiten, am meisten aber nach diesen allgemein angenommen und zugestanden ist. Dahin gehören die Wärme, die Farbe, der Geschmack etc. Daß ich aber noch über diese aus wichtigen Ursachen die übrigen Qualitäten der Körper, die man *primarias* nennt: die Ausdehnung, den Ort und überhaupt den Raum mit allem, was ihm anhängig ist (Undurchdringlichkeit oder Materialität, Gestalt etc.), auch mit zu bloßen Erscheinungen zähle, dawider kann man nicht den mindesten Grund der Unzulässigkeit anführen; und so wenig wie der, so die Farben nicht als Eigenschaften, die dem Objekt an sich selbst, sondern nur dem Sinn des Sehens als Modifikationen anhängen, will gelten lassen, darum ein Idealist heißen kann: so wenig kann mein Lehrbegriff idealistisch heißen bloß deshalb, weil ich finde, daß noch mehr, *ja alle Eigenschaften, die die Anschauung eines Körpers ausmachen,* bloß zu seiner Erscheinung gehören: denn die Existenz des Dinges, was erscheint, wird dadurch nicht wie beim wirklichen Idealismus

---

[94] Vgl. A. Schopenhauer, *Skizze einer Geschichte der Lehre vom Idealen und Realen*; in: *Sämtliche Werke* I-V, ed. W. von Löhneysen, 2. Aufl. Stuttgart/Frankfurt a. M. 1968, Bd. IV, insbes. S. 27-30. Stellenangaben erfolgen nach der Ausgabe Löhneysen unter Verwendung des Kürzels ‚W' (für *Werke*) und der Bandzahl.

aufgehoben, sonden nur gezeigt, daß wir es, wie es an sich selbst sei, durch Sinne gar nicht erkennen können.[95]

Die „Aushöhlung", gewissermaßen eine „Verarmung" an Bestimmungen des Dings an sich hat zur Folge, daß Kant keine positiven Aussagen von ihm macht – bis auf die, daß Erscheinung die Art sei, „wie unsere Sinne von diesem unbekannten Etwas affiziert werden" (*Prolegomena*, § 32). Damit wird das Ding an sich zur Ursache aller Erscheinung erklärt. Und genau dies hätte Kant, wie Schopenhauer richtig bemerkt, nach seinem eigenen Verständnis der Verstandeskategorien vermeiden müssen, wonach deren Gebrauch erfahrungsimmanent ist. Die Kategorien sind transzendentaler Art, d. h. Erfahrung ermöglichend, aber damit auch auf erfahrbare Natur im Sinne von Natur als Erscheinung beschränkt. Wenn Kant dem Kausalprinzip folgend, das Ding an sich als Ursache der Erscheinungen ausgibt, so macht er von der Kategorie der Kausalität einen Erfahrung überschreitenden, d. h. transzendenten Gebrauch.[96]

Es ist nicht zu verwundern, daß solche und ähnliche Überlegungen zu der Ansicht geführt haben, durch das Kantische Ding an sich als nunmehr widersprüchlich oder funktionslos einfach kürzen zu können. Diesen antimetaphysischen Weg ist dann z. B. E. Mach gegangen. Wie Berkeley Lockes Unterscheidung des Seins von Gegenständen an sich und deren Erscheinung rückgängig zu machen sucht, so verfährt Mach mit Kants Unterscheidung von Ding an sich und Erscheinung. Das Ergebnis ist dasselbe: die Erscheinungen sind die Dinge selbst. Hier wird verständlich, warum Mach zu den (wenigen) Befürwortern von Berkeleys erkenntnistheoretischen Analysen zählt. Deren metaphysische und theologische Hintergründe werden allerdings ausgeklammert, und es findet sich bereits

---

[95] I. Kant, *Prolegomena*, § 13, Anmerkung II.
[96] Dieser Einwand geht zurück auf F. H. Jacobi. Vgl. dessen *Werke,* ed. F. Roth u. F. Köppen, Leipzig 1815. Nachdruck Darmstadt 1968, Bd. II, S. 301f.: „Ich glaube [...], daß der Kantische Philosoph den Geist seines Systems ganz verläßt, wenn er von den Gegenständen sagt, daß sie *Eindrücke* auf die Sinne machen, dadurch Empfindungen *erregen,* und auf diese Weise Vorstellungen *zuwege bringen*: denn nach dem Kantischen Lehrbegriff kann der empirische Gegenstand, der immer nur Erscheinung ist, nicht außer uns vorhanden, und noch etwas anders als eine Vorstellung seyn."

der Gedanke ausgesprochen, daß unsere erkenntnistheoretische Frage II mit „Scheinproblemen" behaftet ist.[97]

Während Mach unter Scheinproblemen noch undifferenziert alle „müßigen" metaphysischen Spekulationen versteht, die die „Ökonomie der Wissenschaft" stören[98], ist durch Wittgenstein und Carnap der erkenntnislogische Charakter von Scheinproblemen thematisiert worden. Die erkenntnistheoretische Frage II hat dadurch eine ganz neue Beurteilung erfahren.

---

[97] *Die Analyse der Empfindungen und das Verhältnis des Physischen zum Psychischen*, 9. Aufl. Jena 1922, S. X, Neudruck Darmstadt 1985, S. XXX.
[98] *Analyse der Empfindungen*, S. VIII, Neudruck, S. XXVIII.

4. Transformationen der Erkenntnistheorie

Um die Eigentümlichkeit des Realitätsproblems deutlich machen zu können, sind zuvor drei vorbereitende Schritte notwendig. Erstens werden wir die Rede von der „Trennung von Subjekt und Objekt" weiter zu klären versuchen. Gilt doch gerade die erkenntnistheoretische Frage II als „Ausgeburt" dieses „Sündenfalls". Eine Neubewertung des Entfremdungspotentials dieser Trennung ist Schopenhauer zu danken, mit dem wir deshalb diesen ersten Schritt vollziehen wollen. Der zweite vorbereitende Schritt wird sich mit der Transformation erkenntnistheoretischer in sprachphilosophische Fragen beschäftigen, wie sie die sprachanalytische Philosophie im Anschluß an G. Frege vorgenommen hat. Und der dritte Schritt wird die teilweise parallel verlaufene Transformation erkenntnistheoretischer in wissenschaftstheoretische Fragen untersuchen. Erst nach diesen drei vorbereitenden Schritten werden wir in den Stand gesetzt sein, die Frage zu prüfen, ob das Realitätsproblem wirklich das ist, für das es heute gemeinhin gehalten wird, Ausdruck eines durch die Subjekt/Objekt-Spaltung hervorgerufenen entfremdeten Weltverhältnisses. Bei dieser Prüfung werden wir maßgeblich auf Wittgensteins Analysen zum Status philosophischer Fragen zurückgreifen.

4.1. „Die Welt als Wille und Vorstellung" (Schopenhauer)

Schopenhauer gilt gemeinhin als Irrationalist. Was aber könnte ein Irrationalist zur Erkenntnistheorie beigetragen haben? Nun, Schopenhauer ist ein Irrationalist insofern, als er der Meinung ist, daß es in dieser Welt irrational zugeht, und zwar in praktischen Dingen. Dieser Irrationalismus im Sinne eines Antirationalismus bedeutet aber nicht Verzicht auf Argumente oder gar Unverständlichkeit. Ganz im Gegenteil gehört Schopenhauer zu den klarsten philosophischen Autoren deutscher Sprache.

Schopenhauer begrüßt seine Leser mit der Feststellung, er teile im Grunde nur einen einzigen Gedanken mit, einen Gedanken allerdings, der sich von verschiedenen Seiten betrachten lasse und so verschiedenen Bereichen der Philosophie zugehöre.[99] Demgemäß wird die Philosophie unter dem Gesichtspunkt ihrer Darstellung folgendermaßen gegliedert (W V, § 21, abweichend von W I, Vorrede): Sie beginnt mit einer vorbereitenden (propädeutischen) allgemeinen Erkenntnislehre (unter Einschluß der Logik), die die traditionelle Ontologie ablöst, woran sich die Metaphysik in drei Teilen anschließt, als Metaphysik der Natur, Metaphysik des Schönen und Metaphysik der Sitten, d. h. als Naturphilosophie, Ästhetik und Ethik. Der Ausdruck „Metaphysik" wird von Schopenhauer bewußt beibehalten, indem er sich derjenigen Lesart von „Metaphysik" anschließt, nach der diese dasjenige behandelt, was „hinter" den in der Physik behandelten Dingen der Natur, diese allererst bedingend, liegt:

> Die auf solche [erkenntnistheoretischen, G. G.] Untersuchungen folgende Philosophie im engern Sinne ist sodann *Metaphysik,* weil sie nicht etwan nur das Vorhandene, die Natur, kennen lehrt, ordnet und in seinem Zusammenhange betrachtet; sondern sie auffaßt als eine gegebene, aber irgendwie bedingte Erscheinung, in welcher ein von ihr selbst verschiedenes Wesen, welches demnach das Ding an sich wäre, sich darstellt. Dieses nun sucht sie näher kennenzulernen: die Mittel hiezu sind teils das Zusammenbringen der äußern mit der innern Erfahrung; teils die Erlangung eines Verständnisses der gesamten Erscheinung mittelst Auffindung ihres Sinnes und Zusammenhanges – zu vergleichen der Ablesung bis dahin rätselhafter Charaktere einer unbekannten Schrift. Auf diesem Wege gelangt sie von der Erscheinung zum *Erscheinenden,* zu dem, was hinter jener steckt [...]. (W V, § 21)

Mit der Unterscheidung von Erscheinung und Erscheinendem wird dann auch der Titel von Schopenhauers Hauptwerk verständlich: Die Welt ist in zweifacher Hinsicht gegeben. Als das Erscheinende in der Erscheinung, als das Ding an sich (Schopenhauer schließt sich hier der Kantischen Terminologie an), ergibt sich für ihn auf dem beschriebenen Wege einer gewissermaßen induktiv verfahrenden Metaphysik der Wille: die Welt als Wille. Demgegenüber ist die Erscheinung dieses erscheinenden Willens die Welt als Vorstellung. Mit der Welt als Vorstellung ist nicht etwa die vorgestellte Welt im Sinne einer bloß phantasierten Welt gemeint, sondern unsere vorge-

---

[99] „Vorrede zur Ersten Auflage" von *Die Welt als Wille und Vorstellung,* W I, S. 7. In musikalischer Metaphorik gesprochen haben wir es mit „Variationen" desselben Gedankens zu tun.

fundene Welt, wie sie insbesondere durch die empirischen Wissenschaften beschrieben wird. Allerdings kommt in Schopenhauers Ausdrucksweise zum Tragen, was er die „idealistische Grundansicht" nennt, eine Überzeugung, die er gleich im ersten Satz mit den Worten formuliert, daß die Welt „meine" Vorstellung ist, d. h. jeweils „meine", so daß also jedem „seine" Welt gegeben ist.

Dies bedeutet einerseits, daß jeder tatsächlich in seiner subjektiv gefärbten Welt lebt, aber andererseits, und dies ist erkenntnistheoretisch wesentlicher, daß auch die intersubjektiv zugängliche Welt nicht unabhängig vom Subjekt überhaupt gedacht werden kann. Die Welt, sofern sie Objekt der Erkenntnis ist, ist dieses nur mit Bezug auf ein Subjekt, welches nun nicht mehr als bloß subjektives Subjekt, sondern als Intersubjektivität ermöglichendes Subjekt zu denken ist. Erkenntnis ist nur möglich durch ein Auseinandertreten von Subjekt und Objekt: Jemand erkennt etwas oder etwas wird von jemandem erkannt. Schopenhauer gehört zu denjenigen Philosophen, die besonders nachdrücklich betont haben, daß Erkennen eine zweistellige Relation ist. Die Welt als Vorstellung ist bei Schopenhauer die erkannte und erkennbare Welt, die deshalb notwendigerweise durch das erkennende Subjekt wesentlich mitbestimmt (mitkonstituiert) ist. Dies gilt vor allem für die räumlichen und zeitlichen Bestimmungen sowie für Ursache-Wirkungs-Zusammenhänge. Schopenhauer folgt hier Kant, indem er die Anschauungsformen Raum und Zeit und die Kategorie der Kausalität nicht der Welt an sich, sondern der durch das Subjekt bedingten Welt als Erscheinung zurechnet.[100]

So wie es nach Schopenhauer unsinnig wäre, ein Objekt ohne ein Subjekt zu denken, so gilt für ihn auch das Umgekehrte. Ein Subjekt ohne ein Objekt ist ebenso undenkbar. In diesem Sinne läßt er

---

[100] Diese Auffassung hat Schopenhauer unter dem Titel „Zur idealistischen Grundansicht" zusammenfassend im Kapitel 1 des zweiten Bandes von *Die Welt als Wille und Vorstellung* dargelegt. Daß er dabei das Kantische transzendentale Subjekt mit dem „Gehirn" identifiziert und so die Anschauungsformen Raum und Zeit und die Verstandeskategorie der Kausalität zu „Gehirnfunktionen" macht (W II, S. 18), erklärt sich zwar aus den physiologischen Tendenzen seiner Zeit, muß aber als Kategorienfehler notiert werden, der ihn leider zum „Vorläufer" entsprechender moderner Irrtümer werden läßt. Sieht man hiervon ab, so enthält gerade dieses Kapitel eine treffliche Darstellung der philosophischen Bedeutsamkeit unserer erkenntnistheoretischen Frage II (in Verbindung mit unserer Frage III).

Subjekt und Objekt am Schluß eines Streitgesprächs um die Vorrangstellung sozusagen in Chor sagen:

> So sind wir denn unzertrennlich verknüpft als notwendige Teile eines Ganzen, das uns beide umfaßt und durch uns besteht. (W II, S. 30)

Diese Feststellung dient Schopenhauer als Ausgangspunkt seines Nachweises, daß die Welt eben nicht *nur* Vorstellung sein könne. Die auf die Welt als Vorstellung ausgerichtete naturwissenschaftliche Erkenntnis als Objekterkenntnis lehrt uns, daß Bewußtsein entwicklungsgeschichtlich betrachtet eine späte Erscheinung innerhalb der Welt als Vorstellung ist. Obwohl die Welt als Vorstellung in ihrem Sein vom Subjekt abhängig ist, erkennt nun umgekehrt das Subjekt aufgrund der Tatsachen dieser „seiner" Welt seine eigene Bedingtheit als Subjekt. Zwar sind die wissenschaftlichen Rekonstruktionen der Erdgeschichte und der Evolution bereits Rekonstruktionen innerhalb der Welt als Vorstellung, d. h. sie sind vorstellungsmäßig, und es macht insofern keinen Sinn, aufgrund der genannten Tatsachen die Subjektunabhängigkeit der Welt zu behaupten. Zumindest macht es keinen Sinn für das *So*sein (als Beschaffenheit), höchstens für ein dann unbestimmtes *Da*sein (als Existenz). Andererseits, so meint Schopenhauer, zeige die Bedingtheit des Subjekts und damit der Welt als Vorstellung, daß die Welt als Vorstellung, vorsichtig ausgedrückt, sozusagen nicht alles ist und daß ihr noch etwas an sich zugrunde liegt. Doch was kann man hier mehr sagen, als daß es das ganz Andere ist; denn alles, was man positiv sagt, ist ja bereits eine Bestimmung innerhalb der Welt als Vorstellung, ist vorstellungsmäßig. Ist nicht schon die Bestimmung „Ding an sich" zuviel, weil sie eben an ein „Ding" denken läßt? An dieser Stelle kommt Schopenhauer in grundsätzliche Schwierigkeiten, die für jede nachkantische Metaphysik charakteristisch sind, nämlich das Unsagbare doch noch sagen zu wollen. Daß das Ding an sich nicht Objekt im üblichen Sinne sein kann, war bereits Kant klar. Das Ding an sich darf auch nicht einfach als Ursache der Welt als Vorstellung angenommen werden; denn dann stünden Ding an sich und Welt als Vorstellung zu einander in der Kausalbeziehung. Kausalität gehört aber zu den Bestimmungen der Welt als Vorstellung und muß als Kategorie des Verstandes auf den Erfahrungsgebrauch *innerhalb* der Welt als Vorstellung eingeschränkt bleiben. Gerade dieses hatte, wie Schopenhauer kritisch geltend macht, Kant gegen seine eigene Einsicht bei der Behandlung des Dinges an sich nicht berücksichtigt, indem er von der Erscheinung auf ein

Erscheinendes nach dem Kausalprinzip, daß nichts ohne Ursache geschieht, schloß.[101] Schopenhauer will diesen Fehler vermeiden.

Er meint aber dennoch einen Zugang zum Ding an sich aufzeigen zu können. Während Kant das Ding an sich, wenn auch auf problematische Weise, nach dem Kausalprinzip erschließt, es ansonsten aber inhaltlich für unerkennbar hält, nimmt Schopenhauer trotz seiner Kritik an Kants Schluß eine inhaltliche Bestimmung vor, indem er das Ding an sich als Wille bestimmt. Den Ausgangspunkt für diese inhaltliche Erkenntnis des Dinges an sich meint er im Selbstbewußtsein gefunden zu haben, und zwar aufgrund folgender Erwägung: Bei jeder Erkenntnis tritt der Mensch als Subjekt der Erkenntnis in Beziehung zu einem von ihm selbst unterschiedenen Objekt. Dieses Objekt ist ihm stets nur von außen zugänglich, d. h. als Erscheinung, nicht aber als Erscheinendes. Eine Erkenntnis des Dinges an sich ist auf diese Weise also niemals möglich. Soweit stimmt Schopenhauer wiederum mit Kant überein. In einem einzigen Fall aber hat der Mensch nicht nur eine Außenansicht des Objekts, sondern einen unmittelbaren Zugang von innen. Dieser ist gegeben, wenn das Subjekt sich selbst zum Objekt wird, eben, wenn der Mensch sich seines Selbst bewußt wird: „Von *sich* weiß jeder unmittelbar, von allem andern nur sehr mittelbar." (W II, S. 248). Die Frage ist also, als was jeder sich selbst gegeben ist. In der Antwort auf diese Frage vollführt Schopenhauer nun den entscheidenden, für seine Philosophie charakteristischen Schritt: Wir sind uns selbst nicht als Erkennende, sondern als Wollende gegeben. Hiermit tritt Schopenhauer in Gegensatz zur Tradition, die beide Momente anerkannt hat, meistens jedoch so, daß dem Erkennen das Übergewicht zugesprochen wurde, indem das Wollen als eine Art des Denkens gleichsam intellektualisiert wurde. Man vergleiche z. B. Descartes, für den das Selbstbewußtsein eine ähnlich fundamentale Rolle spielt, indem es ihm seinen Grundsatz ermöglicht „Ich denke, also bin ich", der aber Wollen als Unterart des Denkens aufführt. Schopenhauer dagegen betont, daß das Subjekt als Subjekt der *Erkenntnis* sich nicht eigentlich selbst zum Objekt werden könne, weil es in jeder Erkenntnis, die nach Schopenhauer ja stets eine Subjekt/Objekt-Beziehung ist, notwendigerweise wiederum als

---

[101] Vgl. *Kritik der reinen Vernunft*, B XXVIf.: „Denn sonst würde der ungereimte Satz daraus [d. h., ohne daß ein Ding an sich wenigstens *gedacht* wird] folgen, daß Erscheinung ohne etwas wäre, was da erscheint."

Subjekt zu setzen ist.[102] Somit gibt es, wie Schopenhauer bereits in seiner Dissertation *Über die vierfache Wurzel des Satzes vom zureichenden Grunde* (§ 41) formuliert, kein „*Erkennen des Erkennens*" (W III, S. 169), so daß das Subjekt sich lediglich als Subjekt des Wollens erkennt (S. 171). Dieser Übergang mag auf den ersten Blick etwas voreilig erscheinen, weil man sich neben Erkennen und Wollen ja noch andere Kandidaten denken könnte, so daß aus der Negation des Erkennens nicht so unmittelbar auf das Wollen als den „Kern" des Selbstbewußtseins geschlossen werden könnte. (Ersichtlich hat Schopenhauers Schluß die disjunktive Form: Entweder Erkennen oder Wille, nun aber nicht Erkennen, also Wille). Hier muß man jedoch hinzufügen, daß Schopenhauer den Begriff des Willens so weit faßt, daß jede innere Regung „vom leisesten Wunsche bis zur Leidenschaft" dazugehört (ebd.).

X In diesem Sinne versteht Schopenhauer „alles Begehren, Streben, Wünschen, Verlangen, Sehnen, Hoffen, Lieben, Freuen, Jubeln" sowie deren Gegenstücke, zusammengefaßt als „alle Affekte und Leidenschaften", als „Äußerungen des Wollens" (W III, S. 529f.). Er stellt weiter fest: Wie der Mensch sich von innen als Subjekt des Wollens (im Selbstbewußtsein) gegeben ist, so ist er für andere von außen als in Raum und Zeit anschaubarer (und damit zur Welt als Vorstellung gehöriger) Leib gegeben. Und soweit der Mensch sich selbst anschaut, indem er an sich herab oder in den Spiegel blickt, begegnet der Mensch seinem Selbst auch „leibhaftig". Heutzutage ist es sogar (dank Film und Video) möglich, sich im Nachhinein als Handelnder zuzuschauen und dabei die bestürzende Erfahrung zu machen, sich selbst „fremd" zu erscheinen. So ist jeder sich prinzipiell in zweifacher Hinsicht gegeben, als Wille und als Leib. Schopenhauer behauptet nun zwischen beiden Gegebenheitsweisen eine eigentümliche Beziehung, die nicht kausaler Art ist. Danach sind Willensakte und Leibesveränderungen nicht in eine zeitliche Folge zu einander zu bringen. Man könne nicht erst seinen eigenen Willensakt und dann dessen Ausführung in den Leibesveränderungen beobachten. Willensakt und Leibesveränderung lassen sich in der Selbstbeobachtung nicht voneinander trennen. Sie seien *ein* Vollzug

---

[102] Allerdings gilt diese Einschränkung nur im Grundsätzlichen, das Subjekt der Erkenntnis überhaupt (das transzendentale Subjekt) betreffend, nicht aber mit Bezug auf empirische Gegebenheiten des Denkens, z. B. psychologisch beschreibbare Tatsachen des Vorstellens usw..

in *zwei* Bereichen.[103] Dies drückt Schopenhauer so aus, daß der Leib die Objektivation des Willens, d. h. der zum Objekt, zur Vorstellung gewordene Wille ist. Er versucht weiter zu zeigen, daß der Wille nicht nur unser eigenes wahres Wesen ausmacht, sondern der metaphysische Kern der Welt als Vorstellung überhaupt ist, eben das in allen Erscheinungen erscheinende Ding an sich. Entsprechend wird die gesamte Welt aufgefaßt als Vorstellung gewordener Wille, wobei den Entwicklungsstufen der Welt als Vorstellung Objektivationsstufen des Willens entsprechen. Diese Stufen werden nicht mit Einzeldingen, sondern mit deren Urbildern (Ideen) im Platonischen Sinne gleichgesetzt. Die Ideen selbst sind dann Gegenstand der Künste, die das Allgemeine im Besondern darstellend die Objektivationsstufen des Willens zur Anschauung bringen. Damit leitet Schopenhauer zur ästhetischen Kontemplation über, auf die später zurückzukommen sein wird.

Wesentlich für die weiteren Folgerungen ist, daß der Wille als Ding an sich ursprünglich einheitlich ist. Indem er sich aber in der Welt als Vorstellung objektiviert, d. h. zu einem erscheinenden und damit erkennbaren Objekt wird, verliert er diese Einheitlichkeit und partikularisiert sich in Raum und Zeit. Schopenhauer spricht hier vom „principium individuationis" (Prinzip der Individuation oder Vereinzelung), das sich vereinfacht so ausdrücken läßt: Wir wollen nicht alle dasselbe, der eine will dieses, der andere jenes. Auf diese Weise gerät der Wille mit sich selbst in einen unvermeidlichen Widerspruch, der zwischen den empirischen Einzelwillen unversöhnliche Konflikte entstehen läßt. Diese Entwicklung ist die Konsequenz daraus, daß der Wille überhaupt in die Erscheinung tritt; denn mit dem Eintritt in die Welt als Vorstellung ist eine raumzeitliche Aufteilung (Zersplitterung) notwendigerweise gegeben. Schon aus metaphysischen Gründen ist daher das Leben des einzelnen Individuums mit Einschränkungen *seines* Einzelwillens verbunden und ohne mehr oder weniger großes Leiden gar nicht möglich. Umgekehrt gilt: Je mehr die einzelnen ihren eigenen Willen bejahen, um so größer ist das Leiden der anderen. Um das Leiden anderer zu verringern, gibt es deshalb nur einen Weg: Verneinung des eigenen Willens zum Leben. Von hier aus kommt Schopenhauer

---

[103] Wittgenstein verschärft diesen Gedanken später im Sinne einer „Identitätsthese": „Das Wollen [...] muß das Handeln selber sein." (*Philosophische Untersuchungen*, § 615). Eigentlich ist dies aber bereits Schopenhauers Auffassung (vgl. W II, S. 321).

dazu, Askese und Mönchtum zu verteidigen und das „Fundament der Moral" ausschließlich im Mitleid zu suchen.

Schopenhauers Ethik ist insofern dem Christentum verwandt. Er selbst beruft sich jedoch als erklärter Atheist in viel stärkerem Maße auf die entsprechenden Grundgedanken der indischen Erlösungslehren. In diesem Zusammenhang kann man geradezu sagen, daß Schopenhauer versucht, diesen Lehren ein erkenntnistheoretisches Fundament zu geben, indem er etwa die Kantische Auffassung der Welt als Erscheinung (als Vorstellung, wie er selbst sagt) mit dem Gedanken des bloßen Scheins, des „Schleiers der Maja", zu verbinden sucht. Das indische „Tat tvam asi" (das bist du selbst) wird entsprechend als Durchschauung des Prinzips der Individuation gedeutet, als Erkenntnis, daß der andere, obwohl raumzeitlich von mir verschieden, dem Wesen nach, nämlich jenseits der Welt als Vorstellung, mit mir (im Sinne des einheitlichen Willens) identisch ist.

Wenn wir Schopenhauer mit der von Descartes ausgehenden erkenntnistheoretischen Tradition vergleichen, können wir folgendes festhalten: Das Subjekt bleibt im Zentrum der Betrachtung, ja ist sogar Ausgangspunkt der metaphysischen Deutung der Welt; aber nicht als denkendes, sondern als wollendes Subjekt. Es ist nicht die subjektzentrierte *Vernunft*, die das Wesen des Menschen ausmacht, sondern der Wille. Da der Wille des einzelnen teilhat am Weltwillen, sind alle Wesen in ihrem metaphysischen „Kern" mit anderen Einzelwesen identisch. Insofern kann man davon sprechen, daß die Verlagerung vom Intellekt auf den Willen in Verbindung mit der Aufdeckung des Individuationsprinzips in moralischer Hinsicht eine Dezentrierung des (individuellen) Subjekts bedingt, indem das Mitleid die Einzelsubjekte unter Aufgabe ihres Egoismus miteinander verbindet.

Einige Schwachpunkte dieser Philosophie sind nicht zu verhehlen. Sie bestehen, wie schon angedeutet wurde, vor allem darin, daß Schopenhauers Lehre überhaupt als Metaphysik auftritt, d. h. in seinem Sinne mit dem Anspruch einer inhaltlichen Bestimmung des Dinges an sich. Wie steht es aber mit dieser Bestimmung? Halten wir zunächst noch einmal mit seinen Worten fest:

> In der Tat ist unser *Wollen* die einzige Gelegenheit, die wir haben, irgendeinen sich äußerlich darstellenden Vorgang [nämlich Leibesäußerungen] zugleich aus seinem Innern zu verstehn [aufgrund des Parallelismus, nicht Kausalverhältnisses zwischen Willens- und Leibesäußerungen], mithin das einzige und *unmittelbar* Bekannte und nicht wie

alles übrige bloß in der Vorstellung Gegebene. Hier also liegt das Datum, welches allein tauglich ist, der Schlüssel zu allem andern zu werden [nämlich durch Analogie] oder, wie ich gesagt habe, die einzige enge Pforte zur Wahrheit. Demzufolge müssen wir die Natur verstehn lernen aus uns selbst, nicht umgekehrt uns selbst aus der Natur. [D.h. wir müssen das Verhältnis von Wille und Leib analog auf die Natur übertragen und den Willen als das Wesen der Welt überhaupt auffassen]. Das uns unmittelbar Bekannte muß uns die Auslegung zu dem nur mittelbar Bekannten geben; nicht umgekehrt. (W II, S. 253f.)

Das Kapitel (das 18. Kap. des zweiten Bandes von *Die Welt als Wille und Vorstellung*), aus dem hier zitiert wurde, ist charakteristischerweise überschrieben „Von der Erkennbarkeit des Dinges an sich". Was nun diese Erkennbarkeit anbetrifft, so gesteht Schopenhauer im Anschluß an die eben zitierte Stelle zu, „daß auch die innere Wahrnehmung, welche wir von unserm eigenen Willen haben, noch keineswegs eine erschöpfende und adäquate Erkenntnis des Dinges an sich liefert", und zwar deshalb nicht, weil die Erkenntnis des Dinges an sich als innere Erkenntnis zwar von zwei Formen der äußeren Welt als Vorstellung frei ist, nämlich von den Formen des Raumes und der Kausalität, nicht aber von der Form der Zeit (das Wollen ist zeitlich ausgedehnt, es hat Dauer) und von der Subjekt/Objekt-Form der Erkenntnis überhaupt. Schopenhauer kann deshalb auch nicht eigentlich den Willen mit dem Ding an sich identifizieren. Vorsichtiger drückt er sich denn auch so aus, daß er Kants Lehre von der Unerkennbarkeit des Dinges an sich dahingehend modifiziert habe, daß der Wille das Ding an sich als „die bei weitem unmittelbarste seiner Erscheinungen [...] für uns vertritt" (W II, S. 255). Und er fügt dann hinzu (S. 256):

> Demzufolge läßt auch nach diesem letzten und äußersten Schritt sich noch die Frage aufwerfen, was denn jener Wille, der sich in der Welt und als die Welt darstellt, zuletzt schlechthin an sich selbst sei, d. h. was er sei, ganz abgesehn davon, daß er sich als *Wille* darstellt oder überhaupt *erscheint*, d. h. überhaupt *erkannt wird*. – Diese Frage ist *nie* zu beantworten: weil, wie gesagt, das Erkanntwerden selbst schon dem An-sich-Sein widerspricht und jedes Erkannte schon als solches nur Erscheinung ist.

Damit wären wir dann an dieser Stelle wieder beim Kantischen Ding an sich angelangt. So gesehen, hätte Schopenhauer besser daran getan, von vornherein auf die Rede von der Erkennbarkeit des Dinges an sich zu verzichten; denn tatsächlich hat er eher innerhalb der Welt als Erscheinung eine Unterscheidung eingeführt zwischen einer Oberflächenschicht (Welt als Vorstellung) und einer Tiefenschicht (Welt als Wille).[104] Unmittelbar zugänglich ist diese Tiefenschicht nur über das Selbstbewußtsein. Darüber hinaus fungiert der Wille dann als einheitliches Erklärungsmodell für die Phänomene der Welt als Vorstellung. Deshalb sollte man Schopenhauers Willensmetaphysik auch nicht so sehr an seinem erklärten metaphysischen Anspruch messen, sondern daran, wie weit sie als Willens*theorie* trägt.

Wenn man sich so der Lehre von der Vorrangstellung des Wollens gegenüber dem Erkennen – oder des Willens gegenüber dem Verstand (Intellekt) – nähert, so kann man die ungelöste Problematik des Dinges an sich einstweilen beiseite setzen. Die erschließende Kraft dieser Lehre erweist sich denn auch gerade im Phänomenbereich, wenn etwa der Ansicht widersprochen wird, daß der Intellekt plane und der Wille dem Intellekt folge. Das Umgekehrte sei der Fall, meint Schopenhauer, der Intellekt diene dem Willen: Der Wille will, und der Intellekt liefere ihm lediglich die passenden Motive. Gleichgültig, ob Schopenhauer hier voll und ganz recht hat, jedenfalls gehört er mit dieser Sicht der Dinge zu den modernen Entdeckern des Unbewußten (Freud ist von Schopenhauer beeinflußt worden):

> Das Bewußtsein ist die bloße Oberfläche unsers Geistes, von welchem wie vom Erdkörper wir nicht das Innere, sondern nur die Schale kennen.
> Was aber die Gedankenassoziation selbst [...] in Tätigkeit versetzt, ist in letzter Instanz oder im geheimen unsers Innern der *Wille*, welcher seinen Diener, den Intellekt, antreibt, nach Maßgabe seiner Kräfte Gedanken an Gedanken zu reihen [...]. (W II, S. 175)

Dieses antagonistische Verhältnis von Wille und Intellekt birgt in sich eine Entfremdung beider, das Auseinanderfallen von erkennendem und handelndem Subjekt. Der versklavte Intellekt sucht sich von seinem Herrn dadurch zu befreien, daß er sich aus dem aktiven Leben in die Kontemplation zurückzieht. Die erkenntnistheoretische Spaltung in Subjekt und Objekt der Erkenntnis wird so durch eine Spaltung des Subjekts in sich noch einmal verschärft. Diese „romantische" Zuspitzung des Entfremdungsgedankens wird

---

[104] „Streng genommen, erkennen wir also auch unsern Willen immer nur noch als Erscheinung und nicht nach dem, was er schlechthin an und für sich sein mag." (W II, S. 632).

in Wittgensteins *Tractatus* in die Weltauffassung eines kontemplativen Solipsismus überführt.[105]

Wie ist es möglich, mag man sich fragen, daß Schopenhauer als Kantianer *nach* Kant auf die Idee kommen konnte, eine solche Metaphysik zu entwerfen? Hier gilt es zu beachten, daß Metaphysik bei Schopenhauer nicht eine synthetisch-apriorische Wissenschaft aus Begriffen ist wie bei Kant, sondern eine auf Erfahrung gegründete Wissenschaft. Dieses muß auf den ersten Blick erst recht in Erstaunen versetzen, weil damit der Anschein erweckt wird, als würde Metaphysik in Konkurrenz zu den empirischen Einzelwissenschaften treten. Dadurch ginge die Einsicht der Kantischen Transzendentalphilosophie verloren, daß eine Frage wie die nach den Bedingungen der Möglichkeit von Erfahrung gerade nicht empirisch beantwortet werden könne (wegen der Zirkularität eines solchen Vorgehens). Dieser Einwand trifft jedoch nicht. Schopenhauer übernimmt im wesentlichen durchaus den Kantischen Apriorismus, insbesondere die Ergebnisse der transzendentalen Ästhetik mit den Auffassungen von Raum und Zeit; er erweitert aber den engen Kantischen Begriff der Erfahrung, der im wesentlichen derjenige der Erfahrungswissenschaften ist. Außerdem geht es Schopenhauer nicht um das Finden neuer empirischer Tatsachen, sondern um eine einheitliche Sicht des weit auseinander liegenden Tatsachenmaterials. Der Begriff der Erfahrung wird ausgedehnt bis in einen Bereich, den wir im Unterschied zur wissenschaftlichen Erfahrung als Lebenserfahrung charakterisieren könnten. Die vielfältigen Erfahrungen des Menschen werden einer Interpretation zugeführt, in der sie unter dem Gesichtspunkt ihres Sinns erschlossen werden sollen.[106] Die empirische Prüfung erstreckt sich nicht auf die Prüfung von Einzeltatsachen (wie in den Wissenschaften), sondern darauf, ob die Interpretation mit den Tatsachen so im Einklang steht, daß sie als ganze *aufgeht,* so daß wir gewissermaßen emphatisch sagen können: „Ja, so ist die Welt und das Leben." Gefragt wird also nach der richtigen Sicht der Welt und des Lebens, die sich nicht auf Einzelnes, sondern nur auf das Ganze erstrecken kann. Metaphysik besteht hier als Perspektive, die es danach zu beurteilen gilt, ob es ihr gelingt, eine „weltanschauliche" Einheit in

---

[105] Siehe dazu weiter unten Teil 5.
[106] Vgl. hier insbesondere Kapitel 17 des zweiten Bandes von *Die Welt als Wille und Vorstellung*: „Über das metaphysische Bedürfnis des Menschen".

die Mannigfaltigkeit des Gegebenen zu bringen. Man könnte (vorgreifend auf Wittgensteins Programm einer „übersichtlichen Darstellung" in den *Philosophischen Untersuchungen*, § 122) davon sprechen, daß Schopenhauer eine synoptische Schau der Welt (als Wille und als Vorstellung) anstrebt, so wie man eine Landschaft „überblickt": Man läßt das Auge „schweifen" und hat doch das Ganze „im Blick". Das Gesichtsfeld verändert sich nur an den Rändern. So lassen bei Schopenhauer auch die Einzelanalysen immer das Grundthema, den *einen* Grundgedanken durchscheinen. Sie weisen diesen Grundgedanken als ihren unausgesprochenen gemeinsamen perspektivischen Fluchtpunkt auf.

Trotz einiger Schwächen der Schopenhauerschen Philosophie wird man daher folgendes sagen können: Es gibt Philosophen, die analytischen Köpfe, die überzeugen aufgrund ihrer scharfsinnigen Unterscheidungen und Argumentationen im einzelnen. Und es gibt Philosophen, die eher künstlerischen Naturen, die nehmen uns durch ihre einheitliche Sicht der Dinge für sich ein. Schopenhauer gehört zu den letzteren. Erst das Ganze verleiht seinen Begründungen im nachhinein Plausibilität. Das synoptische Bemühen dieser Metaphysik findet denn auch in der Darstellungsform ihren angemessenen Ausdruck. Schopenhauer selbst spricht vom „organischen, nicht kettenartigen Bau des Ganzen" (Vorrede zur Ersten Auflage von *Die Welt als Wille und Vorstellung*). Nicht umsonst verlangt er daher von seinen Lesern, ihn ganz und dazu noch zweimal zu lesen. Eine solche Forderung würde für eine induktiv oder deduktiv *beweisende* Wissenschaft nicht zu erheben sein. Hier haben wir ein Indiz für den Unterschied von Wissenschaft und Philosophie, an das später anzuknüpfen sein wird. Diesen Punkt gilt es im Sinn zu behalten, wenn wir uns nun kontrastierend der analytischen Philosophie zuwenden, und zwar zunächst in ihrer auf Frege zurückgehenden wissenschaftsorientierten Gestalt. Damit vollziehen wir unseren zweiten vorbereitenden Schritt auf dem Wege zur Klärung des Status der erkenntnistheoretischen Frage nach der Realität der Außenwelt und – allgemeiner – einer Bewertung der sogenannten Subjekt/Objekt-Spaltung. Daß es sich hierbei tatsächlich um einen Schritt auf diesem Wege handelt, wird sich erst später zeigen.

4.2. Transformation der Erkenntnistheorie in Sprachphilosophie

Die neuere und neueste Philosophie zeichnet sich dadurch aus, daß sie der Sprache eine besondere Aufmerksamkeit widmet. Diese Entwicklung hat im 19. Jahrhundert begonnen und findet ihren Höhepunkt in der Auffassung, daß die Grundlage der Philosophie generell eine Bedeutungslehre sprachlicher Ausdrücke sei.[107]

Bevor man diese Auffassung be- oder verurteilt, sollte man die Gründe bedenken. Sie sind darin zu suchen, daß die Philosophen angesichts ihres häufigen Scheiterns, nicht zuletzt aufgrund umstrittener Begriffsbildungen, in sich gegangen sind und gewissermaßen nach den sprachlichen Bedingungen der Möglichkeit von Philosophie gefragt haben. Dabei sind keineswegs alle von dem Faktum der Philosophie, daß es Philosophie einfach gibt, widerspruchslos ausgegangen, sondern einige haben radikal die Frage gestellt, ob

---

[107] Vgl. stellvertretend für diese Auffassung in der Gegenwart M. Dummett, *Wahrheit. Fünf philosophische Aufsätze*, ed. J. Schulte, Stuttgart 1982, insbesondere S. 192: „Analytische Philosophie ist Philosophie im Anschluß an Frege. Freges grundlegende Leistung war, daß er unseren Blickwinkel innerhalb der Philosophie änderte und das, was er „Logik" nannte, an die Stelle der Erkenntnistheorie setzte, die bis dahin den Ausgangspunkt dieses Fachs gebildet hatte." Dummett fügt dann hinzu, daß „Logik" bei Frege die „Philosophie der Sprache" einschließe, und stellt schließlich fest (S. 192f.): „Für Frege wie für alle späteren Vertreter der analytischen Philosophie ist die Philosophie der Sprache die Grundlage der gesamten übrigen Philosophie, weil sich Gedanken nur mit Hilfe einer Analyse der Sprache analysieren lassen." Während Autoren wie Dummett die Philosophie historisch sozusagen mit Frege beginnen lassen, indem sie sich selbst als systematische Philosophen innerhalb des sprachanalytischen Paradigmas verstehen, fordern andere Autoren, daß man nun auch rückblickend voranalytische Autoren sprachanalytisch lesen müsse. In diesem Sinne erklärt etwa E. Tugendhat, *Selbstbewußtsein und Selbstbestimmung. Sprachanalytische Interpretationen*, Frankfurt a.M. 1979, S. 7: „Die Auffassung, daß die sprachanalytische Methode insofern die einzige genuine philosophische Methode ist, impliziert die These, daß diese Methode auch die einzige adäquate Interpretationsmethode aller bisherigen Philosophie ist." Die vorliegenden Untersuchungen gehen davon aus, daß die Differenz zwischen nachvollziehender Interpretation und sprachanalytischer Rekonstruktion sichtbar bleiben muß und eigens zu thematisieren ist.

Philosophie überhaupt sprachlich sinnvoll möglich sei.[108] Insbesondere die Kantische Frage, ob und wie Metaphysik als Wissenschaft möglich sei, wurde so für die Philosophie allgemein auf sprachkritischer Grundlage neu und entschiedener gestellt. Man hat diese Entwicklung denn auch richtig als Ablösung der Erkenntniskritik durch Sprachkritik gekennzeichnet. Die Sprachkritik wurde dabei als fundamentaler angesehen, weil die traditionelle Erkenntnistheorie selbst noch einer sprachkritischen Läuterung bedürfe. Insbesondere wurde die angenommene Trennung von Erkenntnis und Sprache bestritten, wie sie etwa bei J. Locke als selbstverständlich unterstellt wird.[109] Wenn Erkenntnis sprachlich verfaßt ist, so das Argument, läßt sie sich nicht losgelöst von Sprache untersuchen. In diesem Sinne ist es zu verstehen, daß Sprachphilosophie zur grundlegenden Disziplin der Philosophie geworden ist: Der Erkenntnisanspruch der Philosophie wird durch die Analyse der Sprache der Philosophie geprüft und kritisiert. Und insoweit die Philosophie sich mit Erkenntnisansprüchen von Wissenschaft, Literatur, Kunst, Religion usw. auseinandersetzt, hat sie die Sprachphilosophie als Grundlagendisziplin auch in die zugeordneten theoretischen Disziplinen wie Wissenschaftstheorie, Literaturtheorie, Kunsttheorie, Theologie usw. hineingetragen. Diese Entwicklung wird häufig als sprachphilosophische Wende („linguistic turn") der Philosophie beschrieben.

Zur Vermeidung von Mißverständnissen sei darauf hingewiesen, daß „Sprachphilosophie" im weiteren Sinne zwei unterschiedliche Bestrebungen umfaßt, eine philosophische Theorie der Sprache und eine Philosophie, die sich der Sprachanalyse zur Lösung auch ihrer anderweitigen Probleme bedient. Erstere ist in der Tat nur ein Teilgebiet der Philosophie, neben Naturphilosophie, Kunstphilosophie usw.. „Sprachphilosophie" heißt hier, daß die Sprache Gegenstand (Thema) philosophischer Betrachtung ist, so wie es in der Naturphilosophie die Natur ist. In diesem Sinne kann Philosophie natürlich nicht in Sprachphilosophie aufgehen, da sie ja noch andere Gegenstände hat. Einen universalen Anspruch kann nur die

---

[108] Ohne die Zuspitzung auf das Sprachproblem ist die sinnkritische Frage freilich auch vorher Thema der Philosophie gewesen. Vgl. die Ausführungen zu Humes Sinnkriterium.

[109] Vgl. die allgemeinen Überlegungen zum Verhältnis von Wörtern und Ideen zu Beginn des dritten Buches von *Versuch über den menschlichen Verstand*.

Sprachphilosophie der zweiten Art erheben. Diese ist nicht über die Sprache als Gegenstand bestimmt, sondern über die Sprachanalyse als Methode. Sie schließt kein Thema von der Betrachtung aus, nähert sich allen Themen vielmehr über eine Analyse unseres sprachlichen Zugangs zu ihnen, z. B. dem Problem des Seins über eine Analyse der Verwendung des *Wortes* „sein".[110]

Während sich viele Gegenwartsphilosophen der sprachphilosophischen Wende aus den genannten Gründen angeschlossen haben, ist ihre Stellung zur Sprache und zur Sprachanalyse keineswegs einheitlich. Und dies hängt letztlich mit unterschiedlichen Verständnissen der Philosophie selbst zusammen. Es wiederholen sich hier auf neuer Stufe alte Gegensätze, die sich in ihren Extremen charakterisieren lassen durch Formulierungen wie Philosophie als Wissenschaft und Philosophie als Hinführung zur richtigen Sicht der Welt. (Im ersten Sinne ist Philosophie eher eine Lehre, im zweiten eher eine Tätigkeit.) Charakteristischerweise unterscheiden sich diese beiden Richtungen der sprachanalytischen Philosophie insbesondere durch ihre Stellung zur Alltagssprache. Ihre Repräsentanten haben sie in G. Frege auf der einen und dem späten Wittgenstein auf der anderen Seite. Beide Autoren haben, auf je unterschiedliche Weise, die Transformation von Erkenntnistheorie in Sprachphilosophie so entscheidend mitbestimmt, daß wir unsere Darstellung der erkenntnistheoretischen Thematik im folgenden darauf einzustellen haben.

Zu beginnen ist – auch aus historisch-chronologischen Gründen – mit Frege und der wissenschaftlichen Auffassung der Philosophie.[111] Diese Auffassung ist in ihrer Stellung zur Sprache durch die Überzeugung charakterisiert, daß die Alltagssprache nicht präzise genug ist, um wissenschaftlichen Anforderungen zu genügen. Eine Hauptforderung an Wissenschaftssprachen ist, daß ihre Begriffe präzise *definiert* sind. Dies geschieht häufig durch, wie man sagt, „Explikationen" alltagssprachlicher Begriffe. Ein bekanntes Beispiel ist die Explikation des Begriffs „Fisch". In der Alltagssprache verwenden wir „Fisch" ungefähr im Sinne von „Wasserlebewesen"

---

[110] Einen solchen Zugang finden wir sogar, obwohl mit ganz anderer Zielrichtung, bei M. Heidegger, *Einführung in die Metaphysik,* insbesondere Kap. II.

[111] Auf Wittgenstein werden wir erst zu sprechen kommen, nachdem wir auch die parallel verlaufende Transformation von Erkenntnistheorie in Wissenschaftstheorie betrachtet haben.

und sprechen deshalb auch von „Walfischen". Der wissenschaftliche Gebrauch nimmt aber aus klassifikatorischen Gründen Säugetiere von den Fischen aus. Er verändert so den ursprünglichen Gebrauch, ohne ihn jedoch gänzlich aufzugeben; denn die meisten der alltagssprachlich so genannten Fische bleiben es auch im Rahmen der wissenschaftlichen Neubestimmung.

Dieses Beispiel sollte hier nur zur Erläuterung des Verfahrens der Explikation dienen, es ist aber natürlich selbst noch kein philosophisches Beispiel. Eine philosophisch wichtige Explikation dagegen dürfte ohne Frage eine solche des Begriffs „Sein" sein. Deren Betrachtung erlaubt es, einen genaueren Blick auf die Methode einer an wissenschaftlicher Genauigkeit orientierten sprachanalytischen Philosophie zu werfen. Über den Begriff des Seins ist zudem der Zusammenhang mit dem Realitätsproblem gewahrt. Worum es in unserem Falle geht, ist die Aufdeckung logischer Verhältnisse. Ein solches Anliegen kommt auch aus erkenntnistheoretischer Sicht nicht von ungefähr; denn die Logik gilt ja nicht erst seit Kant als diejenige Disziplin, die die formalen Kategorien, Strukturen und Gesetze unseres Denkens klärt. Wenn die Alltagssprache nun, den engen Zusammenhang von Denken und Sprache vorausgesetzt (s.o.), die logischen Verhältnisse verdeckt, ist sie nicht geeignet als Mittel exakten Denkens. Ja, noch mehr, eine Philosophie, die sich in ihrem Denken zu sehr an der Alltagssprache orientiert und sich von deren Grammatik die Kategorien und Unterscheidungen aufdrängen läßt, statt sie aus ihr in logischer Arbeit kritisch herauszuarbeiten, eben zu explizieren, läuft Gefahr, sich in Begriffsverwirrungen zu verlieren. In diesem Sinne erklärt Frege, daß Logiker und Philosoph sich im Kampf mit der Sprache von deren „Herrschaft" freizumachen hätten. Die hier gemeinte Alltagssprache (oder Gebrauchssprache) bleibt als „Sprache des Lebens" dabei unangetastet, lediglich ihre Eignung als Mittel philosophischer Erkenntnis wird bestritten. Doch nun zur Explikation von „Sein", die wir Frege verdanken.

Festzustellen ist zunächst, daß in der Alltagssprache das Wörtchen „ist" unterschiedslos für sehr verschiedene logische Begriffe und Beziehungen verwendet wird. Dies wird schon an so einfachen Sätzen wie den folgenden deutlich:

(1) Frege *ist* ein Deutscher, (2) Frege *ist* der Begründer der modernen Logik, (3) Der Deutsche *ist* ein Europäer.

Wir haben es hier zu tun mit (1) dem Fallen eines Gegenstandes unter einen Begriff (Subsumtion), (2) der Gegenstandsidentität und

(3) der Unterordnung eines Begriffs unter einen anderen (Subordination). Mit diesen Fällen wollen wir uns aber nicht beschäftigen. Unser Interesse gilt der Rede vom „Sein" im Sinne der Existenzaussage. Philosophische Beispielsätze sind da „Gott ist", das erkenntnistheoretisch bedeutsame „Ich bin" in Descartes' „Ich denke, also bin ich" sowie Berkeleys „esse est percipi". In philosophischer Rede werden Existenzaussagen der Form „a ist" häufig in Aussagen der Form „a ist ein Seiendes" oder „a kommt Sein zu" umformuliert. Alltagssprachlich sagt man eher „a gibt es".

Die philosophische Rede vom „Sein" ist nun offensichtlich von der Infinitivform „sein" des alltagssprachlichen „ist" abgeleitet. Und in dieser substantivierten Ableitung entwickelt das auf den ersten Blick unschuldigste aller Wörter (man beachte die „verharmlosende" Bezeichnung „Hilfszeitwort") ungeahnte Tücken, wie die Geschichte der Philosophie belegt. Hier knüpft die sprachanalytische Kritik und auch Selbstkritik der Philosophen an. Bisher (an den ersten drei Beispielssätzen) haben wir gesehen, daß die Alltagssprache die für logische Zwecke wohl zu unterscheidenden Gebräuche von „ist" außer acht läßt. Nunmehr kommt als weiteres Moment eine Irreführung durch die Alltagssprache hinzu. Es sieht nämlich so aus, als seien die Philosophen auf die Rede vom „Sein" dadurch verfallen, daß sie zunächst festgestellt haben, daß einzelne Gegenstände alles mögliche sein können, z. B. Deutscher, Europäer, Mensch, Lebewesen. Das, was Gegenstände in diesem Sinne sein können, kommt ihnen als Eigenschaft zu. Dieses „sein" wird als Susumtion ausgedrückt in Sätzen der Form (1) mit Hilfe des „ist" als Kopula.

Die Reihe von Eigenschaften, die ich eben aufgezählt habe, ist eine Reihe von aufsteigender Allgemeinheit. Vorangehende Begriffe sind nachstehenden untergeordnet, gemäß der Subordination in (3). Jeweils nachstehende Begriffe sind Oberbegriffe zu vorangehenden. Hier drängt sich einem philosophisch denkenden Menschen scheinbar ganz natürlich die Frage nach der Fortsetzung dieser Reihe und ihrem Ende auf, nämlich nach der Eigenschaft von größter Allgemeinheit, die allem zukommt. Diese Eigenschaft muß eine Eigenschaft sein, die Gegenstände nicht mehr voneinander unterscheidet. Die Gegenstände dürfen nicht mehr etwas bestimmtes sein, sondern sie müssen sozusagen *schlechthin* sein. Wenn wir Sätze der Form (1) mit unseren philosophischen Seinsaussagen vergleichen, so können wir diesen Gedankengang an der sprachlichen Form noch ablesen. Ein Satz wie „Ich bin" wird aus Sätzen der

Form (1), wie etwa „Ich bin ein Deutscher" und „Ich bin ein Engländer" dadurch gebildet, daß die gegenstandsunterscheidenden Prädikate, wie „Deutscher" und „Engländer", schlicht abgeschnitten werden. Auf diese Weise entsteht der Schein, als sei die verbliebene Kopula „ist" ein eigenständiges Prädikat von Gegenständen, das dann substantiviert zu „Sein" wird. Die philosophische Rede vom „Sein" hat gewissermaßen in diesem abgeschnittenen „Schlechthinsein" ihren sprachlichen Ursprung. Sprachkritisch treffend charakterisiert Frege diesen Zuammmenhang so: „Wenn die Philosophen von dem ‚absoluten Sein' sprechen, so ist dies eigentlich eine Vergötterung der Kopula".[112] Das Ergebnis einer solchen Betrachtung ist, daß „Sein" als Eigenschaft von Gegenständen diese nicht dahingehend bestimmt, *was* sie sind, sondern dahingehend, *daß* sie sind, und daß sich der Begriff *Sein* von Begriffen wie *Mensch* lediglich durch seinen (höchsten) Allgemeinheitsgrad unterscheidet und ansonsten ein „ganz normaler" Begriff zu sein scheint.

Schauen wir uns die Sache analytisch an. Für normale Prädikate gilt, daß es Sinn macht, sie einem Gegenstand zu- oder abzusprechen. Es macht Sinn, von diesem Tisch zu sagen, daß er grün ist, und es macht auch Sinn, zu sagen, daß er nicht grün ist, wobei allerdings nur eines von beiden der Fall sein kann. Wie sieht das aber aus, wenn ich das Prädikat „Sein" oder „Existenz" zu- oder abspreche? Wenn ich diesem Tisch die Existenz zuspreche, so macht das wenig Sinn, weil ich auf diese Weise über den Tisch gar nichts Neues erfahren kann. Daß der Tisch existiert, muß ich schon wissen, um sinnvollerweise etwas über ihn aussagen zu können. Allgemein gesprochen: In einer Aussage über einen Gegenstand ist die Existenz dieses Gegenstandes bereits vorausgesetzt. Dies gilt für alle Gegenstandsaussagen, auch für negative, also auch dann, wenn ich einem Gegenstand ein Prädikat abspreche. Handelt es sich dabei um das Prädikat der Existenz, so setze ich zunächst die Existenz des Gegenstandes voraus, damit ich überhaupt eine Aussage über ihn machen kann, um ihm dann die Existenz in der Aussage selbst abzusprechen, was auf einen Widerspruch hinausläuft. Während also die positive Existenzaussage über einen Gegenstand nichtssagend ist, ist die negative Existenzaussage widersprüchlich. Daran

---

[112] *Dialog mit Pünjer über Existenz*; in: G. Frege, *Schriften zur Logik und Sprachphilosophie,* ed. G. Gabriel, 3. Aufl. Hamburg 1990 (Philosophische Bibliothek, Bd. 277), S. 71.

zeigt sich, daß „Existenz" keineswegs ein normales Prädikat ist.[113]

Soweit ist das Ergebnis negativ. Was läßt sich nun positiv sagen? Die Schwierigkeiten haben sich in solchen Fällen ergeben, in denen das Prädikat einem *Gegenstand* zugesprochen wird, wenn also an grammatischer Subjektstelle der Aussage ein Gegenstandsname steht. Die Schwierigkeiten bleiben dagegen aus, wenn an grammatischer Subjektstelle ein Begriffsausdruck, also ein Prädikat steht. So macht es Sinn zu sagen: „Hexen existieren". Diese Aussage ist informativ, wenn auch falsch. Die Negation ist entsprechend nicht nur sinnvoll, sondern sogar wahr. Dies läßt den Schluß zu, daß „Existenz" zwar kein sinnvolles Prädikat von Gegenständen, aber sehr wohl von Begriffen ist. In „Hexen existieren" wird danach von dem Begriff *Hexe* ausgesagt, daß es Gegenstände gibt, die unter ihn fallen, daß der Begriff *Hexe* nicht leer ist. Existenz ist dann vom logischen Standpunkt aus keine Eigenschaft von Gegenständen, sondern von Begriffen, und zwar von solchen Begriffen, unter die Gegenstände fallen. Solche Begriffe nennt Frege „Begriffe erster Stufe" und unterscheidet sie von Begriffen „zweiter Stufe", die Eigenschaften von Begriffen erster Stufe bestimmen. „Existenz" ist danach ein Begriff zweiter Stufe. Und damit erweist sich „Existenz" entgegen dem grammatischen Anschein der Alltagssprache als logisch von „normalen" Prädikaten kategorial verschieden. In formalen Wissenschaftssprachen wird diese Verschiedenheit deshalb auch syntaktisch zum Ausdruck gebracht. Während die Form einer Aussage, die eine Eigenschaft von einem Gegenstand aussagt, symbolisiert wird als „$P(a)$", wird eine Existenzaussage symbolisiert als „$\exists x\, P(x)$", wobei die Stellung des sogenannten Existenzquantors „$\exists x$" zum Ausdruck bringt, daß er über den durch „$P(x)$" symbolisierten Begriff etwas aussagt. Eine Aussage der Form „$E(a)$", wobei „E" für „Existenz" stehen würde, verstößt danach gegen die logische Grammatik (Syntax) und ist sinnlos.

---

[113] Diese Einsicht läßt sich als sprachanalytische Reformulierung des folgenden Ergebnisses von Kant verstehen: „*Sein* ist offenbar kein reales Prädikat, d. i. ein Begriff von irgend etwas, was zu dem Begriffe eines Dinges hinzukommen könne" (*Kritik der reinen Vernunft*, B 626). Vgl. auch M. Heidegger, *Einführung in die Metaphysik*, 5. Aufl. Tübingen 1987, S. 61f., der hervorhebt, daß bereits Aristoteles „ahnte", daß „Sein" nicht als oberster Gattungsbegriff verstanden werden dürfe.

Wir haben am Beispiel der Analyse (Explikation) des Begriffs des Seins (im Sinne der Existenz) erläutert, inwiefern die Auffassung berechtigt ist, daß der Philosoph durch die Alltagssprache in die Irre geführt werden kann. Eine solche Formulierung könnte nun leicht dahingehend mißverstanden werden, daß die Alltagssprache hierbei irgendeine Schuld treffe; aber dem ist nicht so. Die Alltagssprache selbst ist bei der ganzen Geschichte vollkommen unschuldig. Für Fehler ist nicht sie, sondern sind diejenigen verantwortlich, die nicht sehen, daß alltagssprachliche Analogien logische Unterscheidungen verbergen können. Dies macht nichts, solange wir die Alltagsverständigung nicht verlassen. Über logische Unterscheidungen dürfen wir aber nicht hinweggehen, sobald wir uns aus dem Alltag lösen und eine philosophisch-wissenschaftliche Analyse unserer Welterkenntnis in Angriff nehmen. Hier den sprachlichen Analogien zu folgen, kann zu kategorialen Irrtümern führen.

Vor diesem Hintergrund wird es verständlich, warum man meinen konnte, in einer idealen Sprache das Instrument geschaffen zu haben, um die Philosophie auf eine wissenschaftliche Grundlage stellen zu können, die solche Irrtümer unmöglich macht. Damit einher geht die Tendenz, *wissenschaftliche* Erkenntnis überhaupt als Muster von Erkenntnis anzusehen. Auf diese Weise kommt es zu einer Transformation von Erkenntnistheorie in Wissenschaftstheorie. Wir haben nun zu prüfen, wieweit die Erkenntnistheorie hierbei Einbußen hinnehmen muß.

4.3. Transformation der Erkenntnistheorie in Wissenschaftstheorie

In unseren früheren Bemerkungen zum Erkenntnisbegriff hatten wir bereits gesagt, daß es verschiedene Arten der Erkenntnisvermittlung gibt, außer in den Wissenschaften z. B. in Kunst und Dichtung, so daß wir auch von ästhetischer Erkenntnis sprechen können. Daneben gibt es aber noch im ganz alltäglichen Sinne Erkenntnisse. Wenn das Kind schmerzhaft bemerkt, daß man sich am Feuer die Finger verbrennt, so ist dies eine sehr wesentliche, lebenserhaltende Erkenntnis, ohne daß sie wissenschaftlich zu nennen wäre. Nimmt die Wissenschaft sich dieser Tatsache an, so wird sie über deren Feststellung hinaus nach den verborgenen Zusammenhängen zwischen Feuer und Verbrennung forschen. Von alltäglichen Erkenntnissen für den Hausgebrauch unterscheidet sich wissenschaftliche Erkenntnis entsprechend vor allem durch zwei Momente: erstens dadurch, daß sie den Dingen auf den Grund zu gehen sucht, ohne deshalb zu beanspruchen, auf den letzten Grund kommen zu können, und zweitens dadurch, daß sie sich nicht mit der Feststellung von Einzeltatsachen begnügt, sondern ihre Ergebnisse in einen größeren Zusammenhang zu stellen sucht, den man gemeinhin eine „Theorie" nennt. In diesem Sinne gibt es z. B. chemische, physikalische, mathematische, ökonomische, psychologische, medizinische, sprachwissenschaftliche und literaturwissenschaftliche Theorien. Im folgenden sind in erster Linie Naturwissenschaften angesprochen.

Auch für die Wissenschaftstheorie ist eine Unterscheidung zu betonen, die schon für die Erkenntnistheorie hervorgehoben worden ist, die Unterscheidung zwischen Geltung und Genese. Untersucht werden wissenschaftliche Theorien unter dem Gesichtspunkt der Geltung und nicht unter demjenigen der Genese. Fragen der Genese, also Fragen danach, wie wissenschaftliche Erkenntnisse gewonnen werden bzw. gewonnen wurden, sind Gegenstand von Wissenschaftspsychologie und Wissenschaftsgeschichte. Eine Wissenschaftsheuristik, also eine „Erfindungskunst" als methodische Anleitung, in der Wissenschaft etwas Neues zu finden, mag für den Einzelforscher oder die Forschergruppe zu hilfreichen Einsichten darin führen, wie man am erfolgreichsten vorgehen kann. Es ist allerdings eher fraglich, ob Forscherintuition auf lehr- und lernbare Regeln gebracht werden kann. Was die Wissenschaftsgeschichte anbelangt, so haben deren Ergebnisse gerade in den letzten zwanzig Jahren einen nachhaltigen Einfluß auf die Wissenschaftstheorie ausgeübt, indem sie dazu zwangen, den Begriff der wissenschaftlichen Rationalität zu überdenken. Dabei kann sich gerade eine kritische Wissenschaftsgeschichte der Geltungsfrage nicht entziehen. Solange sie beansprucht uns über Irrtümer aufklären zu wollen, tritt sie selbst unter der Idee der Wahrheit an, beansprucht Geltung. Von „Irrtum" zu sprechen, macht nur Sinn, wenn man die Rede von berechtigten (wahren) Geltungsansprüchen zuläßt. Relativistischer Geltungsskeptiker kann man konsistent nur schweigend sein, indem die Skepsis sich als Lebensgefühl niederschlägt. Dabei kann man (mit Nietzsche) auch ganz fröhlich sein, unmöglich aber ist eine in diesem Sinne „fröhliche *Wissenschaft*".

Die einfachste sprachliche Form, in der Geltungsansprüche erhoben werden, ist der Behauptungssatz (Aussagesatz). Diese Auszeichnung folgt selbst schon der sprachphilosophischen Wende, indem die Aufmerksamkeit von „Urteilen" als den *Denk*gebilden der älteren Tradition auf die entsprechenden *sprachlichen* Gebilde gelenkt wird. Wenn wir die Stellung von Behauptungssätzen innerhalb ganzer Wissenschaften betrachten, so haben wir es mit Einheiten von mittlerer Größenordnung zu tun. Genauer gesagt: einzelne Sätze sind nicht kleinste Bestandteile, sondern selbst logisch noch weiter zerlegungsfähig durch logische Sprachanalyse. Außerdem sind sie aber auch Bestandteile komplexerer wissenschaftlicher Theorien.

Von besonderer Bedeutung ist die Frage nach der Begründung des Geltungsanspruchs solcher Behauptungssätze, die allgemeine Gesetze innerhalb von Theorien formulieren. Die Diskussion hierüber ist wesentlich durch die Auseinandersetzung zwischen Logischem Empirismus (M. Schlick, R. Carnap) und Kritischem Rationalismus (K. R. Popper) bestimmt worden. Nach empiristischer Auffassung sind Naturgesetze aus der Feststellung einzelner Tatsachen durch Verallgemeinerung (Induktion) gewonnen und durch weitere Feststellungen empirisch bestätigt worden. Ursprünglich hat man auch von empirischer Verifikation (Bewahrheitung) gesprochen. Dagegen hat insbesondere Popper in seinem Buch *Logik der Forschung* eingewendet, daß man im Empirischen nur negativ von bislang fehlgeschlagenen Versuchen, die Falschheit einer naturgesetzlichen Behauptung festzustellen (Falsifikation), sprechen könne, nicht aber von einer positiven Feststellung von deren Wahrheit. Der Grund ist, daß *generelle* empirische Behauptungen (aus logischen Gründen) auch durch noch so viele Fälle, d. h. entsprechende wahre *singuläre* Behauptungen, nicht bewahrheitet werden können. Die Behauptung „*Alle* Schwäne sind weiß" wird nicht dadurch wahr, daß sich die Behauptung „*Dieser* Schwan ist weiß" in den *bisherigen* Fällen als wahr erwiesen hat – schließlich könnten wir auf einen schwarzen Schwan treffen.

Der Begriff der Verifikation ist dann im logischen Empirismus durch den Begriff der Bestätigung (confirmation) ersetzt worden. Nach kritisch-rationalistischer Auffassung gibt es aber nicht einmal eine fortschreitende Bestätigung empirischer Gesetze, sondern lediglich eine Bewährung (corroboration) auf Grund bislang nicht gelungener Falsifikation. Einig sind sich Logischer Empirismus und kritischer Rationalismus darin, daß Naturgesetze jedenfalls nicht apriorisch gelten.

Besteht auch der wesentlichste Teil einer wissenschaftlichen Theorie aus ihren allgemeinen Gesetzen, die Wissenschaft selbst hat es außerdem mit singulären Behauptungen zu tun, d. h. mit Behauptungen über Einzeltatsachen. Wie steht es mit dem Verhältnis beider zu einander? Bilden singuläre Behauptungen einerseits die Grundlage für das Aufstellen von Gesetzen, so können sie andererseits in Geltung befindliche Gesetze zu Fall bringen, dann nämlich, wenn aus diesen Gesetzen abgeleitete Behauptungen in Widerspruch treten zu (als wahr anerkannten) singulären Behauptungen. So einfach dies klingt, es ist es nicht. Grundsätzlich kann man sich in einem solchen Konfliktfall zwischen Allgemeinem und Besonderem nämlich auf die eine oder die andere Seite schlagen. Die Feststellung eines Widerspruchs zwischen einem allgemeinen Gesetz und einer singulären Behauptung führt normalerweise keineswegs dazu, das Gesetz als widerlegt zu betrachten. Logisch betrachtet ist es zwar so, daß ein allgemeines Gesetz eine Behauptung über alle Fälle macht, also keine Ausnahme zuläßt. Danach genügt ein einziges abweichendes Gegenbeispiel, um den Allgemeinheitsanspruch eines allgemeinen Gesetzes zu widerlegen. Die Frage ist aber, ob das Gegenbeispiel wirklich eines ist.

Nehmen wir an, jemand würde ein Blatt Papier loslassen und es würde nicht zu Boden fallen, sondern sich in die Lüfte heben. Würden wir dann sagen, das Gravitationsgesetz sei widerlegt? Eher würden wir wohl vermuten, daß das Blatt von einem Luftstoß – unbeabsichtigt oder beabsichtigt – in die Höhe getrieben worden ist. Man würde also der Versuchsanordnung oder dem Experimentator mißtrauen. Und dies ist gewiß ein „gesundes" Mißtrauen. Solche und ähnliche Fälle sind uns Anlaß, darauf hinzuweisen, daß Naturgesetze nur unter annähernd idealen, nämlich störungsfreien Bedingungen gelten. Damit ist uns die Möglichkeit gegeben, Fälle mit dem Argument auszusondern, daß die Versuchsbedingungen nicht erfüllt gewesen sind. Was machen wir aber, wenn wir keine störenden Ursachen finden, die für die Abweichung von der Gesetzmäßigkeit verantwortlich gemacht werden könnten? Selbst in diesem Fall werden die meisten die allgemeine Geltung des Gesetzes nicht in Zweifel ziehen, sondern weiter nach verborgenen Störungen forschen. Wie wir uns hier im Ernstfall entscheiden, wird schließlich davon abhängen, wie wir geneigt sind, die Welt zu sehen. Wenn jemand darauf besteht, daß zumindest in diesem einen Fall „offensichtlich" ein allgemeines Naturgesetz außer Kraft gesetzt war, so können wir ihm das Gegenteil nicht *beweisen*. Noch schwieriger wird es, wenn die Versuchsanordnung selbst nicht mehr gegenwärtig ist und wir uns auf die Berichte von Augenzeugen zu verlassen haben. Hier steht dann ein allgemeines Gesetz gegen eine oder mehrere singuläre Behauptungen. Die Naturwissenschaft verlangt deshalb aus guten Gründen die Wiederholbarkeit von Experimenten. Es gibt aber letztlich kein zwingendes Argument dafür, daß die nicht passenden singulären Behauptungen falsch sind, so daß „Wunder" also prinzipiell nicht auszuschließen sind.

Diese Überlegungen dürften deutlich gemacht haben, warum für die Wissenschaftstheorie nicht nur allgemeine Gesetze, sondern auch singuläre Behauptungssätze ein Thema und Problem sind. Ausgehend von der Frage, wie empirische Hypothesen und Theorien zu überprüfen sind, stößt man notwendigerweise auf nicht weiter hintergehbare Instanzen, deren Gesamtheit man üblicherweise als „Basis" wissenschaftlicher Erkenntnisse bezeichnet. Das hier zu klärende Problem, welcher Status diesen Instanzen zukommt, nennt man deshalb das „Basisproblem".

Wenn wir hier neutral von Instanzen und nicht von Behauptungen sprechen, so deshalb, weil es keineswegs ausgemacht ist, daß die Basis tatsächlich behauptbar ist, wie wir bislang unterstellt haben. Wenn es nämlich so ist, daß wir letztlich niemanden argumentativ dazu zwingen können, zur Basis gehörende singuläre Behauptungssätze, von Popper so genannte „Basissätze" zu verwerfen, so können wir umgekehrt auch niemanden argumentativ dazu zwingen, sie anzuerkennen.[114] Es gibt keine über jeden möglichen Zweifel erhabene absolut sicheren Basissätze. Praktisch kommt unser Zweifel zwar an ein Ende, bei der Klärung des Begründungsverhältnisses von Allgemeinem und Besonderem können wir uns darauf aber nicht berufen. Ob ein Zweifel im konkreten Fall nun sinnvoll erscheint oder nicht, Basissätze bilden jedenfalls kein geringeres „Sicherheitsrisiko" als allgemeine Gesetze.[115]

Solche und ähnliche Erwägungen haben Popper dazu geführt, den konventionellen Charakter der Basissätze hervorzuheben. Diese haben danach weniger den Status von Feststellungen (Behauptungen), sondern eher von Festsetzungen. (Damit wird dem Umstand Rechnung getragen, daß die Anerkennung von Basissätzen argu-

---

[114] Statt von „Basissätzen" ist bei M. Schlick von „Beobachtungssätzen" und bei R. Carnap und O. Neurath von „Protokollsätzen" die Rede.
[115] Auch die traditionellen Kandidaten für „unkorrigierbare" Sätze wie „Ich habe einen Weiß-Eindruck" können die Grundlage einer intersubjektiven Nachprüfung nicht abgeben, weil sie sich „öffentlichen" Kriterien gar nicht erst aussetzen.

mentativ nicht erzwungen werden kann.) Um der Willkürlichkeit im Sinne einer bloßen Beliebigkeit zu entgehen, die Festsetzungen mit sich führen, betont Carnap, daß Basissätzen neben einer konventionellen Komponente auch eine auf Beobachtungen beruhende zukommt. Bei Popper tritt das konventionalistische Moment stärker hervor. Zwar bezieht er ausdrücklich gegen den wissenschaftstheoretischen Konventionalismus dadurch Stellung, daß er nicht wie dieser die allgemeinen, sondern die singulären Sätze als Festsetzungen bestimmt; diese aber werden ausdrücklich als willkürlich eingestuft.[116] Beliebig sollen auch sie nicht sein, sondern aufgrund zweckmäßig erscheinender (vorläufiger) Übereinkunft erfolgen. Es bleiben unangenehme Konsequenzen:

> Sollte eines Tages zwischen wissenschaftlichen Beobachtern über Basissätze keine Einigung zu erzielen sein, so würde das bedeuten, daß die Sprache als intersubjektives Verständigungsmittel versagt. Durch eine solche Sprachverwirrung wäre die Tätigkeit des Forschers ad absurdum geführt; wir müßten unsere Arbeit am Turmbau der Wissenschaft einstellen. (*Logik der Forschung*, S. 70)[117]

Wir haben im vorigen an einem zentralen Problem den Erkenntnisbegriff der Wissenschaftstheorie zu erläutern versucht. Es sollte dabei deutlich geworden sein, in welchem Sinne die Wissenschaftstheorie ein Teilgebiet der Philosophie ausmacht. Die Beantwortung der (Kantischen) Frage „Was können wir wissen?" verlangt geradezu eine Analyse derjenigen Erkenntnisformen, die das Wissen bereits in ihrem Titel „Wissenschaften" beanspruchen. Es schließt sich eine noch weitergehende Frage an; denn die Wissenschaftstheorie stellt nicht nur ein anerkanntes Teilgebiet, sondern auch eine Herausforderung der Philosophie dar. Die Philosophie, die die wissenschaftliche Erkenntnis analysiert, steht unter dem Druck der selbstkritischen Frage, wie es denn mit ihren eigenen Erkenntnisan-

---

[116] K. R. Popper, *Logik der Forschung*, 6. Aufl. Tübingen 1976, S. 74.
[117] Nicht zu übersehen sind die Anklänge an den biblischen „Turmbau zu Babel" mit dessen Bestrafung durch Sprachverwirrung. Dem Fortschrittsoptimisten Popper scheint der Sinn dieser Geschichte allerdings abhanden gekommen zu sein. Vgl. dagegen S. Kierkegaard, *Die Tagebücher. Eine Auswahl*, ed. H. Gerdes, Düsseldorf u. Köln 1980, S. 237, wo die babylonische Sprachverwirrung gerade umgekehrt dadurch zu erklären versucht wird, daß sie aus dem „selbstherrlichen Versuch" entstanden sei, „eine willkürlich gebildete Gemeinsprache zu schaffen", der es an dem „alles zusammenhaltenden Gemein-Sinn" fehle.

sprüchen steht, insbesondere denjenigen, die traditionellerweise unter dem Titel „Metaphysik" versammelt sind. Spätestens seit Kant stellt sich, wie wir gesehen haben, mit der Analyse wissenschaftlicher Erkenntnis auch die Frage, ob Metaphysik (mit ihren Fragen nach Gott, Freiheit und Unsterblichkeit) als Wissenschaft möglich sei. Einig sind sich Kant und alle Wissenschaftstheoretiker, daß Metaphysik jedenfalls keine empirische Wissenschaft sein könne und daß es darauf ankomme, ein „Abgrenzungskriterium" (Popper) zu finden, das die empirische Wissenschaft von der Metaphysik unterscheidet. Während für den Logischen Empirismus mit einer solchen *Ab*grenzung auch eine *Aus*grenzung der Metaphysik als sinnlos verbunden ist, ist Popper hier sehr viel zurückhaltender. So gesteht er metaphysischen Überzeugungen sogar heuristischen Wert für die Wissenschaften selbst zu. Metaphysische Ideen können danach sinnvoll unsere forschungsleitenden Interessen bestimmen. Schließlich komme es allerdings darauf an, subjektive Erkenntnismotive, etwa als religiöser Naturwissenschaftler die Wohlgeordnetheit des göttlichen Kosmos unter Beweis stellen zu wollen, von deren intersubjektiv nachprüfbaren Forschungsergebnissen zu unterscheiden. Während Poppers Kritischer Rationalismus dem Irrationalismus seinen Platz sozusagen innerhalb der Grenzen der kritischen Vernunft einräumt, versucht der Logische Empirismus ihn (im doppelten Sinne des Wortes) zu „verdrängen". Die Wissenschaftstheorie des Logischen Empirismus geht daher Hand in Hand mit einer grundsätzlichen Metaphysikkritik, die metaphysische Probleme als sinnlose Scheinprobleme zu entlarven versucht.[118] Popper dagegen billigt metaphysischen Ideen (hier Kant näher stehend) eine regulative Funktion zu, wenn auch nur für die Forschungsheuristik, nicht für die Methodologie der Forschung. Insbesondere betont Popper immer wieder, daß sein Abgrenzungskriterium kein Sinnkriterium sei. In der Konsequenz führt seine Auffassung allerdings wie diejenige Carnaps zu einer negativen Antwort auf Kants Frage, ob Metaphysik als Wissenschaft möglich sei. Obwohl Metaphysik nicht von vornherein sinnlos erscheint, wird sie doch als unwissenschaftlich eingestuft, weil ihre Sätze nicht das Kriterium der intersubjektiven Nachprüfbarkeit erfüllen. (In diese

---

[118] Vgl. bereits den Titel von R. Carnaps Heidegger-Kritik *Überwindung der Metaphysik durch logische Analyse der Sprache,* Erkenntnis II (1931), S. 219-241. Nachdruck in: H. Schleichert (ed.), *Logischer Empirismus – Der Wiener Kreis,* München 1975, S. 149-171.

Schlußfolgerung geht wesentlich ein, daß Popper wie Carnap die Möglichkeit synthetischer Sätze a priori leugnet). Nachprüfbarkeit einer empirisch-wissenschaftlichen Theorie bedeutet, daß es in dem oben erläuterten Sinne des Zusammenhangs von Allgemeinem und Besonderem grundsätzlich möglich sein muß, sie zu falsifizieren. In der Umkehrung heißt dies, daß Theorien, die sich hermetisch geben und sich gegen mögliche Falsifizierbarkeit von vornherein immunisierend abschotten, per definitionem ohne empirischen Gehalt sind. Poppers provozierendstes Beispiel für eine Theorie ohne empirischen Gehalt ist Sigmund Freuds Psychoanalyse. Die Psychoanalyse trifft Poppers Konsequenz ungleich schwerer als die Metaphysik, weil Psychoanalyse ohne empirischen Gehalt ein Nichts ist, während die Metaphysik mit Kant die „Zumutung", eine empirische Wissenschaft zu sein, ohne Gesichtsverlust zurückweisen kann; wobei sie dann freilich zu zeigen hat, was sie anderes ist.

Wir haben hier nur ein, wenn auch ein wesentliches Thema der Wissenschaftstheorie angesprochen. Ergänzungen sind notwendig. Wie schon angedeutet, ist die Auffassung der allgemeinsten Naturgesetze als empirischer Gesetze umstritten. So hat sich in der Kantischen Tradition eine Deutung erhalten, wonach Naturgesetze nicht beschreiben, wie die Natur ist, sondern vorschreiben, wie die Natur zu untersuchen ist. Sie sind danach methodologische Regeln und als solche nicht deskriptiv, wie Logischer Empirismus und Kritischer Rationalismus übereinstimmend meinen, sondern präskriptiv. In den Worten Kants: „Der Verstand schöpft seine Gesetze (a priori) nicht aus der Natur, sondern schreibt sie dieser vor."[119] Innerhalb der modernen Wissenschaftstheorie ist diese Deutung vor allem im Konstruktivismus tradiert worden.[120] Dieser betont (als eine Form des Neukantianismus), daß empirische Bestätigungs- oder Bewährungsverfahren ihrerseits Einsichten voraussetzen, auf deren Basis diese Verfahren allererst anwendbar sind. Behauptungen, die solche Einsichten formulieren, müssen dann als a priori geltend anerkannt werden. Sie können durch Erfahrung weder bestätigt noch bewährt werden, weil sie den Rahmen abgeben, innerhalb dessen Bestätigung und Bewährung vorsichgehen. Diese apriorische Geltung ist nicht mit absoluter Geltung gleichzusetzen. Absolutheit gibt es für den Menschen per definitionem nicht. Ein Kandidat für ein solches

---

[119] *Prolegomena*, § 36, Schluß.
[120] Zur Information vgl. P. Janich, F. Kambartel, J. Mittelstraß, *Wissenschaftstheorie als Wissenschaftskritik*, Frankfurt a. M. 1974.

a priori geltendes Gesetz ist z. B. das Kausalgesetz „gleiche Ursachen haben gleiche Wirkungen", dessen Status wir in unserem Vergleich von Hume und Kant (im Rahmen der ersten erkenntnistheoretischen Frage) ausführlich erörtert haben.

Halten wir fest: Wissenschaftstheoretische Überlegungen gehören schon deshalb in den Kontext philosophischer Fragestellungen, weil sie die Philosophie dazu zwingen, allererst deutlich zu machen, was denn eine philosophische Frage im Unterschied zu einer empirisch-wissenschaftlichen ist. Die Provokationen der Wissenschaftstheorie treiben die Philosophie dialektisch zur Entfaltung ihres Selbstverständnisses. Philosophie ist nicht gleich Wissenschaftstheorie, aber sie ist heute nicht ohne sie.

Für die Erkenntnistheorie ist die Wissenschaftstheorie nicht als solche eine Herausforderung, da die Thematisierung wissenschaftlicher Erkenntnis eingeschlossen bleibt. Zur Herausforderung wird sie erst, sobald das Vorbild von Erkenntnis einzig an der Wissenschaft ausgerichtet ist. Dieses Vorbild könnten wir zusammenfassend so charakterisieren, daß Erkenntnis in einem *Wissen* besteht, das sich in *Behauptungssätzen* (Aussagen) äußert.

Damit hat die Transformation der Erkenntnistheorie in Wissenschaftstheorie eine Tendenz gefördert, die bereits der traditionellen Erkenntnistheorie und insbesondere Logik innewohnt, nämlich Erkenntnis an Gebilden festzumachen, für die die Frage nach der Wahrheit Sinn macht, seien diese nun sprachlicher Art (Aussagesätze), psychischer Art (Urteile), logischer Art (Propositionen) oder pragmatischer Art (Behauptungen). Wir wollen diese Ausrichtung im folgenden zusammenfassend als Orientierung an einem *propositionalen Erkenntnisbegriff* beschreiben. Die propositionalistische Tendenz ist durch die Transformation der Erkenntnistheorie in Sprachphilosophie noch verstärkt worden, indem der Erkenntniswert von Bestandteilen unterhalb der Satzebene als deren Beitrag zum Erkenntniswert des ganzen Satzes verstanden wurde.

Dabei haben alle Sätze die (logisch-syntaktischen und semantischen) Anforderungen an eine *Idealsprache* zu erfüllen, um nicht von vornherein als *sinnlos* zu gelten. Mit dieser Auffassung ist die Voraussetzung geschaffen für eine grundlegende Sinnkritik an der traditionellen Erkenntnistheorie. Von ihr ist nicht so sehr unsere erkenntnistheoretische Frage I betroffen, weil diese sich in der genannten Weise vereinnahmen läßt, indem das Geltungsproblem von vornherein auf wissenschaftliche Behauptungen des beschriebenen Zuschnitts eingeschränkt wird. Eine solche Zuspitzung hat eher Konsequenzen für unsere erkenntnistheoretische Frage II, für das Realitätsproblem, das denn auch von manchen Wissenschaftstheoretikern, am entschiedensten von R. Carnap, als Scheinproblem eingestuft worden ist.

4.4. Scheinprobleme in der Erkenntnistheorie? (Carnap)

Der Verdacht, daß es sich bei unserer erkenntnistheoretischen Frage II um ein Scheinproblem handelt, könnte einem bereits nach der früheren Feststellung gekommen sein, daß Idealisten und Realisten in der Anerkennung der phänomenalen Außenwelt übereinstimmen. Genau an diesem Punkt setzt Carnaps Kritik an. Grundlage seiner Kritik ist die Formulierung eines Sinnkriteriums für empirische Aussagen.[121] Analytische Aussagen werden dabei nicht erfaßt. Nach Carnap (im folgenden wird die Terminologie etwas vereinfacht wiedergegeben) muß eine sinnvolle wissenschaftliche Aussage mindestens sachhaltig sein. Aussagen, die nicht sachhaltig sind, werden daher als wissenschaftlich sinnlos eingestuft. Sachhaltig ist eine Aussage genau dann, wenn ihre Nachprüfbarkeit wenigstens denkbar ist. Nachprüfbar (im Sinne der faktischen Nachprüfbarkeit) ist eine Aussage genau dann, wenn die Bedingungen angebbar sind, unter denen sie faktisch verifiziert oder falsifiziert werden kann. Wenn eine Aussage faktisch nicht nachprüfbar ist, d. h. noch nicht oder nicht mehr nachprüfbar ist, so kann ihre Nachprüfbarkeit doch denkbar sein. Nicht mehr nachprüfbar dürfte vielleicht die Aussage sein, daß dieses Buch seit gestern nicht mehr aufgeschlagen worden ist; aber die Nachprüfbarkeit ist denkbar. Wir brauchen uns nur vorzustellen, wir hätten es die ganze Zeit nicht aus den Augen gelassen. Die angegebenen Bestimmungen noch einmal rückwärts gelesen, ergibt sich: denkbare Nachprüfbarkeit definiert Sachhaltigkeit, und Sachhaltigkeit ist das Kriterium sinnvoller Aussagen. Dieses Kriterium wendet Carnap nun auf die Thesen

---

[121] R. Carnap, *Scheinprobleme in der Philosophie. Das Fremdpsychische und der Realismusstreit*, Berlin 1928. Neudruck Frankfurt a. M. 1966, § 7. Wir erinnern daran, daß Humes Sinnkriterium keines für Aussagen, sondern für sprachliche Ausdrücke unterhalb der Satz- oder Aussagenebene ist.

des Realismus und Idealismus an.[122] Dabei kommt er zu folgendem Ergebnis (Schluß von § 9):

Die Wissenschaft kann in der Realitätsfrage weder bejahend noch verneinend Stellung nehmen, da die Frage keinen Sinn hat.

Bezogen auf das Problem der Realität der Außenwelt versucht er, seine These durch ein (sehr treffendes) Beispiel zu belegen.

> Wenn zwei Geographen, ein Realist und ein Idealist, ausgeschickt werden, um die Frage zu entscheiden, ob ein an einer bestimmten Stelle in Afrika vermuteter Berg nur legendär sei oder wirklich existiere, so kommen sie beide zu dem gleichen (positiven oder negativen) Ergebnis. Denn für den Begriff der Wirklichkeit in diesem Sinne – wir wollen ihn als *„empirische Wirklichkeit"* bezeichnen[123], – liegen in Physik und Geographie bestimmte Kriterien vor, die unabhängig von dem philosophischen Standpunkt des Forschers eindeutig zu einem bestimmten Ergebnis führen. Und nicht nur über die *Existenz* des Berges werden die beiden Geographen bei genügender Untersuchung zu übereinstimmendem Ergebnis kommen, sondern auch bei jeder Frage nach der *Beschaffenheit* des Berges, nach Lage, Gestalt, Höhe usw. *In allen empirischen Fragen herrscht Einigkeit.* Die Wahl des philosophischen Standpunktes hat also keinen inhaltlichen Einfluß auf die Naturwissenschaft; (damit ist noch nichts darüber gesagt, ob sie nicht trotzdem praktischen Einfluß auf die Tätigkeit des Forschers haben kann).
>
> Der Gegensatz zwischen den beiden Forschern tritt erst auf, wenn sie nicht mehr als Geographen sprechen, sondern als Philosophen, wenn sie die übereinstimmend gefundenen, empirischen Ergebnisse philosophisch interpretieren. (§ 10)

Carnaps weitere Argumentation läßt sich nun so zusammenfassen: Es ist keine Situation denkbar, in der die Position des Realismus oder die des Idealismus empirisch verifiziert (bewiesen) oder falsifiziert (widerlegt) werden könnte. Also ist weder die Aussage des Realisten noch diejenige des Idealisten sachhaltig. Das heißt: *beide* Aussagen sind sinnlos.

So wichtig und exemplarisch Carnaps Überlegungen im Sinne einer Zuspitzung der Fragestellung sind, es ist doch zu bestreiten,

---

[122] Carnaps Charakterisierung dieser Positionen weicht etwas von der unsrigen ab. So bezieht Carnap auch das Problem des Fremdpsychischen in das Realitätsproblem mit ein.

[123] Carnaps Begriff der empirischen Wirklichkeit entspricht dem, was wir „phänomenale Außenwelt" genannt haben.

daß er das Problem der Realität der Außenwelt adäquat behandelt. Dabei ist zuzugestehen, daß der Streit zwischen Idealisten und Realisten vom wissenschaftlichen oder wissenschaftstheoretischen Standpunkt aus betrachtet insofern ein Scheinproblem sein mag, als er grundsätzlich nicht empirisch entscheidbar ist. Dennoch können wir uns die Alternativen nachvollziehbar vergegenwärtigen, verstehen wir doch „irgendwie", worum es geht! Wenn dieses aber möglich ist, was Carnap nicht zu bestreiten scheint, dann sollten wir zumindest in der Lage sein, über eine Phänomenologie der Weltauffassungen zu einer sinnvollen Erörterung von Idealismus und Realismus zu kommen. Einzubeziehen wären hier, wie Carnap andeutet, praktische und auch ästhetische Komponenten, die in unterschiedlichen „emotionalen Begleitmomenten" (Schluß von § 10) zum Ausdruck kommen. Man wird Carnaps Einwand so verstehen dürfen, daß den unterschiedlichen *Einstellungen* von Realismus und Idealismus fälschlich die Form von wahrheitsfähigen *Aussagen* gegeben worden sei.

Auch hier könnte man Carnap noch zustimmen, wenn dieser nicht außerdem die Konsequenz ziehen würde, daß damit die ganze Frage keinen kognitiven Status mehr hat, sondern lediglich eine Differenz *emotiver* Einstellungen ausmacht. Um unterschiedliche *Einstellungen* handelt es sich tatsächlich. Die Frage ist aber, auf welche Weise wir uns über sie zu verständigen haben. Problematisch ist Carnaps Versuch, zwischen kognitiven Fragen (der Erkenntnis) und emotiven Fragen (des Gefühls) zu unterscheiden, sowie die Erklärung, daß letztere Fragen einer diskursiven Erörterung nicht zugänglich seien. Die Disjunktion beider Arten von Fragen und der Rigorismus des Carnapschen Sinnkriteriums führen dazu, Diskursivität mit Wissenschaftlichkeit gleichzusetzen.

Gegen diesen Rigorismus läßt sich das folgende (transzendentale) Argument vorbringen: Wenn Carnap Fragen der „praktischen Einstellung" von vornherein als sinnlos ausscheiden will, weil ihnen gegenüber nur Stellung bezogen werden könne, so untergräbt er damit letztlich seine eigene Auffassung. Die von ihm vorgelegte Einteilung in sinnvolle und sinnlose Aussagen ist selbst eine praktische, nämlich normative Aussage, indem sie empfiehlt, bestimmte Aussagen in bestimmter Weise zu behandeln. Wendet man nun Carnaps Charakterisierung von praktischen Aussagen auf seine eigene Aussage an, daß in der angegebenen Weise zwischen theoretischen und praktischen Aussagen zu unterscheiden sei, so wird diese

Aussage selbst zu einer Scheinaussage. Diese *reductio ad absurdum* zeigt, daß eine Bedingung der Möglichkeit von Carnaps eigener Auffassung ist, praktische Aussagen nicht generell als sinnlos einzustufen.

5. „Die richtige Sicht der Welt" (Wittgenstein)

5.1. Wittgenstein und Carnap

Der Umstand, daß es Carnap nicht gelingt, sein Anliegen ohne das Aussprechen von (in seinem Sinne) sinnlosen Sätzen zu formulieren, sollte zu denken geben. Wittgenstein, der schon früher die Einsicht gewonnen hatte, daß die Formulierung eines Sinnkriteriums gegen dieses Sinnkriterium verstoße, zog daraus die Konsequenz, daß seine eigenen Sätze unsinnig seien.[124] Das Paradox, nur in unsinnigen Sätzen sagen zu können, was sinnvolle Sätze sind, bringt der *Tractatus*[125] in der folgenden Leiter-Metapher zum Ausdruck:

> 6.54 Meine Sätze erläutern dadurch, daß sie der, welcher mich versteht, am Ende als unsinnig erkennt, wenn er durch sie – auf ihnen – über sie hinausgestiegen ist. (Er muß sozusagen die Leiter wegwerfen, nachdem er auf ihr hinaufgestiegen ist.)
> Er muß diese Sätze überwinden, dann sieht er die Welt richtig.

Dies ist der vorletzte Satz. Der Text schließt mit dem berühmten Satz 7: „Wovon man nicht sprechen kann, darüber muß man schweigen." Der Zusammenhang ergibt sich so, daß die richtige Sicht der Welt (vgl. den Schluß von 6.54) zwar das Ziel philosophischen Bemühens ist, aber nicht in Form von Behauptungs- oder Aussagesätzen ausgesprochen werden kann.

Unsere erkenntnistheoretische Frage II ist hier insofern mit im Blick, als es ihr um eine Bestimmung des richtigen Verhältnisses des

---

[124] Den Ausdruck „sinnlos" reserviert Wittgenstein für formale Sätze. So sind die Sätze der Logik sinnlos in dem wörtlichen Sinne, daß sie keinen Sinn haben, d. h. ohne Inhalt sind.

[125] Wittgenstein wird zitiert nach der *Werkausgabe*, Bd. 1, Frankfurt a. M. 1984 (stw 501). Enthält: *Tractatus logico-philosophicus* (Kurzform: *Tractatus*), *Tagebücher 1914-16* (Kurzform: *Tagebücher*), *Philosophische Untersuchungen* (Kürzel: PU). *Über Gewißheit* wird zitiert nach der Einzelausgabe, ed. G. E. M. Anscombe/G. H. von Wright, Frankfurt a. M. 1970 (Bibliothek Suhrkamp 250). Kürzel: ÜG.

Subjekts zur Welt geht. Damit ist aber auch klar, warum es von vornherein gar nicht zu erwarten ist, daß hier eine Entscheidung über empirische Wahrheit oder Falschheit herbeiführbar ist. Zwar hat Carnap völlig recht mit seiner Feststellung, daß der Realist keine anderen Berge in dieser Welt vorfindet als der Idealist. Beiden geht es aber auch gar nicht um die Feststellung einer bestimmten Tatsache, sondern um unser Gesamtverhältnis zur Welt. Und deshalb lassen wir uns nicht mit dem Hinweis abspeisen, daß es sich um wissenschaftlich sinnlose Sätze handelt, wenn wir dieses Weltverhältnis in Satzform zum Ausdruck bringen. Carnap sieht richtig, daß die Aussagen des Realisten und des Idealisten keine wissenschaftlichen, empirisch überprüfbaren Sätze sind. Dies ist innerhalb der empiristischen Tradition durchaus ein Fortschritt. Hatte Locke doch noch behauptet, daß uns die Erfahrung lehre, daß es materielle Substanzen gebe, wonach die These des Realismus also ein empirisch wahrer Satz wäre.[126] Selbst bei G.E. Moore herrscht diese irrtümliche Auffassung noch vor.[127]

Kritik fordert jedoch der Umstand heraus, daß Carnaps Vorgehen durch den Willen bestimmt ist, die ganze Frage mit Hilfe seines Sinnkriteriums beiseite zu schieben. Daß Carnaps Grenzziehung dabei von seinem eigenen Kriterium ausgeschlossen wird, kann man auch so ausdrücken: Die Wissenschaftstheorie überschreitet notwendigerweise die Regeln, die sie für die Wissenschaft formuliert; die Wissenschaftstheorie ist selbst keine Wissenschaft; und sie bringt, wenn sie in der Weise, wie Carnap es tut, als Richterin eingesetzt wird, eine eigene Form des Weltverhältnisses zum Ausdruck, nämlich eine „wissenschaftliche Weltauffassung", wie dies

---

[126] Vgl. *Versuch über den menschlichen Verstand,* II. Buch, XXIII. Kap., 29. Abschn., S. 389.
[127] So ist Moore der Ansicht, „daß es hätte der Fall sein *können,* daß die Zeit nicht wirklich ist, materielle Dinge nicht wirklich sind, der Raum nicht wirklich ist, jedes Selbst nicht wirklich ist". *Eine Verteidigung des Common Sense*; in: G. E. Moore, *Eine Verteidigung des Common Sense. Fünf Aufsätze aus den Jahren 1903-1941,* ed. H. Delius, Frankfurt a. M. 1969, S. 127. Man fragt sich dann allerdings, was „der Fall sein" hier noch sinnvoll heißen sollte. Sind doch Raum und Zeit Bedingungen dafür, der Fall sein zu können. Hier wie auch sonst ist festzustellen, daß Moore transzendentalen Fragen gegenüber „blind" geblieben ist.

in der gleichnamigen Programmschrift des Wiener Kreises auch deutlich wird.[128]

Ist, die Welt richtig zu sehen, das erklärte Ziel von Wittgensteins Philosophie, so deutet sich damit eine Perspektive an, die von der wissenschaftslogischen Carnaps wesentlich verschieden ist. Die logisch-sprachanalytische Erkenntniskritik nimmt eine ethisch-ästhetische Wendung, für die es bestimmend ist, daß sich die angestrebte Sicht der Welt gerade *nicht* propositional (durch logisch-syntaktisch wohlgeformte Behauptungssätze) vergegenwärtigen läßt. Wittgenstein kennzeichnet diese Sicht im *Tractatus* als Solipsismus, als eine besonders extreme Antwort also auf unsere erkenntnistheoretische Frage II. In charakteristischer Weise leugnet er gleichzeitig, daß der Solipsismus sich in sinnvollen Sätzen aussprechen läßt. Bevor wir uns dem Solipsismusproblem selbst zuwenden können, müssen wir daher zunächst die logischen Voraussetzungen für diese paradoxe Feststellung klären.

5.2. Die allgemeine Form des sinnvollen Satzes

Im *Tractatus* geht Wittgenstein davon aus, daß die Sprache eine einheitliche logische Struktur hat und in erster Linie dazu dient, Aussagen über die Welt der Tatsachen zu machen, indem sie diese „abbildet". Daß Sprache überhaupt Welt abbilden kann, wird dadurch zu erklären versucht, daß die Tatsachen der Welt dieselbe logische Form haben wie die Sprache. (Die logische Form der Sprache ist – Kantisch gesprochen – die Bedingung der Möglichkeit der Welterkenntnis.) Die Logik, die Wittgenstein hier zugrundelegt, ist im wesentlichen die von Frege entwickelte Aussagen- und Prädikatenlogik.[129] Sie verbindet sich mit dem auf B. Russell zurückgehenden Gedanken eines logischen Atomismus. Danach bauen sich die Tatsachen dieser Welt aus weiter nicht zerlegbaren und in diesem Sinne atomaren *Sachverhalten,* die entweder bestehen oder nicht bestehen, logisch auf. Diesem Aufbau der Tatsachen aus Sachverhalten entspricht auf der Sprachebene der logische Aufbau der Sätze aus atomaren Elementar*sätzen,* die entweder wahr oder falsch

---

[128] *Wissenschaftliche Weltauffassung. Der Wiener Kreis,* ed. Verein Ernst Mach, Wien 1929. Nachdruck in: H. Schleichert (ed.), *Logischer Empirismus – Der Wiener Kreis,* München 1975, S. 201-222.
[129] Unterschiede gibt es vor allem in der Interpretation der Quantoren und des Identitätszeichens.

sind. Die Frage, ob eine komplexe Weltbeschreibung zutrifft oder nicht, läßt sich nach Auffassung des logischen Atomismus nun so entscheiden, daß diese Beschreibung logisch analysiert wird bis man bei ihren Elementarsätzen angelangt ist. Eine Weltbeschreibung stellt sich somit dar als ein aus Elementarsätzen logisch zusammengesetzter komplexer Satz. Dessen Wahrheitswert ist dann, ausgehend von den Wahrheitswerten der Elementarsätze, „ausrechenbar". Falls als Ergebnis der Wahrheitswert „wahr" herauskommt, ist die Weltbeschreibung zutreffend, falls als Ergebnis der Wahrheitswert „falsch" herauskommt, ist sie nicht zutreffend. Den hier entwickelten Typ der Weltbeschreibung unterstellt Wittgenstein als universal:

> 5.4711 Das Wesen des Satzes angeben, heißt, das Wesen aller Beschreibung angeben, also das Wesen der Welt.

Daß damit nicht nur wissenschaftslogische Probleme gelöst werden sollen, sehen wir an Formulierungen wie:

> 5.621 Die Welt und das Leben sind Eins.

Überhaupt werden wir uns die Sätze im Kontext dieser Bemerkung genauer anzusehen haben, nämlich die Sätze 5.6 – 5.641, die dem Satz 6 vorangehen, der mit der allgemeinen Form des Satzes sozusagen auch die allgemeine Weltformel präsentiert. Schauen wir uns diesen Satz aber zunächst in der Abfolge der Hauptsätze des *Tractatus* an. Von diesen gibt es sieben. (Diese „mystische" Zahl ist mit Sicherheit kein Zufall, sie markiert die sieben Schritte zur richtigen Sicht der Welt – und des Lebens!)

> 1 Die *Welt* ist alles, was der *Fall* ist.
>
> 2 Was der *Fall* ist, die Tatsache, ist das Bestehen von *Sachverhalten*.
>
> 3 Das logische Bild der Tatsachen ist der *Gedanke*.
>
> 4 Der *Gedanke* ist der sinnvolle *Satz*.
>
> 5 Der *Satz* ist eine *Wahrheitsfunktion* der Elementarsätze. (Der Elementarsatz ist eine Wahrheitsfunktion seiner selbst.)
>
> 6 Die allgemeine Form der *Wahrheitsfunktion* ist: $[\bar{p}, \bar{\xi}, N(\bar{\xi})]$. Dies ist die allgemeine Form des Satzes.
>
> 7 Wovon man nicht sprechen kann[130], darüber muß man schweigen.

---

[130] Das hier gemeinte Sprechen ist als ein Sprechen in Sätzen der Art gemeint, wie sie in (1) – (6) expliziert worden sind. Insofern steht (7) nicht isoliert, sonden zieht die Konsequenzen aus dem ganzen *Tractatus*.

Einem ersten Blick auf diese „Hauptsätze" sollte der sich ständig wiederholende kategorische Gebrauch des „ist" auffallen (alle Hervorhebungen G. G.), der für die literarische Form des Textes charakteristisch ist. Was ist die Funktion dieses „ist"? Haben wir es mit der aussagenden Kopula zu tun, der aussagenden Identität oder der definitorischen Identität? Ich denke, wir haben es mit einer definitorischen Identität zu tun, aber nicht im stipulativen (d. h. willkürlich festsetzenden), sondern im explikativen Sinne. Die Abfolge der Sätze, in denen das Explikans des jeweils vorangehenden Satzes im nachfolgenden als Explikandum erscheint (unterbrochen nur zwischen den Sätzen 2 und 3), macht zudem die reduktive Tendenz der Explikationen deutlich. Das „ist" werden wir daher allgemein lesen können als „ist nichts anderes als". Schauen wir uns nun die einzelnen Hauptsätze etwas genauer an.

Satz 1 und Satz 2 betreffen die Welt, Satz 3 das Denken der Welt (wobei die Welt der Gegenstand des Denkens ist) und Satz 4 den sprachlichen Ausdruck dieses Denkens. Dieser Aufbau wirkt durchaus traditionell, folgt er doch der Ordnung von Sein – Denken – Sprache. Entsprechend ließen sich die zugehörigen Disziplinen anordnen. Auf die Ontologie als Lehre vom Sein folgt die Erkenntnistheorie als Lehre, wie dieses Sein zu erkennen ist, und schließlich die Sprachtheorie als Lehre, wie die Erkenntnisinhalte sprachlich gefaßt sind. Es könnte dabei der Eindruck entstehen, als sei die Abfolge der Themen auch im Sinne eines Fundierungsprogramms gemeint, so als würde das Sein das Bewußtsein und dessen sprachliche Artikulation bestimmen. Daß dies nicht so einfach gemeint ist, geht schon aus Satz 2.1 hervor:

2.1 Wir *machen* uns Bilder der Tatsachen. [Hervorhebung G. G.]

Auch wenn Wittgenstein eine Abbildtheorie vertritt, so ist doch deutlich, daß die Bilder „gemacht" sind. Die Bedingungen dieses Machens sind keineswegs primär ontologisch vorgegeben, sondern ebenso erkenntnistheoretisch und sprachtheoretisch. Es besteht von vornherein eine strukturelle Isomorphie zwischen den Ebenen, die es erlaubt, diese auf einander abzubilden. Insofern ist die angesprochene Abfolge lediglich darstellungslogisch und nicht fundierungslogisch gemeint.[131] In der Abfolge wiederholt die Ontogenese

---

[131] Vgl. *Philosophische Untersuchungen,* § 96, wo es rückblickend mit Bezug auf den *Tractatus* heißt (Hervorhebung G. G.): „Die Begriffe: Satz, Sprache, Denken, Welt, stehen in einer Reihe hintereinander, *jeder dem*

der philosophischen Gedanken Wittgensteins sozusagen die Phylogenese der Philosophie selbst: antike Ontologie (Aristoteles) – neuzeitliche Erkenntnistheorie (Kant) – gegenwärtige Sprachtheorie (Wittgenstein). Wenn wir den Übergang von Satz 3 zu Satz 4 betrachten, so vollzieht sich hier – da der Gedanke der sinnvolle Satz *ist* – die früher angesprochene Transformation der Erkenntnistheorie in Sprachphilosophie, die Rückführung des Denkens auf sinnvolles Sprechen. Als eigenständige, gleichursprüngliche Ebenen bleiben danach Sprache und Welt.

Daß die Auffassung von Welt nicht unabhängig von der Auffassung von Sprache ist, geht verdeckt schon aus der Bestimmung von Welt hervor:

> 1.1 Die Welt ist die Gesamtheit der Tatsachen, nicht der Dinge.

„Gesamtheit" meint hier die *Konjuktion* und nicht die *Menge* aller Tatsachen. Damit wird die Welt in ihrem Aufbau kategorial den Tatsachen und nicht den Dingen zugewiesen: Die Welt ist eine komplexe Tatsache. Mögliche alternative Deutungen, die Welt als komplexes Ding oder als Menge von Dingen aufzufassen, werden also zurückgewiesen. Der Grund ist, daß sich unsere Rede über Welt in Form von Aussagesätzen vollzieht. (Denkbare wäre hier auch eine andere Form). Tatsachen sind nun gerade das, wie B. Russell betont, was Aussagesätze wahr oder falsch macht.[132] Zu unseren Aussagen über die Welt gehören aber auch solche, die etwas über Beziehungen sagen, in denen Dinge zu einander stehen. Eine vollständige Beschreibung unserer Welt wäre also durch bloße Aufzählung der in ihr enthaltenen Dinge nicht gegeben.

Bei der Auffassung, daß Sprache und Welt sozusagen zwei Seiten derselben Medaille sind, hat Schopenhauers Gedanke Pate gestanden, daß in der Erkenntnis Subjekt und Objekt gleichberechtigt sind: Kein Objekt ohne Subjekt, aber auch kein Subjekt ohne Objekt. Die erkenntnistheoretische Beziehung von Subjekt und Objekt hat Wittgenstein in die semantische Beziehung von Sprache und Welt transformiert.

---

anderen äquivalent." Hier ist die Reihenfolge genau umgekehrt. Dies spricht gegen die Standardinterpretation, nach der die Sprachauffassung des *Tractatus* ontologisch begründet sei.

[132] Vgl. B. Russell, *The Philosophy of Logical Atomism,* Abschn. 1; dt. in: Ders., *Die Philosophie des Logischen Atomismus,* ed. J. Sinnreich, München 1976, S. 182.

Fahren wir nun in unserer Betrachtung der Hauptsätze fort und wenden uns dem logischen Teil zu, der in den Sätzen 5 und 6 angesprochen wird. Um den Satz 6 zu verstehen, sind weitere Sätze heranzuziehen: 5.101 (zu dessen Verständnis wir den Satz 4.442 benötigen) und 5.5 – 5.51. Sie machen deutlich, was damit gemeint ist, daß sich jeder Satz – und das heißt: jeder sinnvolle Satz – wahrheitswertfunktional aus Elementarsätzen aufbaut. Wenn Wittgenstein (in Satz 5) erklärt, daß der Satz eine Wahrheitsfunktion der Elementarsätze *ist,* so weicht er damit in einem wichtigen Punkt von der ursprünglichen Auffassung Freges ab. Wahrheits(wert)funktionen bestimmte dieser nämlich als die „ungesättigten" aussagenlogischen Verbindungen, deren sprachliche Ausdrücke die sogenannten Junktoren „und", „oder", „wenn – so" usw. sind. Mit Wahrheitswertfunktionen haben wir es dabei insofern zu tun, als die Argumente und die Werte dieser Funktionen Wahrheitswerte sind.[133] Wittgenstein benutzt dagegen die in Freges Augen zu laxe Rede von Funktion, nach der y eine Funktion von x ist, wenn es eine Zuordnung (oder Abbildung) gibt, die den x-Werten y-Werte eindeutig zuordnet. In diesem Sinne ist dann etwa in „y = x + 1" y eine Funktion von x, weil jeder y-Wert um 1 größer ist als der x-Wert. Im Sinne dieser Auffassung haben wir den Satz 5 so zu verstehen, daß jeder Satz wahrheits(wert)funktional *abhängig* ist von bestimmten Elementarsätzen, und zwar so, daß der *Sinn* eines jeden Satzes bestimmt ist durch die wahrheitswertfunktionale Kombination *seiner* Elementarsätze. Das heißt: wir verstehen einen Satz, wenn wir den Sinn seiner Elementarsätze kennen und den wahrheitsfunktionalen Aufbau des Gesamtsatzes aus diesen Elementarsätzen.

Zu Satz 6 und damit zur allgemeinen Form des Satzes, d. h. zur Form, nach der alle Sätze aufgebaut sind, kommen wir, wenn wir bedenken, daß sich die üblichen junktorenlogischen Verknüpfungen von Sätzen auf eine einzige Verknüpfung reduzieren lassen. Hier gibt es zwei Möglichkeiten, alle anderen Junktoren durch einen einzigen zu definieren. In dem Schema in Satz 5.101 sind diese Junktoren (für zwei Elementarsätze) durch die Zeilen 2 („nicht beide") und 12 („beide nicht" oder „weder – noch") wahrheitsfunktional bestimmt. Wittgenstein entscheidet sich für das „weder –

---

[133] Zu Freges Auffassung vgl. insbesondere dessen Schriften *Funktion und Begriff* und *Was ist eine Funktion?* Neudruck in: *Funktion, Begriff, Bedeutung,* ed. G. Patzig, 4. Aufl. Göttingen 1975.

noch", das er durch den sogenannten „Shefferschen Strich" symbolisiert, so daß „weder p noch q" als „p|q" dargestellt wird.[134]

Schauen wir uns nun an, wie dieser Junktor „weder – noch" zum grundlegenden Junktor in Wittgensteins Bestimmung der allgemeinen Form des Satzes wird. Zunächst ist festzuhalten, daß die linken Seiten (vor den Worten „in Worten") der Zeilen 1-16 des Schemas in Satz 5.101 verkürzte Darstellungen von Wahrheitswerttafeln sind, wobei Gebrauch davon gemacht ist, daß die Verteilung der Wahrheitswerte auf die Sätze p und q in allen Fällen nach demselben Schema geschieht:

> 4.442 Ist die Reihenfolge der Wahrheitsmöglichkeiten im Schema durch eine Kombinationsregel ein für allemal festgesetzt, dann ist die letzte Kolonne allein schon ein Ausdruck der Wahrheitsbedingungen.

Wittgensteins Kombinationsregel[135] für zwei Sätze p und q ist (vgl. 4.31):

$$
\begin{array}{cc}
W & W \\
F & W \\
W & F \\
F & F
\end{array}
$$

Für den Satz „weder p noch q" ergibt diese Verteilung die Ergebnis-Kolonne:

$$
\begin{array}{c}
F \\
F \\
F \\
W
\end{array}
$$

Ein komplexer Satz der Form „weder p noch q" ist nämlich dann und nur dann wahr, wenn beide Teilsätze falsch sind. Die vollständige Wahrheitswerttafel für das „weder p noch q" sieht demnach so aus:

---

[134] Als Beispiel dafür, wie die anderen Junktoren durch den Shefferschen Strich zu definieren sind, vgl. die Darstellung des (nicht ausschließenden) „oder" in 5.1311. Ursprünglich wurde der Sheffersche Strich für das „nicht beide" eingeführt. Die Frage der historisch zutreffenden Wahl ist in der Sache aber nicht von Belang.

[135] In heutigen Darstellungen sind meistens die zweite und dritte Zeile vertauscht.

p	q	
W	W	F
F	W	F
W	F	F
F	F	W

Die zweidimensionale Darstellung in Tabellenform überführt Wittgenstein dann in die eindimensionale Darstellung, indem er sich auf das Notieren der „letzten Kolonnen" (gemäß 4.442) beschränkt und diese nicht senkrecht, sondern waagerecht anordnet. Die einzelnen Zeilen des Schemas in 5.101 sind danach folgendermaßen zu lesen: Bezogen auf zwei Sätze p und q – symbolisiert durch den Klammerausdruck „(p, q)" – sind in den vorangestellten Klammerausdrücken die jeweiligen Verteilungen der Wahrheitswerte in den Ergebnis-Kolonnen der zugehörigen Wahrheitswerttafeln dargestellt. Die senkrechten Ergebnis-Kolonnen sind dabei lediglich in waagerechte Reihen überführt. Für das „weder p noch q" ergibt sich somit (Zeile 12) die Darstellung (F F F W) (p, q). In der umgekehrten Richtung vorgehend lassen sich alle 16 Zeilen des Schemas in Warheitswerttafeln rückübersetzen.

Nach diesen vorbereitenden Erläuterungen können wir nun den Übergang von Satz 5 zu Satz 6 unter Verwendung von Satz 5.5 vornehmen:

5.5 Jede Wahrheitsfunktion ist ein Resultat der successiven Anwendung der Operation (-----W) (ξ,...) auf Elementarsätze.
Diese Operation verneint sämtliche Sätze in der rechten Klammer, und ich nenne sie die Negation dieser Sätze.

Gemäß Satz 5 muß sich jeder Satz als Wahrheitsfunktion seiner Elementarsätze darstellen lassen. Der erste Teilsatz von 5.5 beschreibt nun das Verfahren dieser Darstellung und besagt, daß sich jeder Satz durch die sukzessive, d. h. iterierte Anwendung der Operation (-----W) (ξ,...) auf Elementarsätze erzeugen läßt. Diese Operation drückt die Verallgemeinerung der Zeile 12 in Satz 5.101 für mehr als zwei Elementarsätze aus und entspricht der wahrheitswertfunktionalen Darstellung des „weder – noch" für beliebig viele Elementarsätze. Für diese Operation, die nichts anderes besagt als die Verneinung sämtlicher Sätze, die jeweils Werte der Satzvariablen ξ sind (vgl. den zweiten Teilsatz von 5.5), führt Wittgenstein die Abkürzung „N(ξ)" ein (5.502). Diese Abkürzung geht schließlich in Satz 6 ein, der in etwas ungewohnter Weise zum Ausdruck bringt, daß sich jeder komplexe Satz aus seinen Elementarsätzen einzig und allein unter Verwendung des Junktors „weder – noch" wahrheitsfunktional aufbauen läßt.

Die allgemeine Form des Satzes bestimmt ersichtlich nur die Form komplexer Sätze, nicht aber die von Elementarsätzen. Die Frage des Aufbaus von Elementarsätzen ist nun einigermaßen problematisch und unter Interpreten bis heute nicht endgültig geklärt. Wir können uns allerdings damit beruhigen, daß Wittgenstein keine endgültige Auskunft beabsichtigte, weil er es nämlich nicht als Aufgabe des Logikers ansah, hier eine Antwort zu geben. Zur Zeit der Abfassung des *Tractatus* meinte er, daß diese Frage empirischer Art sei. Die Verständnisprobleme beginnen schon damit, daß nicht einmal ein Beispiel für einen Elementarsatz angegeben werden kann. Was wir aus der Logik üblicherweise als Elementarsatz kennen, daß einem Gegenstand ein Prädikat zugesprochen wird, wie z. B. in „Dieser Tisch ist grün", ist für Wittgenstein gar kein Elementarsatz, sondern ein komplexer Satz. Dies liegt daran, daß dieser Tisch kein Gegenstand im Sinne des *Tractatus* ist. Tractatus-Gegenstände sind nämlich einfach, d. h. nicht weiter zerlegbar, und natürlich ist dieser Tisch nicht einfach, besteht er doch schon optisch aus Teilen. Wenn nun unsere normalen Gegenstände keine Tractatus-Gegenstände sind, so hätten wir doch gerne ein Beispiel für Gegenstände der gemeinten Art. Alles, was uns als Beispiel einfallen könnte, ist im Sinne des *Tractatus* jedoch nicht einfach und deshalb kein Gegenstand. Hier läßt uns Wittgenstein also im Stich, was er in den *Philosophischen Untersuchungen* (§§ 39ff.) auch selbstkritisch eingeräumt hat. Ohne eine Klärung des Gegenstandsbegriffs hängt freilich der Sinnbegriff in der Luft, weil der Sinn von Elementarsätzen durch die „Konfiguration" seiner Namen bestimmt ist, die die Konfiguration der Gegenstände im Sachverhalt abbilden. Wie eng der Begriff des Sinns gefaßt ist, wird aber auch so klar. Elementarsätze haben nämlich dann und nur dann Sinn, wenn ihnen ein Sachverhalt entspricht, sei dieser ein bestehender oder ein nicht bestehender. Wenn er nicht besteht, ist der Elementarsatz natürlich falsch; aber auch falsche Sätze haben einen Sinn. Wollte man ihnen keinen Sinn zubilligen, könnten sie gar nicht als falsch bestimmt werden. Gleichwohl bleibt der Begriff des Sinns darauf beschränkt, daß nur Sachverhalts-Sätze sinnvoll sind. Da sich komplexe Sätze wahrheitsfunktional aus Elementarsätzen aufbauen, kommen wir an keiner Stelle aus diesem engen Sinnbegriff heraus. Dieser Umstand ist der Grund für die radikalen Konsequenzen des *Tractatus*.

5.3. Philosophische Sätze als kategoriale Erläuterungen

Aus dem Anspruch, die *allgemeine* Form des Satzes bestimmt zu haben (vgl. den zweiten Teil des Satzes 6), ergibt sich die Forderung, daß alle sinnvollen Sätze auf diese Weise darstellbar sein müssen. Umgekehrt folgt, daß Sätze, die sich nicht so darstellen lassen, sinnlos sind. Wittgenstein setzt also die Gesamtheit der möglichen (d. h. zutreffenden oder nichtzutreffenden) Weltbeschreibungen mit der Gesamtheit der sinnvollen (d. h. wahren oder falschen) Sätze gleich. Hieraus ergibt sich: Sätze, die keinen Weltausschnitt beschreiben, sei es zutreffend oder nicht, sind in Wittgensteins Terminologie keine eigentlichen, keine sinnvollen Sätze. Zu ihnen gehören sowohl die Sätze der Logik als auch diejenigen der Philosophie. Innerhalb der Gruppe der nicht-sinnvollen Sätze wird noch einmal zwischen sinnlosen und unsinnigen Sätzen unterschieden. So sind die Sätze der Logik *sinnlos* (was keineswegs ihren Wert mindert), weil sie keine inhaltlichen Aussagen über die Welt machen, die Sätze der Philosophie dagegen *unsinnig*.

Der Ausschluß der philosophischen Sätze hat keine inhaltlichen, sondern formale Gründe. Nicht gemeint ist etwa, daß sie deshalb unsinnig seien, weil sie sozusagen „nichts bringen". Dieser „populäre" Einwand der Unfruchtbarkeit, der darauf hinausläuft, daß die Philosophie keine Anleitungen zum Bau von Kühlschränken und Brücken liefere, ist nicht der Einwand Wittgensteins; nicht einmal der, daß nur Erfahrungswissen zähle. Schließlich verstand sich Wittgenstein selbst als Logiker und hat das Ansinnen, sich mit empirischen Fragen zu beschäftigen, zurückgewiesen. Wittgensteins Argument ist, daß die Sätze der Philosophie nicht den logisch-syntaktischen Regeln gehorchen, die sinnvolles Sprechen erst möglich machen. Damit geht er auch über frühere Formen der Metaphysikkritik wesentlich hinaus. Diese versuchten zwar durch eine Bestimmung der Grenzen des menschlichen Erkennens der metaphysischen Phantasie die Flügel zu stutzen, sie vor dem freien Flug in spekulative Höhen zu bewahren; es stand aber für die Kritiker der Metaphysik, wie Hume und Kant, außer Frage, daß es sinnvolle Sätze der Philosophie gibt, insbesondere die metaphysikkritischen Sätze selbst.

Obwohl auch für Hume und Kant gilt, daß ihre erkenntnistheoretischen Überlegungen, in denen sie die Bedingungen der Möglichkeit von Erkenntnis bestimmen, diesen Bedingungen selbst nicht gehorchen, wären sie doch nicht auf die Idee gekommen, ihre Überlegungen deshalb dem eigenen Verdikt zu unterwerfen. Wenn Hume z. B. in dem berühmten Schlußteil seiner *Untersuchung über den menschlichen Verstand* erklärt, daß alle die Werke, die weder „einen abstrakten Gedankengang über Größe oder Zahl" noch „einen auf Erfahrung gestützten Gedankengang über Tatsachen und Dasein" enthalten, „nichts als Blendwerk und Täuschung enthalten", so hat er dabei sicher nicht an seine eigene *Untersuchung* gedacht, die über diese Alternative dadurch hinausgeht, daß sie kategoriale Argumente vorbringt, die zu keiner dieser Erkenntnisarten gehören, z. B. das Argument, daß die Möglichkeit von Erfahrung nicht durch Erfahrung gerechtfertigt werden könne.

Es ist nun genau diese Frage nach der Natur kategorialer Unterscheidungen und Argumente, die Wittgenstein dadurch radikalisiert auf den Punkt bringt, daß er das Problem der Metaphysik nicht mehr als das einer *inhaltlichen* Erkenntnis über Gott und die Welt faßt, sondern als Problem einer *formalen* logisch-syntaktischen Wohlgeformtheit von Aussagen. Der philosophische Unsinn beginnt danach nicht erst bei den Gottesbeweisen der rationalen Theologie (wie sie Kant kritisiert hat), sondern bereits bei der Rede über solche Begriffe wie „Tatsache", „Sachverhalt", „Begriff", „Gegenstand" usw.. Wittgenstein nennt diese kategorialen Begriffe charakteristischerweise „*formale* Begriffe" (4.126 – 4.1274). Sie zeichnen sich dadurch aus, daß wir sie nicht benutzen, um über die Welt zu reden – dies tuen wir mit Ausdrücken wie „dieser Tisch" und „grün", sondern um über unsere Rede über die Welt zu reden. So treffen wir etwa die kategoriale Unterscheidung zwischen dem *Gegenstand* „dieser Tisch" und dem *Begriff* „grün", um den Satz „dieser Tisch ist grün" kategorial zu analysieren als die Aussage des Fallens eines Gegenstandes unter einen Begriff.

Kategoriale oder formale Begriffe gehören also, wie man zu sagen pflegt, unserer philosophischen *Metasprache* an und nicht unserer weltbeschreibenden Objektsprache, die Wittgenstein zufolge der Inbegriff des sinnvollen Redens ist. So fällt die Gesamtheit der wahren sinnvollen Sätze mit der Naturwissenschaft zusammen (4.11).

Sogleich fügt Wittgenstein hinzu: „Die Philosophie ist keine der Naturwissenschaften" (4.111). Sie ist es nicht, weil ihre Sätze keinen Beitrag zur Beschreibung der Welt leisten. Das heißt, daß die philosophischen Sätze – als weltbeschreibende *Sätze* verstanden – unsinnig sind. Wittgenstein weist ihnen deshalb eine andere Funktion zu:

> 4.112 Der Zweck der Philosophie ist die logische Klärung der Gedanken.
> Die Philosophie ist keine Lehre, sondern eine Tätigkeit.
> Ein philosophisches Werk besteht wesentlich aus Erläuterungen.
> Das Resultat der Philosophie sind nicht „philosophische Sätze", sondern das Klarwerden von Sätzen.

Betrachten wir als Beispiel die Rede von „Gegenständen". In weltbeschreibenden Sätzen kommt der Ausdruck selbst nur uneigentlich vor, nämlich als umgangssprachliches „Füllwort" an Stelle der expliziten logisch-syntaktischen Verwendung des entsprechenden Variablentyps. Allgemein formuliert Wittgenstein:

> 4.1271 Jede Variable ist das Zeichen eines formalen Begriffes.

Bezogen auf unser Beispiel des formalen (kategorialen) Begriffs des Gegenstandes heißt es dann weiter:

> 4.1272 So ist der variable Name „x" das eigentliche Zeichen des Scheinbegriffes *Gegenstand*.
> Wo immer das Wort „Gegenstand" („Ding", „Sache", etc.) richtig gebraucht wird, wird es in der Begriffsschrift[136] durch den variablen Namen ausgedrückt.
> Zum Beispiel in dem Satz „es gibt 2 Gegenstände, welche..." durch „$(\exists x, y)\ldots$".[137]
> Wo immer es anders, also als eigentliches Begriffswort gebraucht wird, entstehen unsinnige Scheinsätze.
> So kann man z. B. nicht sagen: „Es gibt Gegenstände", wie man etwa sagt: „Es gibt Bücher". [...]

---

[136] Angesprochen ist hier eine logisch-syntaktisch vollkommene Sprache im Sinne der Fregeschen „Begriffsschrift".

[137] Hier wird deutlich, wie die umgangssprachliche Formulierung, in der der Ausdruck „Gegenstand" aus sprachlichen Gründen verwendet wird, durch die explizit logisch-syntaktische zu ersetzen ist, so daß der Ausdruck „Gegenstand" verschwindet. Die Bedingung, daß nicht $(x = y)$, ist in Wittgensteins Formalismus überflüssig.

Was ist der Unterschied zwischen den beiden zuletzt genannten grammatisch völlig analog gebildeten „Es gibt"-Sätzen, die sich nur durch die Ersetzung des Ausdrucks „Gegenstände" durch den Ausdruck „Bücher" unterscheiden? Der erste Satz ist ontologisch, sein Begriff („Gegenstand") ist kategorialer Art. Der zweite Satz ist empirisch, sein Begriff („Buch") ist empirischer Art. Er hat die logische Form „$\exists x$ Buch (x)", die nach der oben dargestellten Analyse Freges besagt, daß Existenz als Eigenschaft (zweiter Stufe) von dem Begriff (erster Stufe) „Buch" in dem Sinne ausgesagt wird, daß er kein leerer Begriff ist. Für den ersten Satz läßt sich eine logische Form dagegen gar nicht angeben, und genau deshalb kann man ihn auch nicht *sagen*. Alles Sagbare ist den Regeln der logischen Syntax unterworfen, muß deren Formen genügen, d. h. nur logisch-syntaktisch wohlgeformte Sätze können einen Sinn haben. Sagen kann man zwar so etwas wie „Es gibt Gegenstände, die ..."; aber dies besagt wiederum nichts anderes als „Es gibt x, die ...". Nach den Regeln der logischen Syntax müßte der Begriff „Gegenstand" ein Begriff erster Stufe sein, also ein Begriff, unter den Gegenstände fallen, damit „Es gibt Gegenstände" der logischen Form „$\exists x$ P(x)" genügen könnte. Für Begriffe erster Stufe muß es sowohl Sinn machen, auf Gegenstände zuzutreffen, als auch, auf sie nicht zuzutreffen. Es kann aber aus kategorialen Gründen keinen Gegenstand geben, der kein Gegenstand ist. Hieran zeigt sich, daß „Gegenstand" kein normaler Begriff ist, sondern ein „Scheinbegriff" erster Stufe.[138]

Bei dem Bemühen, die Bedingung der Möglichkeit von Welterkenntnis verständlich zu machen, bedient sich Wittgenstein gerade solcher Sätze, die selbst gegen die geforderte logisch-syntaktische Wohlgeformtheit verstoßen. Ein besonders eklatantes Beispiel bietet uns Satz 2.026, in dem davon die Rede ist, daß „es Gegenstände gibt" (vgl. auch 4.2211). Hintergrund ist, daß Sätze keinen Sinn haben könnten, wenn es keine Gegenstände geben würde (vgl. 2.021 – 2.023). Der unsinnige Satz „Es gibt Gegenstände" wird also benötigt, um zu erläutern, was es heißt, daß ein Satz sinnvoll ist. Dies ist der Grund, warum der *Tractatus* zu dem Ergebnis führt, daß

---

[138] B. Russells Versuch, „Es gibt Gegenstände" darzustellen als „$\exists x \, (x = x)$" (vgl. etwa *Die Philosophie des Logischen Atomismus*, S. 237), wird von Wittgenstein (auf der Grundlage seiner Deutung der Identität) verworfen (vgl. 5.534 und 5.5352).

seine eigenen Sätze unsinnig sind. Anders gesagt: Die Sätze im *Tractatus* sind keine „Sätze" im Sinne des *Tractatus*.
Das angesprochene Problem hat bereits Frege an analogen Beispielen vorgeführt. So verweist er etwa darauf, daß es kategorial unmöglich sei, von einem Begriff auszusagen, daß er kein Gegenstand ist, weil diese Aussage (der Form „der Begriff *F* ist kein Gegenstand") den Begriff zu einem Gegenstand macht (wegen des vorangestellten bestimmten Artikels im Singular), uns also eine Vermengung derjenigen Kategorien aufzwingt, zu deren Unterscheidung sie gerade beitragen will. Das paradoxe Ergebnis ist, daß hier der Versuch, eine kategoriale Unterscheidung auszusprechen, wörtlich genommen, gerade dazu führt, sie zunichte zu machen. Frege beschreibt diese „Zwangslage" wie folgt:

> Man hat bei logischen Untersuchungen nicht selten das Bedürfnis, etwas von einem Begriffe auszusagen und dies auch in die gewöhnliche Form für solche Aussagen zu kleiden, daß nämlich die Aussage Inhalt des grammatischen Prädikats wird. Danach würde man als Bedeutung des grammatischen Subjekts den Begriff erwarten; aber dieser kann wegen seiner prädikativen Natur nicht ohne weiteres so erscheinen, sondern muß erst in einen Gegenstand verwandelt werden, oder, genauer gesprochen, er muß durch einen Gegenstand vertreten werden, den wir mittels der vorgesetzten Worte „der Begriff" bezeichnen [...].[139]

Hier kann man sich nur mit Erläuterungen behelfen, deren Uneigentlichkeit man sich aber stets bewußt bleiben muß. Der argumentativ-begründende Charakter der Philosophie geht für Frege damit nicht verloren. Wittgenstein ist auch hier radikaler. Es ist nämlich die Frage, ob er überhaupt akzeptieren würde, daß es philosophische *Argumente* gibt. Eher scheint er zu meinen, daß sich die logischen Formen *zeigen*, ohne daß es *Gründe* für ihre Anerkennung gibt. Dies würde bedeuten, daß der argumentative Gestus der Sätze des *Tractatus* nur scheinbar ist – durch die Grammatik des Aussagesatzes aufgezwungen, die den philosophischen Diskurs der Form des Sagens nicht entkommen läßt. Immerhin wird der Aussagecharakter durch die literarische Form des Textes – in der Abfolge von Aphorismen – zurückgenommen. Die Sätze des *Tractatus* wä-

---

[139] G. Frege, *Begriff und Gegenstand*, S. 197. Neudruck in: *Funktion, Begriff, Bedeutung*. Vgl. ergänzend *Schriften zur Logik und Sprachphilosophie*, S. 27.

ren dann als *hinführende* und nicht als argumentative Erläuterungen dessen zu lesen, was sich zeigt. Zeigen ist nun keineswegs eine Depotenzierung des Sagens; ganz im Gegenteil: was gesagt werden kann, könnte auch anders sein. Eine andere Logik ist aber nicht denkbar; auch deshalb kann sie sich nur zeigen. Wir können verallgemeinern: Zeigen ist ein emphatischer Begriff, und was sich laut *Tractatus* zeigt, hat teil an dieser Emphase.

5.4. Kontemplativer Solipsismus

Die Unterscheidung von Sagen und Zeigen wird auch herangezogen in den Erläuterungen zum Verständnis des Solipsismus, der im *Tractatus* für die richtige Sicht der Welt steht, in der mit den philosophischen Problemen auch die Lebensprobleme „verschwinden".[140]

> 5.62 Was der Solipsismus nämlich *meint*, ist ganz richtig, nur läßt es sich nicht *sagen*, sondern es zeigt sich.

Wie alle anderen Überlegungen des *Tractatus*, so ist auch Wittgensteins Auffassung des Solipsismus eingebettet in den Zusammenhang der Frage nach der allgemeinen Form des Satzes. So ist vom Ich erstmals im Übergang von 5.54 zu 5.541 die Rede. Die Frage ist hier, ob Sätze der Form „A glaubt, daß p" Anlaß geben könnten, die wahrheitswertfunktionale Auffassung der Sprache in Frage zu stellen. Wittgenstein verneint dies, allerdings in nicht überzeugender Weise. (Angesprochen ist hier das Problem der heute so genannten intensionalen Kontexte.) Der für unsere Thematik wichtige Punkt ist nur das Ergebnis von Wittgensteins Analyse. Dieses läuft darauf hinaus, daß das in solchen Sätzen angesprochene Subjekt A komplex und nicht einfach ist, weil es selbst eine Tatsache ist.[141] Es folgt nun der Satz

> 5.5421 Dies zeigt auch, daß die Seele – das Subjekt etc. – wie sie in der heutigen oberflächlichen Psychologie aufgefaßt wird, ein Unding ist. Eine zusammengesetzte Seele wäre nämlich keine Seele mehr.

---

[140] Für das Verständnis der Solipsismusthematik ist eine ergänzende Lektüre entsprechender Passagen in den *Tagebüchern* erforderlich. Vgl. vor allem die Eintragungen 11. 6. - 2. 9. 1916.
[141] Vgl. zur Erläuterung *Tagebücher*, Anhang II, Schluß.

Vor allem der zweite Satz könnte dahingehend mißgedeutet werden, als verlange Wittgenstein von einer angemessenen, nicht „oberflächlichen" Psychologie, daß sie die Seele als *nicht* zusammengesetzt und damit als etwas Einfaches zu behandeln habe. Gemeint ist jedoch, daß für eine einfache Seele in der *empirischen* Wissenschaft Psychologie gar kein Platz sei. Diese habe es vielmehr mit psychischen Komplexen als Tatsachen zu tun. Weil dies so ist – und darauf kommt es Wittgenstein an – verbietet es sich für diese Wissenschaft, überhaupt zu beanspruchen, von der „Seele" zu reden. Die empirische Psychologie ist diesem Einwand, den allerdings nicht nur Wittgenstein vorgebracht hat, gefolgt, indem sie sich heute, einem berühmten Schlagwort folgend, zu recht als „Psychologie ohne Seele" versteht. Für Wittgenstein gilt damit aber das Thema Seele, Subjekt etc. – dies ist der zweite Aspekt seines Votums – keineswegs als philosophisch „abgetan"; die Konsequenz ist vielmehr, daß es in nicht-psychologischer Weise anzugehen ist. Das Ergebnis der Überlegungen zum Solipsismus macht dies deutlich:

> 5.641 Es gibt also wirklich einen Sinn, in welchem in der Philosophie *nichtpsychologisch* vom Ich die Rede sein kann." (Hervorhebung G. G.)

Wenn Wittgenstein sich gegen ein Verständnis der Seele im Sinne eines komplexen Gegenstandes ausspricht, so darf man hierin kein Votum für die Seele im Sinne eines einfachen Gegenstandes (etwa im Sinne der Cartesischen „res cogitans") sehen. Es geht also nicht darum, von welcher Art Gegenstand die Seele ist. Die Pointe ist, daß die Seele überhaupt kein Gegenstand ist. Gegenständen ist wesentlich, daß sie in Sachverhalten als möglichen Tatsachen vorkommen und daher zur Welt gehören. Wittgensteins Subjekt ist aber gerade kein Teil der Welt. Die Fortsetzung der Stelle lautet nämlich:

> 5.641 Das Ich tritt in die Philosophie dadurch ein, daß „die Welt meine Welt ist".
> Das philosophische Ich ist nicht der Mensch, nicht der menschliche Körper, oder die menschliche Seele, von der die Psychologie handelt, sondern das metaphysische Subjekt, die Grenze – nicht ein Teil – der Welt.

An diese Ausführungen schließt dann der Satz 6 mit der Bestimmung der allgemeinen Form des Satzes an. Die Einbettung der Solipsismusthematik in eine *hypothetische* Problematisierung der wahrheitswertfunktionalen Sprachauffassung hat sicher auch damit zu tun, eine mögliche Gefährdung der extensionalistischen Sprachauffassung des *Tractatus* abzuwehren. Es wäre aber ganz verfehlt, das Thema Solipsismus nur aus der innersemantischen Perspektive anzugehen. Für Wittgenstein sind „ernste" philosophische Probleme Ausdruck von Lebensproblemen, und sein eigenes Problem ist das Problem des Ichs, dessen Lösung er in der „richtigen" *Einstellung* des Subjekts zur Welt der Tatsachen gegeben sieht. Insofern sollten wir eher sagen, daß die Sprachauffassung im *Tractatus* bestens zu Wittgensteins Auffassung des Subjekts „paßt". Entsprechend werden wir erwarten dürfen, daß die veränderte Sprachauffassung in den *Philosophischen Untersuchungen* wesentlich damit zu tun hat, daß die angestrebte Lösung nicht gelungen war.

Ein Schlüsselsatz der *Philosophischen Untersuchungen* lautet: „Und eine Sprache vorstellen heißt, sich eine Lebensform vorstellen." (§ 19). Beziehen wir dies auf den *Tractatus* zurück, so läßt sich sagen: Hier hat Wittgenstein nur *eine* Sprache vorgestellt, bzw. *die* Sprache einseitig vorgestellt. Damit hat er wegen des äquivalenten Verhältnisses von Sprache und Welt auch ein einseitiges Bild der Welt – und des Lebens – entworfen; denn Welt und Leben sind „Eins".

Im *Tractatus* ist also nur *eine* Lebensform vorgesehen. Die logische Form ist die Form der Sprache, der Welt und des Lebens. Wie kann es aber überhaupt eine logische Form des Lebens geben, und wie läßt sie sich näher bestimmen? Diese Lebensform ist die des Solipsismus, verstanden als die Lebensform des von Logik durchdrungenen kontemplativen Genies (im Sinne Schopenhauers)[142]: „Die Logik erfüllt die Welt." (5.61); „Ich bin meine Welt" (5.63); also „erfüllt" die Logik auch mich. Auf diese Weise passen Solipsismus und Sprachauffassung des *Tractatus* zusammen, was freilich wiederum nicht gesagt werden kann; es zeigt sich, und zwar so:

5.6 *Die Grenzen meiner Sprache* bedeuten die Grenzen meiner Welt.

Mit dem Hinweis auf Schopenhauer haben wir schon zu verstehen gegeben, daß Wittgensteins Solipsismus nicht einfach auf die Auffassung hinausläuft, daß nur ich wirklich existiere. Eine solche Auffassung wäre nicht ernst zu nehmen und gehörte, wie Schopenhauer

---

[142] Zu diesem Hintergrund vgl. A. Schopenhauer, *Die Welt als Wille und Vorstellung*, insbesondere W I, §§ 33, 34 u. 36 sowie W II, Kap. 30 (Vom reinen Subjekt des Erkennens) und Kap. 31 (Vom Genie).

bemerkt, eher ins „Tollhaus" (W I, S. 163). Gleichwohl beginnt *Die Welt als Wille und Vorstellung* mit dem solipsistischen Satz „Die Welt ist meine Vorstellung". Wie haben wir also den eigentlichen Sinn des Solipsismus zu verstehen? Hier gilt es, dessen Erlebnisgrundlage zu vergegenwärtigen, und nach dem Sitz dieses Erlebnisses im Leben einzelner zu fragen.

Wittgensteins Solipsismus ist jedenfalls nicht der methodische Solipsismus Descartes', sondern der kontemplative Solipsismus Schopenhauers, den dieser als den „Zustand der reinen Objektivität der Anschauung" (W II, S. 475) in der fogenden Weise beschreibt:

> Wer [...] sich in die Anschauung der Natur so weit vertieft und verloren hat, daß er nur noch als rein erkennendes Subjekt daist, wird ebendadurch unmittelbar inne, daß er als solches die Bedingung, also der Träger der Welt und alles objektiven Daseins ist, da dieses nunmehr als von dem seinigen abhängig sich darstellt. Er zieht also die Natur in sich hinein, so daß er sie nur noch als ein Akzidenz seines Wesens empfindet. (W I, S. 260)

Dieser *Aufnahme* des Objekts *in* das Subjekt kommt bei Schopenhauer eine *ethische* Überwindung der Subjekt/Objekt-Spaltung gleich. Ihr korrespondiert als eher *ästhetische* Überwindung eine *Hingabe* des Subjekts *an* das Objekt, „indem es im angeschauten Gegenstand ganz aufgeht" (W I, S. 260). Beide Momente sind in Wittgensteins Solipsismus vereinigt. So ist denn auch der Satz zu verstehen: „Ethik und Ästhetik sind Eins" (6.421).

Ausgangspunkt ist die in 5.631 beschriebene Methode, „das Subjekt zu isolieren", die zur Trennung von empirischem Ich und transzendentalem Subjekt führt, indem alle Eigentümlichkeiten des empirischen Subjekts (vom Körper über die Willensregungen bis zu den Vorstellungen) in der Selbstbeobachtung zu Gegebenheiten auf seiten des Objekts werden. Das empirische Subjekt wird selbst zum Objekt. Diese „Methode" dünnt sozusagen das Subjekt zu Gunsten des Objekts aus, verschiebt das empirische Subjekt ins Objekt, bis vom Subjekt nur noch ein die Realität koordinierender Fluchtpunkt bleibt: das Subjekt eines transzendentalen Solipsismus oder Schopenhauers „ewiges Weltauge" (W II, S. 479), das sich selbst nicht sieht.[143] Das Ergebnis ist das Zusammenfallen von „streng durchgeführtem" Solipsismus und „reinem" Realismus:

---

[143] Wittgenstein vergleicht das Verhältnis von Subjekt und Welt mit dem Verhältnis von Auge und Gesichtsfeld (5.633 u. 5.6331). Heranzuziehen

5.64 Das Ich des Solipsismus schrumpft zum ausdehnungslosen Punkt zusammen, und es bleibt die ihm koordinierte Realität.

Freilich können wir nicht umhin, als Gefahr einer solchen Distanzierung vom eigenen Leib Schizophrenie zu benennen. Bemerkenswert ist, daß auch Schopenhauer die Kontemplation bis zur Distanz zum eigenen Leib ausdehnt, wenn er sich selbst beim Handeln „von außen" zusieht (W II, S. 480). Worum geht es positiv? Der kontemplative „Zustand der reinen Objektivität der Anschauung" wird als „ein durchaus beglückender" beschrieben (W II, S. 475). Und so haben wir auch Wittgenstein zu verstehen. Die Welt des Glücklichen ist die Welt des Kontemplativen. Sie unterscheidet sich von der Welt des Unglücklichen nicht dadurch, daß in ihr anderes der Fall ist, sondern nur dadurch, daß sie – als Ganzes – anders gesehen wird (vgl. 6.43). Der Unterschied liegt also nicht in den Tatsachen, sondern einzig in der Einstellung des Subjekts zu ihnen.[144] Die Welt des Glücklichen ist (als Tatsache) dieselbe Welt wie diejenige des Unglücklichen – gesehen als *meine* Welt, d. h. unter Aufhebung distanzierender *Fremdheit*. Auch hier sehe ich vielleicht meinem Leib von außen zu; aber gelassen mit Blick darauf, was er so alles anstellt. „Die Welt, wie ich sie vorfand" wird zu *meiner* Welt, wenn ich sie nehme, wie sie ist. Handeln im Sinne eines guten oder bösen Wollens ist damit nicht ausgeschlossen. Glücklich ist aber nur derjenige, der das Gelingen seines Wollens gleichsam als „Gnade" begreift, der das Beste will, ohne zu klagen, wenn es nicht zum besten wird. Was wir hier haben, ist eine Radikalisierung der Kantischen Gesinnungsethik, daß nichts gut ist als der gute *Wille*. Die Welt selbst „ist unabhängig von meinem Willen" (6.373).

Der Zusammenhang von glücklichem Leben und Solipsismus stellt sich, auf eine knappe Formel gebracht, so dar: Das empirische Ich muß den Standpunkt des transzendentalen Subjekts einnehmen, den widrigen Tatsachen der Welt zum Trotz. Wenn wir uns

---

ist hier E. Machs Illustration der Gegebenheiten des Gesichtsfeldes (*Analyse der Empfindungen*, Kap. I, Abschn. 10), in der exemplarisch vergegenwärtigt wird, was für das Auge in einem bestimmten Augenblick zu sehen ist. Teile des Leibes gehören dazu, unter Ausschluß insbesondere des Auges selbst (und anderer Teile des „Gesichts").

[144] Bei Schopenhauer sind die Objekte der Kontemplation nicht Tatsachen, sondern Ideen. Wittgenstein zwingt sich dagegen die kontemplative Einstellung gegenüber den Tatsachen auf. Er überbietet damit Schopenhauer, indem er die Welt selbst zu einem Kunstwerk macht.

aber klar machen, daß das Glück solipsistischer Einheitserlebnisse singulär und momentan ist, wie Schopenhauer stets „realistisch" betont hat, so können wir ermessen, was Wittgensteins Versuch, dieses glückliche Leben auf Dauer zu leben, bedeutet.

Die Tractatus-Welt ist eine Augenblickswelt. Dazu paßt semantisch, daß der Prototyp der Gegenstände der Welt in Analogie zu den Raum-Zeit-Momenten des Gesichtsfeldes gebildet ist.[145] Eine Augenblickswelt aber, erst recht die Welt des *glücklichen* Augenblicks hat keinen Bestand, läßt sich nicht bewahrend festhalten. Überhaupt ist das Solipsismuserlebnis janusköpfig. Eine glückliche (euphorische) Phase ist stets durch das „Umkippen" in eine unglückliche (depressive) Phase gefährdet. Wer das Solipsismuserlebnis kennt, kennt auch seine Schattenseiten. Schopenhauer gibt zu bedenken:

> Wohl ist jedem in dem Zustande, wo er alle Dinge ist [wenn Solipsismus und Realismus zusammenfallen, G. G.]; wehe da, wo er ausschließlich eines ist. (W II, S. 479)

Wittgenstein scheint diese Warnung nicht ernst genug genommen zu haben und den „streng solipsistischen Standpunkt"[146] im Sinne eines kontemplativen Solipsismus als Dauerzustand gemeint und angestrebt zu haben.[147] Doch damit hatte er sich zu viel vorgenommen; seine Biographie belegt es.

Der Zusammenbruch der auf Dauer angelegten Weltauffassung des kontemplativen Solipsismus dürfte wesentlich dazu beigetragen

---

[145] So wird die rückblickende Kritik der *Philosophischen Untersuchungen* an der Idee der logisch einfachen Gegenstände des *Tractatus* daran festgemacht, daß der raum-zeit-abhängig zu verwendende Ausdruck „dieses" als der „*eigentliche* Name" verstanden wurde (PU, § 38). Direkt angesprochen ist hier der logische Atomismus Russells, indirekt aber auch Wittgensteins eigene Position.

[146] L. Wittgenstein, *Geheime Tagebücher 1914-1916*, ed. W. Baum, Wien 1991, Eintragung vom 8. 12. 1914.

[147] In Situationen verzweifelter Entfremdung flüchtet sich Wittgenstein geradezu in die kontemplative Einstellung: „Nur eines ist nötig: alles, was einem geschieht, *betrachten* können." (Eintragung vom 25. 8. 1914, Hervorhebung G. G.). Die Bewältigung der dort berichteten Lebensumstände stellt sich Wittgenstein so vor: „Habe mir gestern vorgenommen, *keinen Widerstand zu leisten*, mein Äußeres sozusagen ganz leicht zu machen, um mein Inneres ungestört zu lassen." (Eintragung vom 26. 8. 1914).

haben, die Frage nach dem glücklichen Leben neu zu stellen. Wittgenstein war ein existentieller Denker im Gewande des Logikers bzw. Sprachphilosophen. Der Übergang vom *Tractatus* zu den *Philosophischen Untersuchungen* ist in erster Linie ein Übergang zu einem neuen Verständnis des gelungenen Lebens, das sich in einer veränderten Sprachauffassung niederschlägt. Dem Übergang von der *einen* allgemeinen Form des Satzes zu den *vielen* besonderen Sprachspielen, von der *logischen* Form zu den *Lebens*formen, korrespondiert der Versuch, die Subjekt/Objekt-Spaltung statt durch Kontemplation durch Praxis zu überwinden.

Obwohl damit Schopenhauers „romantisches" Verständnis von Entfremdung verabschiedet wird, bleibt die kontemplative Einstellung auf der theoretischen Metaebene weiterhin erhalten: als philosophisches Programm der „übersichtlichen Darstellung" (PU, § 122), eines reinen Zusehens, das beschreibend alles läßt „wie es ist" (PU, § 124). Mit Blick auf Späteres ist zudem festzuhalten, daß auch das Solipsismus*erlebnis* in den *Philosophischen Untersuchungen* noch mitgeführt wird: in der Thematik des „visuellen Zimmers". Zwar wird der Solipsismus hier depotenziert, indem er als *die* Lebensform aufgegeben wird, er behält aber eine eingeschränkte Bedeutung als *eine* Sichtweise neben anderen.

5.5. Philosophie als Therapie

Inzwischen sollte klar geworden sein, daß sich bei Wittgenstein die Deutung erkenntnistheoretischer Themen so verändert hat, daß für deren Behandlung eine andere Vorgehensweise zu erwarten ist als für wissenschaftliche Probleme. Die Texte von Wittgenstein zeichnen sich denn auch durch einen eigentümlichen Stil aus, der sie eher als literarische ausweist. Wir hatten bereits gesehen: Der Sprachmodus ist nicht der des Sagens, sondern der des Zeigens. Es werden keine zu beweisenden Behauptungen aufgestellt, sondern es werden Zusammenhänge aufgewiesen. Die einzelnen Sätze dienen als Erläuterungen oder Anleitungen, die Welt richtig zu sehen. Unterstrichen wird so, daß man bestimmte erkenntnistheoretische Probleme nicht mehr in traditioneller Weise „lösen" kann, aber auch, daß man sich ihrer nicht einfach wissenschaftslogisch „entledigen" kann. Im Unterschied zu Carnap schiebt Wittgenstein ein philosophisches Problem wie das Realitätsproblem nicht einfach beiseite, sondern „behandelt" es mit größter Sensibilität, wenn auch wie eine „Krankheit" (PU, § 255).[148] Die Methode ist also therapeutischer Art. Dabei ist nicht zu übersehen, daß es um Wittgensteins eigene Probleme geht und die Therapie daher auch ein Stück Selbsttherapie ausmacht. Darüber hinaus bleibt die Thematisierung unserer Weltverhältnisse aber eine *allgemeine* Aufgabe der Philosophie, so daß eine Erkenntnistheorie, die sich dieser Aufgabe stellt, schon deshalb nicht in Wissenschaftstheorie wird aufgehen können und dürfen.

Sprache erschließt uns Welt, und in Sprache kommt unser Verhältnis zur Welt zum Ausdruck. Analyse und Kritik unseres Weltverhältnisses haben daher von der Sprache auszugehen. In diesem Sinne erklärt Wittgenstein im *Tractatus* (4.0031): „Alle Philosophie ist ‚Sprachkritik'". Dieser Satz hätte auch noch in den *Philosophischen Untersuchungen* stehen können, allerdings sieht die Sprachkritik dort ganz anders aus. Wittgensteins Sprachauffassung hat sich nämlich wesentlich geändert und damit wegen des Zusammenhangs von Sprache und Welt auch seine Weltauffassung.

Wittgensteins neuer Versuch, das Problem unseres Weltverhältnisses im Sinne eines glücklichen, gelungenen Lebens zu lösen, bedient sich weiterhin der sprachanalytischen Methode, nun aber auf neuer Grundlage. Danach entstehen Scheinprobleme nicht durch Verstöße gegen eine als einheitlich gedachte *logische* Syntax der Sprache, sondern durch Abweichungen von der *normalen* Sprache als der Sprache in funktionierenden alltäglichen Praxiszusammenhängen. Innerhalb der analytischen Philosophie rückt damit das Verhältnis von Philosophie und Sprache in ein neues Licht. Orientieren sich die von Frege ausgehenden Autoren am Ideal wissenschaftlicher Erkenntnis, so wacht die vom späten Wittgenstein ausgehende Tradition eher umgekehrt darüber, ob nicht eine solche wissenschaftliche Orientierung uns ein natürliches Verhältnis zur Welt (und zum Leben) geradezu verstellt. Da die natürlichen Verhältnisse hier mit den alltäglichen identifiziert werden, ist auch die Einstellung dieser Philosophie zu demjenigen Medium, in dem dieses Weltverhältnis zur Sprache kommt, nämlich der Alltagssprache, eine ganz andere. Die Rede vom „Alltag" ist dabei – abweichend vom „alltäglichen" Gebrauch – positiv besetzt und jedenfalls nicht

---

[148] Wenn wir einen psychoanalytischen Vergleich nicht scheuen, könnten wir sagen, daß Wittgenstein versucht, die Probleme zu überwinden, indem er sie bewußt macht, während Carnap sie bloß verdrängt.

im Sinne eines langweiligen Trotts gemeint. Ohne daß es in Wittgensteins Texten ausdrücklich gesagt würde, zeigt sich doch, daß Alltag für ihn so etwas wie das einfache Leben ist, und dies in einem emphatischen Sinne. Wie wir aus Wittgensteins Biographie wissen, ist sein Bild vom einfachen Leben vor allem durch Tolstoj geprägt worden. Man muß dieses beachten, um den beständigen Rekurs auf die Alltagssprache in dieser therapeutischen Philosophie nicht als linguistische Trivialisierung philosophischer Probleme mißzuverstehen. Für Wittgenstein besteht nämlich ein Zusammenhang zwischen der Abweichung der philosophischen Sprache von der Alltagssprache und der Abweichung, d. h. nun Entfremdung, des philosophischen (metaphysischen) Denkens von der alltäglichen Praxis. Das philosophische Bewußtsein wird also sozusagen als „unglückliches Bewußtsein" gedeutet, dessen Unglück sich in seiner Sprache offenbart. Da der Ausgangspunkt der philosophischen Verwirrung nun in der Abweichung von der Alltagssprache gesehen wird, muß man – gut therapeutisch – zu diesem Ausgangspunkt zurück, und das heißt im Fall der Erkenntnistheorie, daß Wörter wie „Wissen", „Gewißheit", „Zweifel" usw. von ihrer metaphysischen wieder auf ihre „alltägliche Verwendung" zurückzuführen sind (PU, § 116).

Schon mehrfach ist im Laufe unserer Untersuchung die Rede davon gewesen, daß die Eigentümlichkeit erkenntnistheoretischen Fragens einhergeht mit einer Einstellungsänderung, zu der, wie wir nun sagen könnten, auch eine Loslösung vom Alltag gehört. Descartes selbst hatte hier von „Muße" gesprochen, und mancher wird, mit Blick auf die Probleme des Alltags, eher von „Müßiggang" sprechen wollen, um damit an die Spruchweisheit zu erinnern, daß Müßiggang aller Laster Anfang sei. Einem solchen Verdacht ist – sogar innerhalb der Philosophie selbst – besonders die Frage nach der Realität der Außenwelt ausgesetzt. Ausgesprochen haben ihn – je verschieden – die Philosophen der Praxis, wobei das Spektrum von Marx[149] über Heidegger[150] bis zur Philosophie der Lebensformen des späten Wittgenstein reicht. Übereinstimmend hat man diese Frage als Ausdruck (Symptom) von Entfremdung gewertet. Obwohl die Ursachen der Entfremdung unterschiedlich verortet

---

[149] Vgl. etwa K. Marx in den *Thesen über Feuerbach*, zweite These: „Der Streit über die Wirklichkeit oder Nichtwirklichkeit eines Denkens, das sich von der Praxis isoliert, ist eine rein scholastische Frage."

[150] Vgl. M. Heidegger, *Sein und Zeit*, Tübingen 15. Aufl. 1979, § 43.

werden, geht es doch in allen Fällen um deren Überwindung. Der Zustand der Entfremdung ist also letztlich negativ ausgezeichnet, mag er auch bisweilen wenigstens als notwendiges Durchgangsstadium einer Entwicklung angesehen werden. Hier sollte man freilich daran erinnern, daß auch Descartes die Situation des totalen Skeptizismus nur als methodischen Schritt auf dem Wege zur Gewißheit versteht. Und auch Descartes beschreibt den Zustand des Zweifels in Vokabeln von Entfremdung, einer Entfremdung von Gott. Die Annahme eines täuschenden Gottes besagt nichts anderes als von Gott verlassen zu sein. Insofern es gilt, diesen Zustand zu überwinden, besteht der Unterschied eher in den Vorstellungen, wie dies geschehen soll: bewußtseinsphilosophisch, politisch-ökonomisch, existentialontologisch oder sprachkritisch.

Im Unterschied zu den Untersuchungen von Marx und Heidegger lassen sich diejenigen Wittgensteins wirklich auf die traditionellen Probleme der Erkenntnistheorie ein, indem sie diese durch „Behandlung" von innen zu überwinden oder aufzulösen versuchen. Die Descartessche Muße wird nun tatsächlich in die Nähe des Müßiggangs gerückt: „Denn die philosophischen Probleme entstehen, wenn die Sprache *feiert*" (PU, § 38). Und dieses Feiern der Sprache wird nicht etwa als rauschendes dionysisches Fest oder auch nur als besinnlicher Feierabend, sondern als „Leerlauf" gedacht (PU, § 132).

Entstehen die philosophischen Probleme also nicht, wenn die Sprache „arbeitet", statt zu „feiern"? Ist das „wenn" an der zitierten Stelle temporal oder kausal gemeint? Im ersten Fall würde das Feiern das Entstehen philosophischer Probleme begleiten, im zweiten Fall verursachen. Wittgenstein scheint zu meinen, daß die Abweichung von der Alltagssprache *Ursache* und nicht bloß *Symptom* der philosophischen „Krankheit" ist. Deshalb setzt er mit seiner Therapie an der Sprache selbst an, die damit nicht mehr als ein Kleid, das man ablegen kann, sondern geradezu als Zwangsjacke des Gedankens erscheint. Sachgemäßer werden wir wohl mit Kant („Metaphysik als Naturanlage") von einer anthropologischen Quelle philosophischer Probleme auszugehen haben. Von einer Sprachkritik können wir dann zwar keine direkten therapeutischen Erfolge erwarten, aber wenigstens Klarheit über unsere Situation – als *conditio humana*. Mehr zu wollen, würde Ursache und Wirkung verwechseln und käme einem Herumkurieren an Symptomen gleich, die man fälschlich für die Ursachen der Krankheit hält. Unsere Position liefe darauf hinaus, dem „wenn" eine Zwischenstellung einzuräumen, nach der es stärker als ein zeitliches, aber schwächer als ein kausales „wenn" so aufzufassen wäre, daß das Feiern dem Entstehen philosophischer Probleme den Boden bereitet; denn *während* oder *bei* der „Arbeit" entstehen solche Probleme tatsächlich nicht, sondern nur in gewisser Distanz zu ihr.

5.6. Glauben und Wissen (Wittgenstein und Moore)

Unsere Behandlung der erkenntnistheoretischen Fragen hat sich bislang im wesentlichen auf Charakterisierungen des Objekts der Erkenntnis bezogen, während das Subjekt soweit Berücksichtigung gefunden hat, als es an der Konstitution des Objekts beteiligt ist. Dabei blieb – im Rahmen der erkenntnistheoretischen Frage II – das Objekt selbst auf das Physische beschränkt. Dieses Vorgehen sollte aber nicht darüber hinwegtäuschen, daß das Psychische als *Eigen*psychisches Ausgangspunkt der gesamten erkenntnistheoretischen Problematik gewesen ist. Nicht nur im Rationalismus Descartes, sondern auch im Empirismus Lockes wird dem Eigenpsychischen eine methodische Vorrangstellung eingeräumt. Wenn ich etwa eine Idee des Grünen habe, so gilt (in beiden Traditionen) erstens, daß ich dieses unbezweifelbar *weiß,* und zweitens, daß *nur ich* dieses unbezweifelbar weiß. Die weitere Frage war dann, ob solchen Ideen etwas in der Wirklichkeit entspricht. So waren wir zur erkenntnistheoretischen Frage II gekommen, so daß das Problem des Fremdpsychischen bislang wenig zur Sprache kam. Es hat aber hier seinen Platz, weil sich bei einem Ausgang vom Eigenpsychischen nicht nur die Frage nach der Realität der dinglichen Außenwelt, sondern in einem zweiten Schritt auch die Frage nach der Realität der psychischen Außenwelt im Sinne der Anerkennung fremder Bewußtseine stellt. Der neuzeitlichen Erkenntnistheorie liegt hier latent durchaus ein methodischer Solipsismus zugrunde.

Der methodische Solipsismus beinhaltet, daß sich nicht nur das Wissen von der physischen, sondern auch von der psychischen Außenwelt, also das Wissen, das ich von meinen Mitmenschen (vom Fremdpsychischen) habe, als ein abgeleitetes Wissen darstellt. Dabei wird im methodischen Ausgangspunkt des Solipsismus das Verhältnis, das der Mensch zu sich selbst hat, als eine *wißbare* Selbstgewißheit ausgegeben. Gerade hierin scheint Wittgenstein die Quelle eines falschen (entfremdeten) Verhältnisses des Menschen zu sich selber, zum anderen Menschen und zur Welt zu sehen. Im Rahmen seiner sogenannten Privatsprachenkritik (PU, §§ 243ff.) stellt er deshalb die Auffassung in Frage, daß wir ein *Wissen* vom Eigenpsychischen haben, indem er sprachanalytisch darzulegen sucht, daß es ein Mißbrauch des *Wortes* „wissen" sei, es ausgerechnet auf Eigenpsychisches zu beziehen:

> Inwiefern sind nun meine Empfindungen *privat*? – Nun, nur ich kann wissen, ob ich wirklich Schmerzen habe; der Andere kann es nur vermuten. – Das ist in einer Weise falsch, in einer anderen unsinnig. Wenn wir das Wort „wissen" gebrauchen, wie es normalerweise gebraucht wird (und wie sollen wir es denn gebrauchen!), dann wissen es Andre sehr häufig, wenn ich Schmerzen habe. – Ja, aber doch nicht mit der Sicherheit, mit der ich selbst es weiß! – Von mir kann man überhaupt nicht sagen (außer etwa im Spaß), ich *wisse*, daß ich Schmerzen habe. Was soll es denn heißen – außer etwa, daß ich Schmerzen *habe*? (PU, § 246)

Wenn damit das Eigenpsychische als Paradigma von Wißbarem und als Ausgangspunkt für die Anerkennung weiterer Wissensarten ausgeschlossen werden soll, so gerade nicht, um es skeptisch in Zweifel zu ziehen, sondern um es vor dem Zugriff einer wissenden Verobjektivierung in Sicherheit zu bringen. Und es richtet sich die Kritik am methodischen Solipsismus nicht einmal gegen dessen Idee eines privilegierten Zugangs zum eigenen Ich, sondern dagegen, daß dieser Zugang wissend erfolgen könne, daß das Privileg sich als *Wissen* zu manifestieren habe. Diese Überlegungen weitet Wittgenstein schließlich zu einer allgemeinen Kritik *wissen*schaftlicher Weltvergewisserung aus – durch eine Neubestimmung des Verhältnisses von Glauben und Wissen. Ausgangspunkt ist einmal mehr das Realitätsproblem.

Über Gewißheit bietet uns nun so etwas wie eine Explikation von „unbegründetem Wissen" oder, da Wittgenstein in diesem Fall die Rede von „Wissen" für unangemessen hält, von „unbegründeter Gewißheit", bzw. „unbeweisbarer Gewißheit". Ausgangspunkt oder Aufhänger der Überlegungen sind G. E. Moores Begriffe des Wissens und Beweisens, wie dieser sie in seinen klassischen Aufsätzen *Eine Verteidigung des Common Sense* und *Beweis einer Außenwelt* benutzt.[151] Im zweiten dieser Texte findet sich die folgende Passage:

---

[151] Deutsche Übers. in: G. E. Moore, *Eine Verteidigung des Common Sense. Fünf Aufsätze aus den Jahren 1903-1941*, mit einer Einleitung von H. Delius, Frankfurt a. M. 1969. Seitenangaben beziehen sich auf diese Ausgabe.

> Ich kann jetzt z. B. beweisen, daß zwei menschliche Hände existieren. Wie? Indem ich meine beiden Hände hochhebe, mit der rechten Hand eine bestimmte Geste mache und sage „Hier ist eine Hand", und dann hinzufüge, wobei ich mit der linken Hand eine bestimmte Geste mache, „Hier ist noch eine". Und wenn ich, indem ich dies tue, *ipso facto* die Existenz von Außendingen bewiesen habe, werden Sie alle einsehen, daß ich es auch auf eine Vielzahl von anderen Weisen tun kann: es ist überflüssig, noch weiter Beispiele anzuhäufen. (S. 178)

Zum richtigen Verständnis dieser Passage gehört, sich die beschriebenen Gesten in einer „Performance" rhetorisch zu vergegenwärtigen. Propositional ist deren Überzeugungskraft nur schwer einzuholen. Moore selbst beschreibt seinen „Beweis" so, daß er aus der Prämisse „Hier ist eine Hand und hier ist noch eine" den Schluß ziehen könne „Es existieren in diesem Augenblick zwei menschliche Hände" und damit auch („ipso facto") bewiesen habe „Es existieren Außendinge". Wir werden uns hier nicht mit der Klärung der Begriffe „Existenz", „Außendinge" usw. aufhalten, denen Moore seine Analysen widmet. Der eigentliche Aufhänger für Wittgenstein ist nur die Prämisse, und zwar in dem Sinne, daß Moore betont, daß sein Beweis nicht als Beweis anzuerkennen sei, wenn die Prämisse „nicht etwas gewesen wäre, von dem ich *wußte,* daß es der Fall ist" (S. 178). Von Wittgenstein wird nun bestritten, daß man solche Sätze überhaupt *wissen* könne. Wichtig ist dabei, die Verneinung des Wissens nicht im Sinne des Skeptizismus zu deuten, wie Moore dies getan hätte, indem für ihn Nichtwissen auf „bloßen" Glauben hinauslaufen würde:

> Wie absurd es wäre, anzunehmen, daß ich es nicht wußte, sondern *nur* glaubte, und daß es vielleicht nicht der Fall war! (S. 179, Hervorhebung G. G.)

Daß „Glauben" für Moore (wie auch für die philosophische Tradition, vgl. Kants „Skandal der Philosophie") ein defizienter Modus des Wissens ist, geht hier aus dem „nur" hervor. Genau dieses Verständnis einer Vorrangstellung des Wissens gegenüber dem Glauben wird von Wittgenstein bestritten. In einem wichtigen Punkt stimmen Moore und Wittgenstein allerdings überein, daß nämlich ein Satz wie „Hier ist eine Hand" nicht beweisbar sei. Trotzdem, und darauf besteht Moore, wisse er Sätze dieser Art: „Ich kann Dinge wissen, die ich nicht beweisen kann." (S. 184). Damit setzt Moore Wissen und Gewißheit gleich. In dem Aufsatz *Gewißheit* formuliert er explizit:

> Wenn *ich* sage „Es ist gewiß, daß *p*", ist es eine notwendige und hinreichende Bedingung für die Wahrheit meiner Behauptung, daß *ich* weiß, daß *p* wahr ist. (S. 204)

Bei Wittgenstein sind dagegen Wissen und Gewißheit getrennt. Anders als Moore bringt er Wissen mit Beweisen, Gewißheit dagegen mit Glauben in Verbindung. Wenn in manchen Formulierungen noch „Wissen" für „Gewißheit" steht, so wird die Unterscheidung in der Sache doch durchgeführt, indem dieses sogenannte Wissen letztlich als Glaube bestimmt wird:

> Wir wissen, daß die Erde rund ist. Wir haben uns endgültig davon überzeugt, daß sie rund ist.
> Bei dieser Ansicht werden wir verharren, es sei denn, daß sich unsere ganze Naturanschauung ändert. „Wie weißt du das?" – Ich glaube es. (ÜG, § 291)[152]

Als gemeinsamer Nenner ergibt sich für Wittgenstein und Moore, daß Sätzen wie „Hier ist eine Hand" unbeweisbare Gewißheit zukommt. Die prinzipiellen Unterschiede zeigen sich in der Bewertung des erkenntnistheoretischen Status von Sätzen dieses Typs, die man heute geradezu „Mooresche Sätze" nennt.[153]

---

[152] Vgl. hierzu die im Geiste Wittgensteins geschriebenen *Kindergeschichten* (Neuwied u. Berlin 1969) von P. Bichsel. Die Geschichte „Die Erde ist rund", die als Titel denselben Satz verwendet, den auch Wittgenstein anführt, beginnt charakteristischerweise mit der Beschreibung einer Situation der Muße (oder des Müßiggangs), einer Situation der „Langeweile", in der „die Sprache feiert": „Ein Mann, der *weiter nichts zu tun hatte*, nicht mehr verheiratet war, keine Kinder mehr hatte und *keine Arbeit* mehr, verbrachte seine Zeit damit, daß er sich alles, was er wußte, noch einmal überlegte." (Hervorhebungen G. G.) Dieser Mann stellt dann fest, daß er u.a. wisse, daß die Erde rund sei und er also, wenn er „immer geradeaus geht", schließlich „an denselben Ort" zurückkomme: „,Das weiß ich', sagte er, ,aber das glaube ich nicht, und deshalb muß ich es ausprobieren'" (S. 9). Die tragikomische Pointe der Geschichte ist, daß der Mann aus der kategorialen Einsicht, daß Glaube sozusagen *mehr* verlangt als Wissen, die Konsequenz ableitet, dieses Mehr durch zusätzliche Evidenz einholen zu müssen - und sich auf den Weg macht.

[153] Ein wichtiger Punkt für Moore ist, daß mein Wissen, daß eine materielle Außenwelt existiert, nicht von einer korrekten Analyse dessen abhängig ist, *was* ich weiß, wenn ich dies weiß. Das heißt, daß der Realismus des sogenannten gesunden Menschenverstandes (common sense) begründet ist, ohne eine *Theorie* der materiellen Dinge und deren Wahrnehmung,

Fragen wir uns nun, wie der späte Wittgenstein seine eigenen Analysen sieht. Es fällt auf, daß in *Über Gewißheit* wieder häufiger von Logik und logischen Einsichten die Rede ist. Eine „logische Einsicht" (§ 59) ist eine Einsicht in die Logik unserer Sprache und also kategorialer Art. Damit kommen wir auf die Frage nach dem Status kategorialer Erläuterungen als der eigentlichen philosophischen Tätigkeit zurück. Während der *Tractatus* hier eher zu einem Vergleich mit Kant herausfordert, sind in *Über Gewißheit* die Parallelen zu Hume offensichtlich. Auf beide Autoren werden wir deshalb vergleichend zurückgreifen, um Wittgensteins Standpunkt zu verdeutlichen. Die Frage ist, wieweit sich kategoriale Analysen als transzendentale Argumente begreifen lassen.

5.7. Kategoriale Erläuterungen und transzendentale Argumente

Die unterschiedliche Auffassung Moores und Wittgensteins hinsichtlich des erkenntnistheoretischen Status der Mooreschen Sätze besteht darin, daß Moore einen Satz wie „ich weiß, daß hier eine Hand ist", wie auch den Satz, daß es eine materielle Außenwelt gibt, für einen empirischen Satz hält, indem er bemerkt, „daß es hätte der Fall sein *können,* daß [...] materielle Dinge nicht wirklich sind" (S. 127). Wittgenstein dagegen betont zu recht den kategorialen Status dieses Satzes:

> Wird „Ich weiß etc." als grammatischer Satz [und nicht als empirischer Satz, G. G.] aufgefaßt, so kann natürlich das „Ich" nicht wichtig sein. Und das heißt eigentlich „Es gibt in diesem Falle keinen Zweifel" oder „Das Wort ‚Ich weiß nicht' hat in diesem Falle keinen Sinn". Und daraus folgt freilich auch, daß „Ich *weiß*" keinen hat. (ÜG, § 58)

Dieses besagt, daß es sich bei solchen Wissenssätzen gar nicht um empirische Sätze, die der Fall sein können oder nicht, handelt. Und genau deshalb sind sie nicht sinnvoll, und zwar sinnvoll in Überein-

---

etwa im Rahmen einer Sinnesdatentheorie. Moore bestreitet aber nicht die Wichtigkeit solcher Theorien. Im Gegenteil bilden für ihn Sinnesdaten die Bestandteile einer korrekten Analyse des *Was* unseres Wissens von einer materiellen Außenwelt (S. 144), einer Analyse, die nach dem Modell von Russells Theorie der Kennzeichnungen vorgenommen wird (S. 145).

stimmung mit der Auffassung des *Tractatus*, wonach die Negation eines sinnvollen Satzes möglich (denkbar) sein muß.

„Ich weiß" ist hier eine logische Einsicht. Nur läßt sich der Realismus nicht durch sie beweisen. (ÜG, § 59)

Damit ist gemeint, daß die Unbezweifelbarkeit Moorescher Sätze kategorialer Art ist und es sich deshalb verbietet, von einem „Beweis" zu sprechen. Kategoriale (logische, grammatische) Bemerkungen haben nicht „sagenden" (*be*weisenden), sondern „zeigenden" (*auf*weisenden, aufdeckenden) Charakter. Aufgedeckt werden Voraussetzungen, die unausgesprochen unserem Reden und Handeln „immer schon" zugrunde liegen. Im *Tractatus* drückte Wittgenstein diesen Gedanken entsprechend so aus, daß die Logik „transzendental" sei (6.13), so daß wir uns in ihr „in gewissem Sinne" (abgesehen nämlich von technischen Versehen) nicht „irren" können (5.473). Begründen können wir solche Voraussetzungen nicht im eigentlichen Sinne, weil jede Begründung sich ihrer bereits bedient.

Diese Überlegung ist dem Argument Humes verwandt, daß die Übertragung vergangener Erfahrungen auf zukünftige Ereignisse, also die Induktion, die Gleichförmigkeit von Vergangenheit und Zukunft voraussetze, so daß diese Gleichförmigkeit ihrerseits nicht noch einmal durch Erfahrung begründet werden könne; sie ist ja *Voraussetzung* einer solchen Begründung (Humescher Zirkel).

Kants transzendentalphilosophische Einsicht war es, diesen Zirkel ins Positive gewendet zu haben. Die *Universalität* dieses Zirkels wird, weil es um Erfahrung *überhaupt* geht, in *Unhintergehbarkeit* umgemünzt. Wenn wir transzendentale Argumente solche nennen, die derlei Unhintergehbarkeiten aufdecken, so gehören auch die logischen oder grammatischen Bemerkungen Wittgensteins dazu. Die Frage ist nur, wie *argumentativ* diese Bemerkungen sind. Wittgenstein nimmt hier eine Zwischenstellung zwischen Hume und Kant ein. Entgegen Hume und mit Kant meint er seine Bemerkungen ausdrücklich nicht psychologisch, sondern eben logisch (oder grammatisch):

„An diesem Satz kann ich nicht zweifeln, ohne alles Urteilen aufzugeben."
Aber was für ein Satz ist das? (Er erinnert an das, was Frege über das

Gesetz der Identität gesagt hat.)[154] Er ist sicher kein Erfahrungssatz. Er gehört nicht in die Psychologie. Er hat eher den Charakter einer Regel. (ÜG, § 494)

Zu beachten ist, daß „Satz" hier doppeldeutig gebraucht wird. In der Frage „Aber was für ein Satz ist das?" und der Antwort „Er ist sicher kein Erfahrungssatz" ist mit „Satz" (bzw. „Erfahrungssatz") der im Zitat vorangehende Satz gemeint: „An diesem Satz kann ich nicht zweifeln, ohne alles Urteilen aufzugeben". Dagegen fungiert „Satz" in diesem Satz als Platzhalter, etwa für Mooresche Sätze der Art „Hier ist eine Hand". Gemeint ist also, daß die Aussage, an Mooreschen Sätzen nicht zweifeln zu können, nicht auf eine psychologische, sondern auf eine transzendentale Unmöglichkeit aufmerksam macht.

Hier fragt Wittgenstein also explizit nach dem Status transzendentaler Argumente. Kantisch gesprochen wird die Unbezweifelbarkeit bestimmter Sätze als Bedingung der Möglichkeit allen Urteilens ausgemacht. Bei Wittgenstein gehören zu solchen Sätzen freilich nicht nur generelle Sätze, wie das Kausalgesetz, sondern auch partikulare, wie die Mooreschen Sätze. Wesentlicher ist der Unterschied, daß transzendentale Grundsätze für Kant sprachspiel- und lebensform*invariant* sind. Für Wittgenstein gilt dies gerade nicht. Transzendentalität besteht relativ zu bestimmten Lebensformen, die er prinzipiell als gleichberechtigt einzustufen scheint (ÜG, § 238). Das Ergebnis ist ein Relativismus, der allerdings nicht innerhalb der Grenzen der jeweiligen Lebensform gilt. Hier besteht Wittgenstein geradezu „konservativ" auf einer Befolgung der bestehenden Regeln. Da wir in Lebensformen hinein-

---

[154] Die Herausgeber verweisen zu recht auf Freges *Grundgesetze der Arithmetik*, Bd. I, Jena 1893, S. XVIII: „Aus der Logik heraustretend kann man sagen: wir sind durch unsere Natur und die äußern Umstände zum Urteilen genötigt, und wenn wir urteilen, können wir dieses Gesetz - der Identität z.B. - nicht verwerfen, wir müssen es anerkennen, wenn wir nicht unser Denken in Verwirrung bringen und zuletzt auf jedes Urteil verzichten wollen."
Frege trägt hier ein transzendentales Argument zu Gunsten der Logik vor, mit dem er aber nicht umhin kann, aus der Logik „herauszutreten". Die Logik kann sich nicht selbst begründen. Ein logischer Beweis ist hier nicht möglich. Der Status solcher kategorialer Argumente ist also anders zu bestimmen.

wachsen und uns nicht für sie entscheiden, läuft dieser Relativismus nicht auf einen konventionalistischen Dezisionismus, sondern auf einen anthropologischen Naturalismus hinaus.

Eine Begründung ist deshalb eine Begründung auf *gemeinschaftlichem* Boden (ÜG, § 609ff.); aber: „Die Begründung hat ein Ende" (§ 563). Für zwei Leute, die auf demselben Boden stehen, besteht hier kein Problem. Sie vergewissern sich dieses Bodens als der gemeinsamen transzendentalen Bedingungen. „Die Begründung hat ein Ende" heißt in diesem Falle, daß ein weiterer Zweifel sinnlos ist, weil er das Bezweifelte voraussetzt – oder doch etwas von der Art des Bezweifelten, wie bei den Mooreschen Sätzen. (Hier kommt der Unterschied zwischen generellen und partikularen Sätzen zum Tragen.) Schwieriger ist die Situation, wenn man nicht auf gemeinsamem Boden steht:

> Wo sich wirklich zwei Prinzipien treffen, die sich nicht miteinander aussöhnen, da erklärt jeder den Andern für einen Narren und Ketzer.
> Ich sagte, ich würde den Andern ‚bekämpfen', – aber würde ich ihm denn nicht *Gründe* geben? Doch; aber wie weit reichen die? Am Ende der Gründe steht die *Überredung*. (Denke daran, was geschieht, wenn Missionäre die Eingeborenen bekehren.) (ÜG, §§ 611f.)

Diese Überlegungen stehen bei Wittgenstein im Zusammenhang von Überlegungen, die unser wissenschaftliches Weltbild, in dem wir unser Handeln nach der Geltung von Naturgesetzen (etwa dem Kausalgesetz) ausrichten, mit einem Weltbild vergleichen, das die Leute statt dessen ein Orakel befragen läßt. Wenn wir hier sagen, daß es falsch sei, ein Orakel zu befragen, so erfolgt diese Beurteilung bereits vom Standpunkt unserer Lebensform aus, eine neutrale Begründung ist also nicht in Sicht (vgl. ÜG, §§ 608-610).

An dieser und anderen Stellen nehmen die Überlegungen Wittgensteins eine überraschende Wende. Das erkenntnistheoretische Verhältnis von Wissen und Glauben erhält eine religionsphilosophische Dimension.[155] Zur besseren Verständigung möchte ich im

---

[155] Wittgenstein steht hier in der Tradition von S. Kierkegaard und O. Weininger. Vgl. Kierkegaards *Tagebücher*, ed. H. Gerdes, S. 284: „Griechisch ist Glaube ein Begriff, der in den Bereich der Intellektualität gehört [...]. Dann verhält Glaube sich zum Wahrscheinlichen, und wir bekommen eine Steigerung: Glaube - Wissen. Christlich gehört Glaube in das Existentielle - Gott ist nicht als Dozent aufgetreten, der einige Lehrsätze hat, die man zuerst glauben, dann begreifen muß. Nein,

folgenden terminologisch zwischen zwei Typen der Weltauffassung unterscheiden, nämlich zwischen (erkenntnistheoretischen) *Weltbildern* und (religiösen) *Weltanschauungen*. Wittgenstein scheint eine solche Unterscheidung nicht machen zu wollen. Zu klären ist deshalb, warum sie notwendig ist und in welchem Verhältnis Weltbilder und Weltanschauungen zu einander stehen. (Die Terminologie könnte freilich auch umgekehrt gewählt werden.)

Wittgenstein meint nicht nur, daß sich ein Weltbild gegenüber einem anderen nicht begründen läßt, sondern auch, daß es sich innerhalb seiner selbst nicht begründen läßt. Im Unterschied zum Verständnis transzendentaler Argumentation bei Kant entzieht er seinen logischen Bemerkungen den Status von Begründungen, ja, er wendet sich ausdrücklich dagegen, die Grundlagen, die Regeln der Sprachspiele, die die Logik (in dem weiteren Sinne von *Über Gewißheit*) ausmachen, *begründen* zu wollen. Legen doch im Falle des Sprachspiels des Urteilens die Regeln fest, was es heißt, ein Urteil zu begründen, und sind in diesem Sinne der Begründung selbst entzogen. Nun heißt dies aber nichts anderes, als daß es faktisch unhintergehbare Grundlagen von Sprachspielen gibt – und darauf aufmerksam zu machen, ist ein transzendentales Argument, wenn auch nicht der beweisenden Art. Ich denke, sofern es sich um ein zutreffendes Argument handelt, könnten wir durchaus von einer „Begründung" sprechen. Eine Begründung ist dann freilich keine Grundlegung eines neuen Fundaments für einen weiteren Aufbau, sondern eher die Freilegung des Bodens, auf dem wir unausgesprochen immer schon stehen. Jemandem, der uns diesen Boden streitig machen wollte, d. h. seine Verläßlichkeit *be*streiten würde, widerlegen wir durch das transzendentale Argument, daß er auf dem bestrittenen Grund in seinem Bestreiten bereits steht, d. h. wir machen ihn darauf aufmerksam, wir *zeigen* ihm, daß sein Zweifel (im Wittgensteinschen Sinne) „sinnlos" ist. Auf den Fundierungsanspruch von *Be*weisen können wir verzichten, solange uns ein transzendentales *Auf*weisen bleibt, verstanden als Selbstvergewisserung des Grundes, der unser gemeinsames Weltbild trägt. Die „Tatsachen", die ein Sprachspiel „ermöglichen", müssen sich nach Wittgenstein „zeigen" (ÜG, § 618). Doch tun sie es sozusagen nicht „von alleine". Daß diese Tatsachen *sich* zeigen, ist selbst noch zu zeigen. Es geschieht, indem *wir* sie aufdecken. Die Sätze, mit denen wir

---

‚Glaube' hat seinen Ort im Existentiellen, und hat in alle Ewigkeit nichts mit dem Wissen zu schaffen als einer Steigerung oder Höchststufe."

dies tun, sind nicht empirischer, sondern kategorialer Art, und zu ihnen gehören auch die logischen (oder grammatischen) Sätze Wittgensteins.[156]

Damit ergibt sich uns die Möglichkeit, zwischen Weltanschauungen und Weltbildern zu unterscheiden. Für religiöse Überzeugungen gibt es keine transzendentale Argumentation im Sinne der beschriebenen Selbstvergewisserung. Der Skeptiker, der ein Weltbild anzweifelt, kann durch eine transzendentale Argumentation, die auf die Voraussetzungen seiner vorgebrachten Zweifel verweist, widerlegt werden. Der Skeptiker, der eine Weltanschauung anzweifelt, also der ‚religiös' Zweifelnde, kann nicht in der Weise widerlegt werden, daß ihm gezeigt wird, wieso sein Zweifel *sinnlos* ist. So kann der Weltbildzweifler – anders als der Weltanschauungszweifler – zumindest *immanent* von seinem Zweifel durch Gründe *argumentativ* befreit werden, wenn diese Gründe auch keine *Beweis*gründe sind.

Wenn wir diese Möglichkeit zur Unterscheidung von Weltbildern und Weltanschauungen heranziehen, so ist damit nicht gesagt, daß wir uns als sogenannte „rationale" Menschen nur in den Grenzen von Weltbildern bewegen sollten. Wie sonst geht es auch hier vielmehr darum, Kategorienfehler zu vermeiden, die uns daran hindern, die Welt richtig zu sehen. Ein solcher Kategorienfehler ist insbesondere, Wissenschaft bloß als eine andere Form der Religion auszugeben. Solche extremen Auffassungen entstehen immer dann, wenn man ein einheitliches wissenschaftliches Rationalitätsmodell verabsolutiert und dieses nicht hält, was es zu versprechen schien. Dann neigen die Kritiker – und insbesondere die „Bekehrten" – dazu, das Kind (die Unterscheidungen) mitsamt dem Bade (der Einheitswissenschaft) auszuschütten. So käme denn nur eine durchgehend wissenschaftliche Weltauffassung, die vorgibt, alles „erklärt" zu haben, mit ihrer Reduktion von Erkenntnis auf wissenschaftlich bewiesene Aussagen einer quasi-religiösen Weltanschauung gleich, nicht aber eine Weltauffassung, in der neben einem

---

[156] Logische Sätze sind nicht die logisch korrekten Sätze, sondern diejenigen, die diese Korrektheit erläutern, wie auch die grammatischen Sätze nicht die grammatikalisch korrekten Sätze sind. Die logischen oder grammatischen Sätze gehören daher nicht zur Logik oder zur Grammatik unserer Sprache. Mit Logik und Grammatik meint Wittgenstein nämlich (meistens) nicht die jeweiligen Disziplinen, sondern die geltenden Regeln, die in diesen Disziplinen thematisiert werden.

wissenschaftlichen Weltbild Platz ist für komplementäre Ergänzungen durch philosophische Einsichten, ästhetische Welterschließungen und religiöse Orientierungen.

5.8. Zur Komplementarität von Solipsismus und Realismus

Wie ist Wittgensteins Kritik an der neuzeitlichen Erkenntnistheorie abschließend einzuordnen? Erscheint die Thematik dieser Tradition, die von der Spannung zwischen Subjekt und Objekt oder der Spaltung in Subjekt und Objekt lebt, nicht als verfehlt von Grund auf, so daß es hier darauf ankäme, uns von einem philosophischen Sündenfall sozusagen zu „erlösen"?[157] Weiter noch: Haben wir es in Wittgensteins Schriften etwa schon mit dem Unterfangen einer Auflösung sogenannter „subjektzentrierter" abendländischer Vernunft zu tun? Das Fehlen einer Unterscheidung von Weltbildern und Weltanschauungen möchte als Indiz hierfür gewertet werden.

Nun ist Wittgensteins Verhältnis zur Moderne zwar dadurch bestimmt, daß er als Kritiker neuzeitlicher *Vernunft* und damit auch als Gegner einer bloß wissenschaftlichen Aufklärung auftritt. Im Blick ist dabei aber nicht subjektzentriertes Denken schlechthin, sondern nur, soweit es einen allgemeinen *Fundierungs*anspruch erhebt. Damit zeichnet sich eine Alternative ab nicht nur zur Kritik der sogenannten Postmoderne am vernünftigen Subjekt, sondern auch zu Rettungsversuchen der Vernunft auf Kosten des Subjekts, indem wir am Subjekt auf anderer Grundlage festhalten. Nicht das Subjekt ist von Übel, sondern allenfalls dessen Deutung als ein um sich selbst *wissendes* Subjekt. Dabei ist daran zu erinnern, daß bereits der Solipsismus des *Tractatus* kein methodischer, sondern ein kontemplativer Solipsismus ist. Daher ist es auch nicht zutreffend, die Solipsismuskritik in den *Philosophischen Untersuchungen,* die dem methodischen Solipsismus gilt, einfach auf den kontemplativen Solipsismus des *Tractatus* rückzubeziehen. Die *Philosophi-*

---

[157] Vgl. J. G. Fichte, der am 30. 8. 1795 an F. H. Jacobi schreibt: „Wir fingen an zu philosophiren aus Uebermuth, und brachten uns dadurch um unsere Unschuld; wir erblickten unsere Nacktheit, und philosophiren seitdem aus Noth für unsere Erlösung." (J. G. Fichte, *Briefwechsel,* ed. H. Schulz, Leipzig, 2. Auf. 1930. Nachdruck Hildesheim 1967, Bd. I, S. 502).

schen Untersuchungen sind zu einem guten Teil eine Selbstkritik an den Auffassungen des *Tractatus*. Trotzdem tuen wir gut daran, zu prüfen, worauf sich diese Kritik im einzelnen erstreckt.

Ich habe plausibel zu machen versucht, daß das verborgene Motiv der *Philosophischen Untersuchungen* darin zu finden ist, daß Wittgenstein mit dem kontemplativen Solipsismus des *Tractatus* im Leben gescheitert war. Der Grund des Scheiterns liegt freilich weniger im Solipsismus selbst, sondern darin, diese Einstellung *auf Dauer* durchhalten zu wollen. Ein solcher Versuch hebt Entfremdung nicht auf, sondern verstärkt sie. Nun ist der kontemplative Solipsismus dadurch geprägt, daß er mit dem (kontemplativen) Realismus „zusammenfällt". Anders gesagt: Nur in der Kontemplation fallen Realismus und Solipsismus zusammen. Nach deren erneutem Auseinanderfallen scheinen uns wieder nur die beiden Seiten desselben Irrtums – der Subjekt/Objekt-Spaltung – zu bleiben, sozusagen zwei alternative Formen der Entfremdung: den Dingen gegenüber durch deren Vereinnahmung durch das Subjekt (im Solipsismus) und dem Ich gegenüber durch dessen Auslieferung an die Dinge (im Realismus). Hier besteht die Gefahr, sein Heil darin zu suchen, den Gegensatz von Solipsismus und Realismus statt kontemplativ nun aktiv, in gelingender Praxis, gemeinsam mit der Subjekt/Objekt-Spaltung „ein für alle mal" zum Verschwinden zu bringen. Sind aber solche radikalen Versuche nicht doch nur weitere Symptome derjenigen Krankheit, als deren Therapie sie sich ausgeben?

So scheint eine Beurteilung des Realitätsproblems vor der Alternative zu stehen, sich zwischen den „Behandlungsmethoden" der wissenschaftstheoretischen Verdrängung und der therapeutischen Auflösung entscheiden zu müssen. Eine „Versöhnung" von Solipsismus und Realismus wäre dann ausgeschlossen. Hier kann uns weiterhelfen, daß der Solipsismus in den *Philosophischen Untersuchungen* seine Neuauflage in der Thematik des „visuellen Zimmers" findet (§§ 398ff.). Kritisch heißt es dort:

> Es ist ja auch klar: wenn du logisch ausschließt, daß ein Andrer etwas hat, so verliert es auch seinen Sinn, zu sagen, du habest es. (PU, § 398)

Gleich anschließend bekundet Wittgenstein, daß er dem Solipsismus seine (eingeschränkte) Berechtigung zu sichern gedenkt. Wenn er dabei die „Entdeckung" des visuellen Zimmers (im Solipsismuserlebnis) mit dem Finden einer „neuen Auffassung" und gar einer

„neuen Malweise" vergleicht (§§ 400f.), so kommt hier eine ästhetische Dimension ins Spiel, die uns eine Neubestimmung des kategorialen Ortes der ganzen Frage ermöglicht. Danach ginge es bei dem Realitätsproblem, recht verstanden, gar nicht um Tatsachen in der Welt, sondern um Sichtweisen von Welt. Die streitenden Parteien mißverstehen sich selbst in diesem Punkt:

> Denn *so* sehen ja die Streitigkeiten zwischen Idealisten, Solipsisten und Realisten aus. Die Einen greifen die normale Ausdrucksform an, so als griffen sie eine Behauptung an; die Andern verteidigen sie, als konstatierten sie Tatsachen, die jeder vernünftige Mensch anerkennt. (§ 402)

Als Gefahr der Entdeckung des visuellen Zimmers führt Wittgenstein an, die entsprechende Einstellung des kontemplativen Sehens als das Sehen von neuen Gegenständen zu deuten, etwa als das Sehen von sogenannten Sinnesdaten, die dann als „Baustoff des Universums" betrachtet werden könnten (§ 401). Die Gefahr besteht darin, die Sinnesdaten als die einfachen Gegenstände fundamentalistisch so zu deuten, als sei aus ihnen die gesamte Welt aufzubauen. Tatsächlich sind sie in der neueren analytischen Erkenntnistheorie seit G. E. Moore und B. Russell weitgehend so verstanden worden, wobei sie die Rolle der „Ideen" (Locke, Berkeley) und „Eindrücke" (Hume) der äußeren Wahrnehmung übernommen haben. Angeschlossen hat sich eine lang anhaltende Diskussion über den Status der Sinnesdaten, ob es sich bei ihnen um „private" oder „öffentliche" Objekte handelt, um eigenpsychische Gebilde oder (optische und haptische) Teile der Oberflächen materieller Gegenstände. Dabei werden sie als die unmittelbar gegebenen Basiselemente gefaßt, aus denen die Außenwelt zu konstituieren sei. Der Tradition folgt man auch darin, daß die Einführung von Sinnesdaten ihren Ausgangspunkt in den Phänomenen der sogenannten Sinnestäuschung findet. Am Anfang steht der bekannte Hinweis auf die Tatsache, daß wir manchmal Gegenstände wahrzunehmen meinen, die es gar nicht gibt, oder harmloser, daß die Erscheinung von Gegenständen sich je nach Umständen (Perspektive, Licht und Schatten usw.) verändern kann. Da Wahrnehmungen also manchmal die Gegenstände nicht so wiedergeben, wie sie wirklich sind, so wird geschlossen, daß dasjenige, was wahrgenommen wird, in solchen Fällen nicht die Gegenstände selbst sein können. Als Ersatzgegenstände werden hier die Sinnesdaten eingeführt, und zwar durch einen charakteristischen und umstrittenen Übergang von *ein x wahrzunehmen scheinen* zu *ein scheinbares x wahrnehmen.*[158] Gestützt auf Argumente der Sinnesphysiologie, z. B. daß Wahrnehmungen grundsätzlich von der Beschaffenheit der wahrnehmenden Subjekte abhängen, wird dann häufig der Täuschungsfall dahingehend verallgemeinert, daß wir die Dinge grundsätzlich nicht unmittelbar wahrnehmen, sondern uns überhaupt nur Sinnesdaten (als deren Repräsentanten) gegeben sind.

Obwohl die Sinnesdatentheoretiker von einer Kluft (im Sosein) zwischen Wahnehmung und Außenwelt ausgehen, stellen sie die Existenz (das Dasein) materieller Gegenstände meistens nicht in Frage.[159] Sie unterscheiden sich damit vom „Phänomenalismus", der nicht nur von Sinnesdaten als dem einzig unmittelbar Gegebenen ausgeht, sondern auch jede weitergehende erkenntnistheoretische oder ontologische Deutung der Daten, sei sie realistisch (materialistisch) oder idealistisch (spiritualistisch), als metaphysisch zurückweist. Einflußreichster Repräsentant ist E. Mach, der die Sinnesdaten – jenseits des Gegensatzes von Geist und Materie – als neutrale „Elemente" faßt und ihre Charakterisierung als psychisch („Ich") oder physisch („Körper") durch einen Perspektivenwechsel „für bestimmte *praktische* Zwecke" bestimmt sein läßt, der „weitergehenden wissenschaftlichen Untersuchungen" nicht standhält: „Der Gegensatz zwischen Ich und Welt, Empfindung oder Erscheinung und Ding fällt dann weg [...]."[160]

Dieser neutrale Monismus, der nicht nur das transzendente Kantische Ding an sich, sondern auch die innerweltliche materielle Substanz verwirft, stellt eine Radikalisierung der Position Berkeleys dar, indem zusätzlich der Gedanke einer geistigen Substanz verabschiedet wird. Damit spitzt sich hier in der Sinnesdatentheorie der alte Gegensatz zwischen Berkeley und Locke erneut zu. Während G. E. Moore und andere Autoren des britischen Empirismus Lockes Dualismus mit dessen innerweltlicher Verdoppelung der Welt folgen, hat der antimetaphysische Monismus vor allem im

---

[158] Vgl. etwa A. J. Ayer, *The Problem of Knowledge*, Harmondsworth 1956, S. 96f.
[159] Insbesondere G. E. Moore betont den Unterschied beider Fragen, indem er seinen Beweis der Existenz einer materiellen Außenwelt unabhängig von der Frage zu führen sucht, wie diese Außenwelt aus Sinnesdaten konstituiert ist. Vgl. *Eine Verteidigung des Common Sense*, Frankfurt a. M. 1969, S. 142ff.
[160] E. Mach, *Analyse der Empfindungen*, Kap. I, Abschn. 7.

frühen R. Carnap und in einigen Vertretern des Positivismus im sogenannten „Wiener Kreis" Nachfolger gefunden. Einig ist man sich schon damals nicht geworden, und der Streit, ob ein „anständiger" Empirist gleichzeitig erkenntnistheoretischer Realist sein könne, hält bis heute an.

Bei aller Verschiedenheit ist den genannten Sinnesdatentheorien gemeinsam, daß sie genau das tun, wovor Wittgenstein warnt, nämlich Sinnesdaten als die Bausteine der Welt oder ihres logischen Aufbaus anzusehen. Diese fundierende Rolle wird ihnen vor allem deshalb zugewiesen, weil man sie für „unkorrigierbar" hält. Wie schon die „Ideen" oder „Eindrücke" der älteren Tradition werden auch die Sinnesdaten so gedacht, daß sie möglicherweise die Wirklichkeit nicht wiedergeben wie sie ist, dabei aber in ihrem gegebenen Sein (als Sosein und Dasein) nicht bezweifelbar sind. Diese Auffassung ist von analytischen Philosophen der normalen Sprache einer eingehenden Kritik unterzogen worden.[161] Betroffen ist davon aber nur die Einführung von Sinnesdaten im Kontext von *Fundierungs*ansprüchen, nicht jedoch im Rahmen phänomenologischer *Beschreibungen*, wie wir sie etwa in den Erläuterungen zur Erlebnisgrundlage des Solipsismus ansatzweise versucht haben. Unterschieden haben wir dort zwei Formen des Solipsismus, denen zwei Weisen nicht-gegenständlicher Einstellung zur Welt (insbesondere im Sehen) entsprechen: die positive („glückliche") Einstellung in der Kontemplation und die negative („unglückliche") Einstellung in der Entfremdung.

Sofern in der Kontemplation die Wahrnehmung ästhetischer Selbstzweck sein kann und somit eine Widerständlichkeit ausgeklammert bleibt, durch die die Realität der Gegenstände allererst hervorgebracht wird, ließe sich mit gewissem Recht sagen, daß der Kontemplierende die Gegenstände nicht eigentlich gegen-ständlich, sondern eher als bloße Phänomene (Sinnesdaten) innerhalb seines Gesichtsfeldes wahrnehmlich vergegenwärtigt. Zu beachten ist, daß hier nicht vom Wahrnehmen *von* Sinnesdaten, sondern vom Wahrnehmen von Gegenständen *als* Sinnesdaten zu sprechen ist. Damit entgehen wir Wittgensteins Bedenken, die Kontemplation „als das Sehen eines neuen Gegenstands" zu deuten (PU, § 401), in seinem Sinne: Wir sehen keine neuen Gegenstände,

---

[161] Vgl. vor allem J. L. Austin, *Sinn und Sinneserfahrung*, Stuttgart 1975, insbes. Kap. X; ferner G. Ryle, *Der Begriff des Geistes*, Stuttgart 1969, Kap. 7, Absch. 3.

sondern wir sehen die Gegenstände neu. Eine entsprechende Beschreibung läßt sich für die Entfremdung geben. Bleibt in der Kontemplation die Gegenständlichkeit auf Zeit ausgeklammert, so gelingt es nun nicht, bis zu ihr vorzudringen. Man sieht die Dinge, wie z. B. nach langen Flugreisen, „wie im Film", d. h. die Realität *als* Film.

Bei genauerer Betrachtung werden weitere Differenzierungen notwendig. So ist in einem umfassenderen Sinne, wie Schopenhauer hervorgehoben hat, auch die Kontemplation eine Form der Entfremdung. Sie verbleibt aber solange „glücklich", wie die Realitätsaufhebung sich als eine Realitäts*ausklammerung* in gehobener ästhetischer „Stimmung" darstellt und nicht als niederdrückender Realitäts*verlust*. Als Entfremdung wird meist nur dieser Verlust beschrieben, der als „unglücklich" empfunden wird, wenn die praktische Notwendigkeit besteht, zur Realität durchzudringen, ohne daß dieses gelingt, weil die Gegenstände sich in ihrer Gegenständlichkeit zu verweigern scheinen. Jedenfalls ist mit Schopenhauer daran zu erinnern, daß dem Zustand der Entfremdung auch positive Momente innewohnen, die bestimmte Erkenntnismöglichkeiten des Menschen allererst freisetzen.

Vor diesem Hintergrund eröffnet uns Wittgensteins Neubewertung des Solipsismus in den *Philosophischen Untersuchungen* die Möglichkeit, die erkenntnistheoretische Frage II in einem neuen Licht zu sehen, nachdem gewisse Fundierungsansprüche als Selbstmißverständnisse ausgeräumt sind. Schon bei Berkeley finden sich Ansätze in dieser Richtung, die in der phänomenalistischen Elementenlehre Machs die Form eines kontemplativen Sensualismus annehmen. „Offiziell" wird dieser zwar rein methodologisch als antimetaphysisches Wissenschaftskonzept vorgestellt, zwischen den Zeilen, vor allem in den Anmerkungen, manifestiert sich aber auch dessen außerwissenschaftliche Erlebnisgrundlage:

> An einem heitern Sommertage im Freien erschien mir einmal die Welt samt meinem Ich als *eine* zusammenhängende Masse von Empfindungen, nur im Ich stärker zusammenhängend. Obgleich die eigentliche Reflexion sich erst später hinzugesellte, so ist doch dieser Moment für meine ganze Anschauung bestimmend geworden.[162]

---

[162] E. Mach, *Analyse der Empfindungen*, Kap. I, Abschn. 13, Anm.; vgl. auch Machs Bekenntnis (Kap. XV, Abschn. 3) zu einer frühen solipsistischen „Neigung".

Vielleicht geht es gar nicht darum, ob der Idealismus (Solipsismus) oder der Realismus recht hat. Carnap hatte gemeint, daß beide Auffassungen ein unterschiedliches Lebensgefühl zum Ausdruck bringen. Widerspruch rief diese Zuweisung hervor, weil mit ihr – aus der Sicht des Logischen Empirismus – eine Ausweisung aus dem Bezirk der Erkenntnis verbunden ist. Carnap geht (gemeinsam mit der Tradition) davon aus, daß Idealismus und Realismus als erkenntnistheoretische Positionen einander propositional zu widersprechen suchen, daß die eine Position die aussagenlogische Negation der anderen ist. Wenn wir Wittgensteins Überlegungen zum Status des „visuellen Zimmers" folgen, so erstrecken sich Idealismus und Realismus gar nicht auf Tatsachen *in* der Welt, sondern stehen für Sichtweisen *von* Welt. Somit wäre es möglich, daß sie – wie gegensätzliche Sichtweisen, die von zwei Kunstwerken vergegenwärtigt werden – nebeneinander bestehen können, ohne sich auszuschließen: als einander ergänzende Aspekte der *conditio humana,* als komplementäre Einstellungen von sozusagen realistischer „Arbeit" und kontemplativer „Muße", auf deren ausgewogene Balance es im Leben ankäme. Eine auf Glauben – nicht auf Wissen – gegründete Anerkennung der Realität der Außenwelt verbindet sich dabei mit einer zeitweiligen Ausklammerung der „Gegenständlichkeit" dieser Außenwelt in der Kontemplation. Was der Realismus meint, ist richtig, wenn dessen Negation als Skeptizismus gedeutet würde; und was der Idealismus meint, ist richtig, sofern er keine skeptische Negation der Realität impliziert, sondern auf der Möglichkeit einer kontemplativen Einstellung besteht, die auf einem lebensweltlichen Realismus aufruht.

Schlußbemerkungen

Ausgangspunkt unseres Gangs durch die historische Landschaft der Probleme neuzeitlicher Erkenntnistheorie war das Verständnis des Erkennens als einer Beziehung zwischen erkennendem Subjekt und erkanntem Objekt. Mehrfach gab es Gelegenheit, dieses Verständnis zu überdenken. Vor allem hatten wir Anlaß zur Kritik an dem Versuch, Erkenntnis als Erkenntnis eines einsamen solipsistischen Subjekts zu *fundieren*. Das neuzeitliche Subjekt fällt aber nicht mit dem Subjekt von Descartes' methodischem Solipsismus zusammen. In unserer postmodernen Jetztzeit sehen wir uns mit Übertreibungen konfrontiert, die die berechtigte Kritik an dem Cartesischen Subjekt damit verbinden, das „Verschwinden des Subjekts" überhaupt anzukündigen. Und ist man schon dabei, so läßt man auch noch gleich das Korrelat, die Wirklichkeit als das Erkenntnisobjekt, mit verschwinden.

Was tatsächlich verschwunden ist oder doch verschwinden sollte, ist die Vorstellung, daß wir die Wirklichkeit erkennen könnten, wie sie *an sich* ist, jenseits der Welt als Erscheinung; aber dieses Verschwinden ist bereits von Kant vor über 200 Jahren eingeleitet worden. Wenn panfiktionalistische Wirklichkeitsverschwindler uns nun weismachen wollen, daß die Wirklichkeit bloße „Simulation" sei, so dürfte ihnen die Unterscheidung von Erscheinung und Schein abhanden gekommen sein. Der Satz, daß übertriebener Skeptizismus nur die Kehrseite eines enttäuschten Dogmatismus ist, bewahrheitet sich einmal mehr. Es scheint, daß für manche die Trauerarbeit über den metaphysischen Verlust der absoluten Wahrheit und der Erkennbarkeit des Dinges an sich noch nicht abgeschlossen ist. Von einer Überwindung der Moderne kann deshalb gar nicht die Rede sein, höchstens davon, daß sie nicht begriffen worden ist. Der erste Schritt, dieses zu ändern, ist eine argumentative Lektüre ihrer Klassiker.

Literaturverzeichnis

Das Literaturverzeichnis ist nicht vollständig. Es beschränkt sich auf eine Zusammenstellung der benutzten Studienausgaben und Übersetzungen.

Berkeley, G., *Drei Dialoge zwischen Hylas und Philonous,* ed. W. Breidert, Hamburg 1980 (Philosophische Bibliothek, Bd. 102).
Berkeley, G., *Eine Abhandlung über die Prinzipien der menschlichen Erkenntnis,* ed. A. Klemmt, Hamburg 1957 (Philosophische Bibliothek, Bd. 20).

Carnap, R., *Scheinprobleme in der Philosophie. Das Fremdpsychische und der Realismusstreit,* Berlin 1928. Neudruck (mit einem Nachwort von G. Patzig) Frankfurt a. M. 1966.
Carnap, R., *Überwindung der Metaphysik durch logische Analyse der Sprache,* Erkenntnis II (1931), S. 219-241. Nachdruck in: H. Schleichert (ed.), *Logischer Empirismus – Der Wiener Kreis,* München 1975, S. 149-171.

Descartes, R., *Die Prinzipien der Philosophie,* ed. A. Buchenau, Hamburg 1965 (Philosophische Bibliothek, Bd. 28).
Descartes, R., *Discours de la Méthode,* franz.-dt. ed. L. Gäbe, Hamburg 1969 (Philosophische Bibliothek, Bd. 261).
Descartes, R., *Meditationen über die Grundlagen der Philosophie,* lat.-dt. ed. L. Gäbe, Hamburg 1959 (Philosophische Bibliothek, Bd. 250a). Stellenangaben beziehen sich auf die *Abschnitte* der einzelnen Meditationen. Mitgeführt sind (in eckigen Klammern) Verweise auf die *Seiten* der Ausgabe *Meditationen über die Erste Philosophie,* ed. G. Schmidt, Stuttgart 1980 (Reclams Universal-Bibliothek, Bd. 2887).

Frege, G., *Die Grundlagen der Arithmetik,* ed. C. Thiel, Hamburg 1988 (Philosophische Bibliothek, Bd. 366).
Frege, G., *Funktion, Begriff, Bedeutung,* ed. G. Patzig, 4. Aufl. Göttingen 1975.
Frege, G., *Schriften zur Logik und Sprachphilosophie,* ed. G. Gabriel, 3. Aufl. Hamburg 1990 (Philosophische Bibliothek, Bd. 277).

Heidegger, M., *Einführung in die Metaphysik,* 5. Aufl. Tübingen 1987.
Heidegger, M., *Sein und Zeit,* 15. Aufl. Tübingen 1979.
Hume, D., *Eine Untersuchung über den menschlichen Verstand,* ed. R. Richter, Hamburg 1961 (Philosophische Bibliothek, Bd. 35). Mitgeführt sind (in eckigen Klammern) die Seitenzahlen der Übersetzung von H. Herring, 2. Aufl. Stuttgart 1982 (Reclams Universal-Bibliothek, Bd. 5489).
Hume, D., *Ein Traktat über die menschliche Natur,* Bd. I (= *Erstes Buch: Über den Verstand*), ed. Th. Lipps, Nachdruck (mit einer Einführung von R. Brandt) Hamburg 1989 (Philosophische Bibliothek, Bd. 283a).

Kant, I., *Kritik der praktischen Vernunft,* ed. K. Vorländer, Hamburg 1963 (Philosophische Bibliothek, Bd. 38).
Kant, I., *Kritik der reinen Vernunft,* ed. R. Schmidt, Hamburg 1956 (Philosophische Bibliothek, Bd. 37a).
Kant, I., *Prolegomena,* ed. K. Vorländer, Hamburg 1957 (Philosophische Bibliothek, Bd. 40).

Leibniz, G. W., *Monadologie,* ed. H. Glockner, 2. Aufl. Stuttgart 1963 (Reclams Universal-Bibliothek, Bd. 7853).
Leibniz, G. W., *Neue Abhandlungen über den menschlichen Verstand,* frz.-dt. ed. W. von Engelhardt/H. H. Holz, 2 Bände, Frankfurt a. M. 1961. Stellenangaben erfolgen doppelt, nach den durchgehenden Einteilungen in Buch, Kapitel und Paragraphen sowie nach der Seitenzählung des jeweiligen Bandes. Beide Bände haben getrennte Seitenzählungen, die über die sonstigen Angaben zuzuordnen sind. Das I. und das II. Buch machen den ersten Band, das III. und das IV. Buch den zweiten Band aus. Die Paragraphenangaben folgen den Abschnitten bei Locke. Leibniz hat aber nicht alle Abschnitte Lockes kommentiert, so daß es in der Zählung Unterbrechungen gibt.
Locke, J., *Versuch über den menschlichen Verstand,* 2 Bände, Hamburg 1981 (Philosophische Bibliothek, Bd. 75 u. 76). Stellenangaben erfolgen doppelt, nach den durchgehenden Einteilungen in Buch, Kapitel und Abschnitt sowie nach der Seitenzählung des jeweiligen Bandes. Beide Bände haben getrennte Seitenzählungen, die über die sonstigen Angaben zuzuordnen sind. Das I. und das II. Buch machen den ersten Band, das III. und das IV. Buch den zweiten Band aus.

Mach, E., *Die Analyse der Empfindungen und das Verhältnis des Physischen zum Psychischen,* 9. Aufl. Jena 1922, Neudruck (mit einem Vorwort von G. Wolters) Darmstadt 1985.

Moore, G. E., *Eine Verteidigung des Common Sense. Fünf Aufsätze aus den Jahren 1903-1941,* ed. H. Delius, Frankfurt a. M. 1969.

Nietzsche, F., *Werke,* Bd. I-III, ed. K. Schlechta, München 1966, 7. Aufl. 1973.

Popper, K. R., *Logik der Forschung,* 6. Aufl. Tübingen 1976.

Russell, B., *Die Philosophie des Logischen Atomismus,* ed. J. Sinnreich, München 1976.

Schopenhauer, A., *Sämtliche Werke,* Bd. I-V, ed. W. von Löhneysen, 2. Aufl. Stuttgart/Frankfurt a. M. 1968. Stellenangaben erfolgen unter Verwendung des Kürzels ‚W' (für *Werke*) und der Bandzahl.

Wittgenstein, L., *Werkausgabe,* Bd. 1, Frankfurt a. M. 1984 (stw 501). Enthält: *Tractatus logico-philosophicus* (Kurzform: *Tractatus*), *Tagebücher 1914-16* (Kurzform: *Tagebücher*), *Philosophische Untersuchungen* (Kürzel: PU).

Wittgenstein, L., *Über Gewißheit,* ed. G. E. M. Anscombe/G. H. von Wright, Frankfurt a. M. 1970 (Bibliothek Suhrkamp 250). Kürzel: ÜG.

Personenregister

Herausgebernamen sind nicht aufgeführt

Aristoteles 39, 135, 154
Augustinus 76
Austin, J. L. 188
Ayer, A. J. 187

Berkeley, G. 42, 90, 96, 99, 101–115, 133, 186 f., 189
Bichsel, P. 177
Boyle, R. 93
Büchner, L. 10

Calderón, P. 14
Calvin, J. 77
Carnap, R. 25, 30, 116, 138, 140–143, 145–151, 170 f., 188, 190
Carroll, L. 14 f.
Chomsky, N. 49
Condillac, E. B. de 54

Descartes, R. 7, 11–20, 22–24, 27–38, 41, 58, 89, 121, 124, 133, 167, 172 ff., 191
Dummett, M. 129

Euklid 60

Fassbinder, R. W. 15
Fechner, G. Th. 93 f.
Fichte, J. G. 184
Frege, G. 24, 30, 52, 71 f., 117, 128 f., 131 ff., 151, 155, 161 ff., 171, 179 f.
Freud, S. 81, 126, 143

Galilei, G. 12
Galouye, D. F. 15
Gräfrath, B. 87

Hamann, J. G. 68
Hegel, G. W. F. 9
Heidegger, M. 22, 88, 131, 135, 142, 172 f.
Herring, H. 60, 65
Hume, D. 42, 53–74, 79, 89, 90 f., 95, 97, 101, 109, 130, 144 f., 160, 178 f., 186

Jacobi, F. H. 68, 115, 184
Janich, P. 143
Johnson, Samuel 90
Jung, C. G. 49

Kambartel, F. 143
Kant, I. 9 f., 22, 24, 28, 40, 42 f., 48, 51 f., 65, 70–73, 78 f., 83, 85 f., 97, 101, 103, 109, 114 f., 118 ff., 124 f., 127, 130, 132, 135, 141 ff., 151, 154, 160, 168, 173, 176, 178 ff., 182, 187, 191
Kierkegaard, S. 141, 181

Leibniz, G. W. 24 f., 30, 42, 46–48, 50, 53 f., 59, 61 ff., 67, 70 f.
Lenin, W. I. 102
Locke, J. 25, 30, 41–49, 51–57, 60, 70, 90–105, 109–115, 130, 150, 174, 186 f.
Luther, M. 77

Mach, E. 101, 109, 115 f., 151, 168, 187, 189
Magritte, R. 99 f.
Malebranche, N. 110
Marx, K. 172 f.
Mittelstraß, J. 143

Moleschott, J. 9 f.
Moore, G. E. 88 f., 150, 174–181, 186 f.

Neurath, O. 140
Newton, I. 111
Nietzsche, F. 15, 19, 77, 81 ff., 137
Novalis 14

Platon 34, 39 f., 47
Popper, K. R. 30, 138, 140 ff.
Pothast, U. 86
Pyrrhon 19

Russell, B. 151, 154, 162, 169, 186
Ryle, G. 23, 188

Schelling, F. W. J. 9
Schlick, M. 138

Schopenhauer, A. 46, 75, 77, 101, 114 f., 117–128, 154, 166–170, 189
Sheffer, H. M. 156
Sokrates 40, 47
Spinoza, B. de 110

Tolstoj, L. 172
Tschuang-Tse (Dschuang Dsi) 15
Tugendhat, E. 129

Vogt, C. 10

Weininger, O. 181
Windelband, W. 85 f.
Wittgenstein, L. 7, 18, 24 f., 28, 31, 42, 57, 88 f., 98, 116 f., 123, 127 f., 131, 149–190